Arbeits- und Sozialrecht

Ein Grundriss

2., überarbeitete Auflage

von

Priv.-Doz. Dr. Harun Pacic

Universität Wien

Fachhochschule des bfi Wien

nwv neuer wissenschaftlicher Verlag

RECHT

Wien · Graz 2015

Bibliografische Information Der Deutschen Nationalbibliothek

Die Deutsche Nationalbibliothek verzeichnet diese Publikation in der deutschen Nationalbibliografie; detaillierte bibliografische Daten sind im Internet über http://dnb.d-nb.de abrufbar.

ISBN 978-3-7083-1026-8
NWV Verlag GmbH
Faradaygasse 6, 1030 Wien, Österreich
Tel.: +43 1 796 35 62-24, Fax: +43 1 796 35 62-25
E-Mail: office@nwv.at

Geidorfgürtel 24, A-8010 Graz
E-Mail: office@nwv.at

www.nwv.at

Vorwort

Dieses Kurzlehrbuch soll den Leserinnen und Lesern in zweierlei Hinsicht von Nutzen sein: Zum einen wird hier der gängige (Diplom-) Prüfungsstoff sowohl des Arbeits- als auch des Sozialrechts so dargestellt, dass man ihn zügig erfassen und sich dabei zugleich der zentralen Herausforderungen bei der Rechtsfindung bewusst werden kann. Zum anderen ist der Lehrinhalt dieses Buches wissenschaftlich fundiert und folgt die Darstellung der beiden Rechtsgebiete überdies aus didaktischen Gründen einer neuen Systematik.

Die vertiefenden Hinweise und Bemerkungen in den Fußnoten richten sich an Studierende der Rechtswissenschaften; Studierende anderer Fachrichtungen können sie – abhängig von den Zielen und vom Umfang der Lehrveranstaltung, die sie besuchen – in der Regel ausblenden. Literatur- und Judikaturverweise wurden speziell für die betriebliche (Rechts-)Praxis ausgewählt und sollen der möglichst raschen Bildung einer Informationsbasis für personalwirtschaftliche Entscheidungen dienen.

Wien, im Februar 2015 *Harun Pačić*

Inhaltsverzeichnis

Abkürzungsverzeichnis

aA	anderer Ansicht
AAB	Allgemeine Arbeitsbedingungen
AB	Ausschussbericht
ABGB	Allgemeines bürgerliches Gesetzbuch JGS 946
abl	ablehnend
ABl	Amtsblatt der Europäischen Union, Reihe C: Mitteilungen und Bekanntmachungen, Reihe L: Rechtsvorschriften, Reihe S: Ausschreibungen
Abs	Absatz
abw	abweichend
AEUV	Vertrag über die Arbeitsweise der Europäischen Union, ABl C 2008/115, 47
aF	alte Fassung
AG	Arbeitgeber
AGB	Allgemeine Geschäftsbedingungen
AK	Arbeiterkammer (Kammer für Arbeiter- und Angestellte)
AKG	Arbeiterkammergesetz 1992 BGBl 1991/626
AktG	Aktiengesetz 1925 BGBl 1965/98
allg	allgemein, -e, -es, -er
AlV	Arbeitslosenversicherung
AlVG	Arbeitslosenversicherungsgesetz 1977 BGBl 1977/609
aM	anderer Meinung
AMFG	Arbeitsmarktförderungsgesetz BGBl 1969/31
AMPFG	Arbeitsmarktpolitik-Finanzierungsgesetz BGBl 1994/315
AMS	Arbeitsmarktservice
AMSG	Arbeitsmarktservicegesetz BGBl 1994/313
AN	Arbeitnehmer
AngG	Angestelltengesetz BGBl 1991/292
Anl	Anlage
Anm	Anmerkung
AnwBl	Österreichisches Anwaltsblatt
APG	Allgemeines Pensionsgesetz BGBl I 2004/142
Appl	Application (an die Europäische Menschenrechtskommission)
Arb	Sammlung arbeitsrechtlicher Entscheidungen, hrsg von Tades
ArbAbfG	Arbeiter-Abfertigungsgesetz BGBl 1979/107
ArbIG	Arbeitsinspektionsgesetz 1993 BGBl 1993/27
ArbVG	Arbeitsverfassungsgesetz BGBl 1974/22
ARG	Arbeitsruhegesetz BGBl 1983/144
arg	argumento (folgt aus)

Art	Artikel
ASchG	ArbeitnehmerInnenschutzgesetz BGBl 1994/450
ASGG	Arbeits- und Sozialgerichtsgesetz BGBl 1985/104
ASoK	Arbeits- und Sozialrechtskartei
ASVG	Allgemeines Sozialversicherungsgesetz BGBl 1955/189
ATerrG	Antiterrorgesetz BGBl 1930/113
AÜG	Arbeitskräfteüberlassungsgesetz BGBl 1988/196
AuslBG	Ausländerbeschäftigungsgesetz BGBl 1975/218
AVG	Allgemeines Verwaltungsverfahrensgesetz 1991 BGBl 1991/51
AVRAG	Arbeitsvertragsrechts-Anpassungsgesetz BGBl 1993/459
AZG	Arbeitszeitgesetz BGBl 1969/461
BAG	Berufsausbildungsgesetz BGBl 1969/142
BAGE	Entscheidungen des (deutschen) Bundesarbeitsgerichts [Band, Seite]
BAK	Bundesarbeiterkammer
BAO	Bundesabgabenordnung BGBl 1961/194
bbl	Baurechtliche Blätter [Lit: Jahr, Seite; E: Jahr/Nummer]
Bd	Band
BEinstG	Behinderteneinstellungsgesetz BGBl 1970/22
Bekl	Beklagte, -r
beklP	beklagte Partei
BetrV	Betriebsvereinbarung, -en
BG	Bundesgesetz
BGB	(deutsches) Bürgerliches Gesetzbuch dRGBl 1896, 195
BGBl	Bundesgesetzblatt
Blg	Beilage, -n
BlgNR	Beilage, -n zu den stenographischen Protokollen des Nationalrates
BM	Bundesminister, -in / Bundesministerium
BMASK	BM für Arbeit, Soziales und Konsumentenschutz
BR	Betriebsrat, -es
Bsp	Beispiel, -e
bsp	beispielsweise
bspw	beispielsweise
BSVG	Bauern-Sozialversicherungsgesetz BGBl 1978/559
BUAG	Bauarbeiter-Urlaubs- und Abfertigungsgesetz BGBl 1972/414
BVB	Bezirksverwaltungsbehörde
BVerfG	(deutsches) Bundesverfassungsgericht
BVfGE	Entscheidungen des (deutschen) Bundesverfassungsgerichts
B-VG	Bundes-Verfassungsgesetz BGBl 1930/1
BVG	Bundesverfassungsgesetz
bzgl	bezüglich
bzw	beziehungsweise

ca	circa oder zirka (ungefähr)
d	deutsch, -e, -es
DAG	Dienstgeberabgabengesetz BGBl I 2003/28
ders	derselbe
DG	Dienstgeber
dgl	dergleichen
dh	das heißt
DHG	Dienstnehmerhaftpflichtgesetz BGBl 1965/80
dies	dieselbe
DLSG	Dienstleistungsscheckgesetz BGBl I 2005/45
DN	Dienstnehmer
E	Entscheidung, -en
EAGV	Vertrag zur Gründung der Europäischen Atomgemeinschaft
EAnm	Entscheidungsanmerkung
EB	Erläuternde Bemerkungen zur Regierungsvorlage
ecolex	Fachzeitschrift für Wirtschaftsrecht
EFZ	Entgeltfortzahlung
EG	Europäische Gemeinschaft, -en
EGMR	Europäischer Gerichtshof für Menschenrechte
EGMRE	Entscheidungen des EGMR
EGV	Vertrag zur Gründung der Europäischen Gemeinschaften
EKHG	Einsenbahn- und Kraftfahrzeughaftpflichtgesetz BGBl 1959/48
EPG	Eingetragene Partnerschafts-Gesetz BGBl I 2009/135
Erk	Erkenntnis
Erläut	Erläuterung, -en
ErläutRV	Erläuterungen zur Regierungsvorlage
ErlRV	Erläuterungen zur Regierungsvorlage
EStG	Einkommenssteuergesetz 1988 BGBl 1988/40
et al	et alii / et aliae (und andere)
etc	et cetera
EU	Europäische Union
EuGH	Europäischer Gerichtshof
EUV	Vertrag über die Europäische Union, ABl C 1992/191, 1
EuZA	(deutsche) Zeitschrift für Arbeitsrecht
ev	eventuell
f	und der/ die folgende
ff	und der/die folgenden (fortfolgende, -n)
FJ	Finanzjournal
FLAG	Familienlastenausgleichsgesetz 1967 BGBl 1967/376
Fn	Fußnote/n
FS	Festschrift (für)
G	Gesetz
GAngG	Gutsangestelltengesetz BGBl 1923/538

gem	gemäß
Ger	Gericht
GewO	Gewerbeordnung 1994 BGBl 1994/194
GewO 1859	Gewerbeordnung 1859 RGBl 1859/227
ggf	gegebenenfalls
GKK	Gebietskrankenkasse
glA	gleicher Ansicht
GmbH	Gesellschaft mit beschränkter Haftung
GmbHG	Gesetz über Gesellschaften mit beschränkter Haftung RGBl 1906/58
GoA	Geschäftsführung ohne Auftrag
GP	Gesetzgebungsperiode
GRC	Charta der Grundrechte der Europäischen Union vom 18.12.2000, ABl C 2000/534, 1
grds	grundsätzlich
GuKG	Gesundheits- und Krankenpflegegesetz BGBl I 1997/108
GZ	Österreichische Allgemeine Gerichtszeitung
H	Heft
hA	herrschende, -r Ansicht
HausgG	Hausgehilfen- und Hausangestelltengesetz BGBl 1962/235
HbG	Hausbesorgergesetz BGBl 1970/16
HeimArbG	Heimarbeitsgesetz 1960 BGBl 1961/105
HH	Herrenhaus
hL	herrschende Lehre
hM	herrschende Meinung
HptSt	Hauptstück
Hrsg	Herausgeber
hrsg	herausgegeben
HS	Halbsatz
HV	Hauptverband der österr Sozialversicherungsträger
HVertrG	Handelsvertretergesetz BGBl 1993/88
iaR	in aller Regel
idF	in der Fassung
idgF	in der geltenden Fassung
idR	in der Regel
idS	in diesem Sinne
ie	id est
ieS	im engeren Sinne
IESG	Insolvenz-Entgeltsicherungsgesetz BGBl 1977/324
iglS	im gleichen Sinne
iHv	in Höhe von
ILO	International Labour Organisation
infas	Informationen aus dem Arbeits- und Sozialrecht
inkl	inklusive
inl	inländisch, -e, -r, -es
insb	insbesondere

IO	Insolvenzordnung BGBl I 2010/29
IPR	Internationales Privatrecht
iS	im Sinn(e)
iSd	im Sinne des, – der
iVm	in Verbindung mit
iwS	im weiteren Sinne
iZm	im Zusammenhang mit
iZw	im Zweifel
JAP	Juristische Ausbildung und Praxisvorbereitung
JB	Jahrbuch / Judikatenbuch des OGH
JBl	Juristische Blätter
JGS	Justizgesetzessammlung
JN	Jurisdiktionsnorm RGBl 1895/111
JournG	Journalistengesetz SrGBl 1920/88
JP	(deutsche) Juristische Praxis
JR	(deutsche) Juristische Rundschau
JRP	Journal für Rechtspolitik
Jud	Judikatur
jur	juristisch, -e, -es, -er
juridicum	Zeitschrift im Rechtsstaat
JuS	(deutsche) Juristische Schulung
JZ	(deutsche) Juristenzeitung
KA-AZG	Krankenanstalten-Arbeitszeitgesetz BGBl I 1997/8
Kap	Kapitel
KautSchG	Kautionsschutzgesetz BGBl 1937/229
KBG	Kinderbetreuungsgeld
kfm	kaufmännisch, -e, -er, -es
KfZ	Kraftfahrzeug, -e
KG	Kommanditgesellschaft
KJBG	Kinder- und Jugendlichen-Beschäftigungsgesetz 1987 BGBl 1987/599
kl	klagend, -e
Kl	Kläger, -in
klP	klagende Partei, -en
KoalG	Koalitionsgesetz RGBl 1870/43
KollV	Kollektivvertrag
kollv	kollektivvertraglich, -e, -es, -er, -en
KöR	Körperschaft öffentlichen Rechts
krit	kritisch
KV	Krankenversicherung
L	Lehre
LAG	Landarbeitsgesetz 1984 BGBl 1984/287
LAO	Landarbeitsordnung
leg cit	legis citatae (der zitierten Vorschrift)
Lfg	Lieferung
LG	Landesgericht / Landesgesetz

LGBl	Landesgesetzblatt
lit	litera (Buchstabe)
Lit	Literatur
lt	laut
Mat	Materialien
maW	mit anderen Worten
MdA	Minderung der Arbeitsfähigkeit
MdE	Minderung der Erwerbsfähigkeit
mE	meines Erachtens
ME	Ministerialentwurf
MRG	Mietrechtsgesetz BGBl 1981/520
MSchG	Mutterschutzgesetz 1979 BGBl 1979/221
mW	meines Wissens
mwH	mit weiteren Hinweisen
mwN	mit weiteren Nachweisen
NAG	Niederlassungs- und Aufenthaltsgesetz BGBl I 2005/100
NR	Nationalrat
Nr	Nummer
NZ	Österreichische Notariats-Zeitung
NZA	(deutsche) Neue Zeitschrift für Arbeits- und Sozialrecht
OG	Offene Gesellschaft
OGH	Oberster Gerichtshof
ÖJZ	Österreichische Juristenzeitung
OLG	Oberlandesgericht
oö	oberösterreichisch, -e, -er, -es
österr	österreichisch, -e, -es, -en, -er
PG	Pensionsgesetz 1965 BGBl 1965/340
PV	Pensionsversicherung
RATG	Rechtsanwaltstarifgesetz BGBl 1969/189
RdA	(österr) Das Recht der Arbeit / (deutsches) Recht der Arbeit
RDB	Rechtsdatenbank
RdM	Recht der Medizin
RdW	Österreichisches Recht der Wirtschaft
RGBl	Reichsgesetzblatt
RL	Richtlinie
Rn	Randnummer
Rom I-VO	Verordnung (EG) 593/2008 des Europäischen Parlaments und des Rates vom 17.6.2008 über das auf vertragliche Schuldverhältnisse anzuwendende Recht, ABl L 2008/177, 6
Rs	Rechtssache
Rsp	Rechtsprechung
RV	Regierungsvorlage

RZ	Österreichische Richterzeitung
Rz	Randziffer / Randzahl
S	Satz / Seite
s	siehe
SchSpG	Schauspielergesetz BGBl 1922/441
SE	Societas Europaea
Sess	Session
Slg	Sammlung
sog	sogenannt, -e, -er, -es
SozM	Sozialrechtliche Mitteilungen der AK Wien
SozSi	Soziale Sicherheit, Zeitschrift für die österr Sozialversicherung
StGB	Strafgesetzbuch BGBl 1974/60
StGG	Staatsgrundgesetz über die allg Rechte der Staatsbürger RGBl 1867/142
str	strittig
stRsp	ständige Rechtsprechung
StVO	Straßenverkehrsordnung 1960 BGBl 1960/159
SV	Sozialversicherung
SV-Tr	Sozialversicherungsträger
SZ	Entscheidungen des österr OGH in Zivilsachen
TaKomm	Taschenkommentar
taxlex	Zeitschrift für Steuer und Beratung
tw	teilweise
u	und
uä	und Ähnliche, -s, -em, -er
ua	und andere, -es / unter anderem
udgl	und dergleichen
UrlG	Urlaubsgesetz BGBl 1976/390
usw	und so weiter
uU	unter Umständen
UV	Unfallversicherung
uva	und viele andere, -s andere
uzw	und zwar
VA	Versicherungsanstalt
VBG	Vertragsbedienstetengesetz 1948 BGBl 1948/86
Vers	Versicherte, -er, -en
VfGH	Verfassungsgerichtshof
VfSlg	Sammlung der Erkenntnisse und wichtigsten Beschlüsse des VfGH
vgl	vergleiche
VO	Verordnung
VwGH	Verwaltungsgerichtshof
wbl	Wirtschaftsrechtliche Blätter

WK	Wirtschaftskammer
WKO	Wirtschaftskammer Österreich
Wr	Wiener
Z	Ziffer / Zahl
Zak	Zivilrecht aktuell
ZAS	Zeitschrift für Arbeits- und Sozialrecht
zB	zum Beispiel
ZBR	Zentralbetriebsrat
ZESAR	(deutsche) Zeitschrift für europäisches Sozial- und Arbeitsrecht
ZEuP	(deutsche) Zeitschrift für Europäisches Privatrecht
zit	zitiert
ZÖR	Zeitschrift für öffentliches Recht
ZPO	Zivilprozessordnung RGBl 1895/113
zT	zum Teil
zust	zustimmend
zutr	zutreffend
zuvo	Zukunftsvorsorge aktuell

I Das Recht und die (soziale) Gerechtigkeit

Wo Menschen sind, da bilden sich Gesellschaften heraus; wo es Gesellschaften gibt, da gibt es auch Gesellschaftsordnungen, dh normative Ordnungen, die menschliches Verhalten regeln, das in Beziehung zu anderen Menschen steht oder gemeinschaftliche Interessen betrifft. Es ist aber nicht jede Gesellschaftsordnung zugleich eine Rechtsordnung. Was Recht ist und in welchem Verhältnis es zur Gerechtigkeit steht, wird in der Lit nach wie vor lebhaft diskutiert.

Die Ausführungen in diesem Buch gründen auf dem Rechtsbegriff der Reinen Rechtslehre von Hans Kelsen und der Wiener rechtstheoretischen Schule. Der von ihr gewählte Gegenstand wissenschaftlicher Betrachtung ist (nur) das sog positive Recht: Das ist ein von Menschen für Menschen gesetztes, regelmäßig wirksames (effektives) und organisierten Zwang androhendes Ordnungs- bzw Regelungssystem.[1] In der (Selbst-)Beschränkung der Rechtswissenschaft auf die Beschreibung des positiven Rechts und seiner Strukturen liegt eine gewisse ideologiekritische Funktion der Reinen Rechtslehre; auf diese Weise wird es nämlich möglich, die soziale Realität zu erkennen.[2] Gerechtigkeit ist ihr zufolge nur als mögliche, nicht aber als notwendige Eigenschaft einer gesellschaftlichen Ordnung zu sehen.[3] Allerdings lässt sich keine (Rechts-)Gemeinschaft auf Dauer Regelungen bieten, „die nicht wenigstens ihrer Intention nach gerecht sind."[4] Auch wenn sich Menschen oft nicht über den Gehalt einer gerechten Regelung einig sind, so sind sie sich in aller Regel aber zumindest darin einig, dass die Regelung gerecht sein soll.

Es liegt kein Widerspruch darin zu sagen, dass das Recht der Gerechtigkeit gegenüber neutral zu definieren sei, aber dennoch festzuhalten, dass das Recht der Gerechtigkeit dienen solle, dh sie zu verwirklichen trachten solle.[5] Sie wird dadurch nicht Bestandteil des

---

1 Vgl *Walter/Mayer/Kucsko-Stadlmayer*, Bundesverfassungsrecht[10] (2007) Rz 2; *Thienel*, Kritischer Rationalismus und Jurisprudenz (1991) 7; R. *Walter*, Hans Kelsens Reine Rechtslehre, in Walter/Jabloner/Zeleny, 30 Jahre Hans Kelsen-Institut (2003), 80.

2 *Jabloner*, Ideologiekritik bei Kelsen, in Walter, Schwerpunkte der Reinen Rechtslehre (1992), 97.

3 *Kelsen*, Was ist Gerechtigkeit? (Reclam, 2000) 11.

4 *Zippelius*, Das Wesen des Rechts[3] (1973) 64.

5 Eingehend zu diesem Thema: *Pacic*, Methoden der Rechtsfindung im Arbeitsrecht (2012) 62 ff.

Rechtsbegriffs, sondern nur politische Forderung an das Recht.

Politik kann bei der Ausfüllung des einer gesetzgebenden Autorität von der Rechtsordnung eröffneten rechtspolitischen Rahmens ua als „realer Diskurs zur Gerechtigkeitsbegründung“ verstanden werden.[6] In der Arbeitsmarkt-, Beschäftigungs- und Sozialpolitik ist es vor allem die Forderung nach sozialer Gerechtigkeit, die zunehmend lauter wird. Sogar bei der rechtspolitischen Ausgestaltung des allg Vertragsrechts ist die Tendenz des Gesetzgebers nicht zu verkennen, sich – zwar nur langsam, aber dennoch – von der Betonung der Vertragsfreiheit wegzubewegen und verstärkt soziale Vertragsgerechtigkeit anzustreben.[7] Was sozial gerecht oder ungerecht ist, ist aber höchst unklar.[8] Dass etwas sozial ungerecht ist, wird zumeist nur gefühlt, zB dann, wenn trotz Rekordeinnahmen Massenkündigungen ausgesprochen werden.[9] Es wäre dennoch verfehlt, den Begriff der sozialen Gerechtigkeit als inhaltsleere Worthülse zu beschreiben. Die Diskussion um soziale Gerechtigkeit spiegelt schließlich die Auseinandersetzung mit grundlegenden Wertvorstellungen für das gesellschaftliche Zusammenleben und die Rolle des Sozialstaates wider.[10]

Das Wesen der Forderung nach sozialer Gerechtigkeit kann man am ehesten in der Forderung erblicken, die Dinge so zu ordnen und die zu verteilende Güter derart zu verteilen, dass jeder die gleiche Möglichkeit hat, das bestmögliche Leben zu führen, zu dem er oder sie – zB je nach Gesundheitszustand oder gewählter Ausbildung – fähig ist.[11]

In der Folge geht es zwar um Erkenntnis und Beschreibung der positiven Normen des österreichischen Arbeits- und Sozialrechts aus dem Blickwinkel der Rechtsdogmatik; diese ist um die Systematisierung und die methodengeleitete Auslegung des Rechtsmaterials bemüht, aus welchem der Inhalt von Normen des Rechts erschlossen wird. Sofern die Leserinnen und Leser bewusst darüber nachdenken, können sie dem Lehrinhalt dieses Buches aber zugleich viel über den Stand der aktuellen Bemühungen des Gesetzgebers entnehmen, soziale Gerechtigkeit zu verwirklichen.

---

6 *Tschentscher*, Prozedurale Theorien der Gerechtigkeit (2000, Nachdruck 2009) 367; vgl auch *Kersting*, Rechtsphilosophische Probleme des Sozialstaates (2000) 5 f.

7 Vgl *Hackl*, ÖJZ 1980, 645.

8 Vgl zB *Löffler*, Soziale Gerechtigkeit, in Koller, Gerechtigkeit im politischen Diskurs (2001), 65 ff.

9 *Laumann*, Soziale Gerechtigkeit, in Lemke/Hermeier (Hrsg), Diskurs 2/2006, 37.

10 *Sandner*, Was ist soziale Gerechtigkeit? Arbeit & Wirtschaft 12/2005.

11 *Frankena*, Some Bliefs about Justice (1966) 3 ff.

II Das Arbeitsrecht

A Allgemeiner Teil

1 Begriff, Funktion und Systematik des Arbeitsrechts

Das Arbeitsrecht ist längst ein selbstständiges, umfangreiches Fach geworden, das besondere Charakteristika, insb Formen der kollektiven Rechtsgestaltung aufweist. Keinesfalls ist es aber ein geschlossenes Rechtsgebiet;[12] es vereinigt in sich sowohl öffentlich-rechtliche als auch privatrechtliche Bestandteile.[13] Man kann es als jenen Teil des Rechtsmaterials bezeichnen, aus dem speziell solche Rechtsnormen gewonnen werden, die der Regelung der Arbeit in persönlicher Abhängigkeit dienen sollen; sie geben Antworten auf (Rechts-)Fragen, die die Arbeit in persönlicher Abhängigkeit aufwirft. Diese sind zwar einem stetigen Wandel unterworfen, weisen aber doch einen gewissen Kern auf. Dazu gehören Fragen nach der Entgelthöhe, der Fortzahlung des Entgelts im Falle der Erkrankung des Arbeitnehmers, der entgeltlichen oder unentgeltlichen Freistellung vom Dienst zu Erholungszwecken und nach Haftungsbeschränkungen.[14]

Entscheidend für die Entwicklung des Arbeitsrechts zum eigenständigen Rechtsgebiet dürfte nicht allein der Bezug zur abhängigen Arbeit als einem typischen sozialen Sachverhalt, sondern vor allem ein als arbeitsrechtliches Schutzprinzip bezeichneter Wertungsansatz gewesen sein.[15] Der Gedanke des sozialen Schutzes hat das Arbeitsrecht geprägt. Die kollektive Rechtsgestaltung ist zB ein spezifisch arbeitsrechtlicher Versuch, die – durch ihre wirtschaftlich schwächere Position bedingte – strukturelle Unterlegenheit der Arbeitnehmer beim Aushandeln der Arbeitsbedingungen auf einer Ebene zu überwinden, auf der Verhandlungsgleichgewicht besteht und „wo die Prämissen

12 Vgl *Preis*, Arbeitsrecht – Individualarbeitsrecht[3] 1; *Schwarz/Löschnigg*, Arbeitsrecht[4] (1989) 36.

13 Zum Thema: *Schwarz*, Öffentliches und Privates Recht in der Arbeitsrechtlichen Systembildung (1973).

14 *Kietaibl*, Arbeitsrecht I[8] (2013) 1 f.

15 F. *Bydlinski*, Arbeitsrechtskodifikation und allgemeines Zivilrecht (1969) 16.

für die Richtigkeitsgewähr des vertraglich Ausgehandelten wieder stimmen."[16]

So sehr das Arbeitsrecht unstrittig Schutzrecht ist, so sehr ist es zugleich aber auch Wirtschaftsrecht. Das Arbeitsverhältnis ist schließlich die wichtigste Rechtsform für die Leistung von Arbeit.[17] Es darf daher nicht verwundern, dass sich der Rechtsetzer bei der Gestaltung des Arbeitsrechts nicht nur von Schutzgesichtspunkten leiten lässt, sondern auch von einer Vielzahl anderer Überlegungen, wie zB von den wirtschaftlichen Interessen der Arbeitgeber, verschiedenen öffentlichen Interessen, möglichen Problemen bei der Anwendung der angedachten Gesetzesvorhaben oder schlicht von ihrer politischen Durchsetzbarkeit.[18] Das Arbeitsrecht ist von den es umgebenden ökonomischen, technischen und gesellschaftlichen Faktoren abhängig und nimmt an ihren Veränderungen teil.[19] Es ist zu einem guten Teil systemgebundenes Recht.[20]

In Österreich wird das Arbeitsrecht üblicherweise in das Individualarbeitsrecht einerseits und in das kollektive Arbeitsrecht andererseits unterteilt. Letzteres wird auch als Arbeitsverfassungsrecht bezeichnet und umfasst das Recht der überbetrieblichen und der betrieblichen Interessenvertretungen, dh das Berufsverbands- und das Kollektivvertragsrecht auf der einen und das Recht der Belegschaftsvertretung im Betrieb auf der anderen Seite. Das Individualarbeitsrecht wird traditionell in das Arbeitsvertragsrecht einerseits und das Arbeitnehmerschutzrecht andererseits untergliedert.

Das vorliegende Lehrbuch geht aus didaktischen Gründen einen neuen Weg. Der Stoff wird in zwei Teile gegliedert: Einen allgemeinen Teil und einen besonderen Teil. Im allgemeinen Teil liegt der Fokus zum einen auf den Rechtsquellen des Arbeitsrechts, ihrem Anwendungsbereich, ihren Eigenheiten und dem Umgang mit ihnen, und zum anderen auf organisationsrechtlichen Regelungen sowohl auf betrieblicher als auch auf überbetrieblicher Ebene. Im besonderen Teil werden dann spezielle Fragen von der Anbahnung und der Begründung bis hin zur Beendigung und zur Abwicklung des Arbeitsverhältnisses diskutiert.

16 *Marhold* in FS-Kissel (1994) 735.

17 Dazu: *EU-Kommission*, Employment in Europe 2009. Vgl *Rebhahn*, RdA 2009, 154.

18 Zur Verknüpfung mit der Marktwirtschaft: *Zöllner* in Bydlinski/Mayer-Maly, Die Arbeit: ihre Ordnung – ihre Zukunft – ihr Sinn (1995), 52.

19 *Firlei* in Bydlinski/Mayer-Maly, Die Arbeit, 71; *Gleißner*, ZAS 2009/24.

20 *Rüthers*, Arbeitsrecht und politisches System (1973) 16.

2 Anwendungsbereich des Arbeitsrechts

a Allgemeines

Das Arbeitsrecht ist grds für Arbeitnehmer[21] anwendbar; der Arbeitnehmerbegriff ist daher ein Zentralbegriff des Arbeitsrechts.[22] Personen, die zwar nicht AN sind (dh selbstständig Erwerbstätige[23]), genießen aber zumindest punktuellen Schutz des Arbeitsrechts, wenn sie für arbeitnehmerähnlich befunden werden. Sie sind insb vom Anwendungsbereich des DHG, des GlBG, des AÜG und des ASGG erfasst.[24] Einzelne arbeitsrechtliche Rechtsvorschriften können überdies analog auch auf freie Dienstverhältnisse angewendet werden, allerdings nur dann, wenn sie ihrem Zweck nach nicht ausschließlich auf die in persönlicher Abhängigkeit Tätigen (dh auf AN) zugeschnitten sind.[25] Zur analogen Anwendung gelangen insb die §§ 1152, 1159 bis 1159b, 1162 bis 1162d und 1155 ABGB, nicht aber die Regelungen zur Entgeltfortzahlungspflicht des AG bei Erkrankung des AN, jene zum Urlaubsanspruch des AN oder etwa die Bestimmungen des ArbVG über die kollektive Rechtsgestaltung.[26]

b Der Arbeitnehmer – Dienste in persönlicher Abhängigkeit

Der Arbeitnehmerbegriff ist in Österreich kein einheitlicher.[27] Im Mittelpunkt steht aber der sog arbeitsvertragliche Arbeitnehmerbegriff. Sondergesetzliche Definitionen gehen – abhängig vom jeweiligen Zweck – entweder über diesen hinaus oder schränken ihn ein.

---

21 Die Begriffe „Arbeitnehmer" und „Dienstnehmer" sind im Arbeitsrecht gleichbedeutend; „Dienstnehmer" ist eher im Sozialversicherungsrecht gebräuchlich. Entsprechendes gilt für den Arbeits- bzw Dienstvertrag.

22 *Krejci* in Rummel[3] § 1151 Rz 4.

23 Man kann den Begriff der selbstständigen Erwerbstätigkeit aber auch so verstehen, dass er sich auf jene Personen bezieht, die weder AN (und damit persönlich abhängig) noch arbeitnehmerähnlich (und damit wirtschaftlich abhängig) sind.

24 Sie unterliegen nach der Rsp auch dem KautSchG, s OGH 7.4.1987, 14 ObA 10/87, RdA 1990/17 (*Jabornegg*).

25 RIS-Justiz: RS0021758, RS0021747. Zum Thema: B.W. *Gruber*, ASoK 2000, 306 (Teil I) und 2000, 344 (Teil II); *Wachter*, RdA 1984, 405.

26 Vgl *Rebhahn* in Kletečka/Schauer, ABGB-ON[1.01] § 1151 Rz 135 f.

27 Vgl *Löschnigg*, Arbeitsrecht[11] (2011) 172 ff Rz 4/050 ff.

ba Arbeitnehmer im Sinne des Arbeitsvertragsrechts

§ 1151 Abs 1 ABGB bestimmt: „Wenn jemand sich auf eine gewisse Zeit zur Dienstleistung für einen anderen verpflichtet, so entsteht ein Dienstvertrag; wenn jemand die Herstellung eines Werkes gegen Entgelt übernimmt, ein Werkvertrag." Entgeltlichkeit ist zwar typisch für das Arbeitsverhältnis, jedoch – anders als im Sozialversicherungsrecht beim Dienstnehmerbegriff iSd § 4 Abs 2 ASVG – im Arbeitsrecht keineswegs notwendig; ist im Vertrag kein Entgelt bestimmt, aber auch nicht Unentgeltlichkeit vereinbart, so gilt allerdings ein angemessenes Entgelt als bedungen.[28]

Es sind (demnach) drei (Wesens-)Merkmale, die den Arbeitsvertrag kennzeichnen:

- Das Leisten von Diensten auf eine gewisse Zeit:
  Das Arbeitsverhältnis ist ein Dauerschuldverhältnis, was bedeutet, dass es im Gegensatz zum Werkvertrag – dieser begründet ein Zielschuldverhältnis – nicht durch Erfüllungshandlungen beendet wird, denn der AN schuldet keinen Erfolg (kein Werk, wie zB die Herstellung eines genau beschriebenen Tisches oder die Reparatur eines ganz bestimmten KfZ), sondern (nur) das Zur-Verfügung-Stellen seiner Arbeitskraft (zB zur Herstellung von Tischen, zur Reparatur von KfZ usw). Er hat für seine Dienste keine Gewähr zu leisten.[29]
- Dienstleistung auf vertraglicher Grundlage für einen anderen:
  Das öffentlich-rechtliche Beschäftigungsverhältnis eines Beamten, der durch einen hoheitlichen Akt bestellt wird (Ernennung), ist somit kein Arbeitsverhältnis. Auch die Arbeit von Strafgefangenen oder Präsenzdienern wird nicht im Rahmen eines Arbeits-, sondern aufgrund eines öffentlich-rechtlichen (Gewalt-)Verhältnisses erbracht. Vertragsbedienstete der Gebietskörperschaften leisten hingegen sehr wohl Dienste auf vertraglicher Grundlage; für sie gibt es Sonderbestimmungen.[30]
- Dienstleistung in persönlicher Abhängigkeit, dh fremdbestimmt:[31]
  Der AN unterscheidet sich von einem selbstständig Erwerbstätigen

---

28 § 1152 ABGB.

29 *Rebhahn* in Kletečka/Schauer, ABGB-ON[1.01] § 1151 Rz 50.

30 Beachte das Vertragsbedienstetengesetz (VBG), BGBl 86/1948.

31 Vgl zB *Krejci* in Rummel[3] § 1151 Rz 36; *Rebhahn* in Kletečka/Schauer, ABGB-ON[1.01] § 1151 Rz 54 ff; *Pfeil* in Schwimann, ABGB-TaKomm § 1151 Rz 9. Wirtschaftliche Abhängigkeit (alleine) begründet hingegen kein Arbeitsverhältnis; man sagt in der Lit zumeist, dass sie bei AN in der persönlichen Abhängigkeit aufgehe, was aber vom Verständnis bzw der gewählten Definition derselben abhängt. Genaueres dazu s iZm der arbeitnehmerähnlichen Person weiter unten.

(vor allem) durch den unterschiedlichen Freiheitsgrad bei der Ausübung seiner Arbeit.[32] Deswegen fragt die Rsp bei der Prüfung der Arbeitnehmereigenschaft zuweilen danach, inwieweit der AG über die Arbeitskraft des Dienstleistenden wie über die eines typischen AN verfügen kann.[33] Dabei steht die Frage der rechtlichen Gebundenheit des Dienstleistenden in seiner Funktion als Arbeitnehmer im Vordergrund, nicht die Abhängigkeit von der Person des Arbeitgebers: Diese Gebundenheit kann in weiten Bereichen bereits aus der Umschreibung der Arbeitsbedingungen im Vertrag folgen und ergibt sich manchmal schon aus der Zuweisung einer bestimmten Tätigkeit und der dem Dienstleistenden eingeräumten Position im Betrieb.[34]

Der OGH führte diesbezüglich aus: „Der Dienstvertrag oder Arbeitsvertrag im Sinne des § 1151 ABGB ist vor allem durch die persönliche Abhängigkeit des Arbeitnehmers, also durch dessen Unterworfenheit unter die funktionelle Autorität des Arbeitgebers, gekennzeichnet, welche sich in organisatorischer Gebundenheit, insbesondere an Arbeitszeit, Arbeitsort und Kontrolle – nicht notwendig auch an Weisungen über die Art der Ausführung der Tätigkeit – äußert. Für den Arbeitsvertrag wesentlich ist daher eine weitgehende Ausschaltung der Bestimmungsfreiheit des Arbeitnehmers, welcher hinsichtlich Arbeitsort, Arbeitszeit und arbeitsbezogenes Verhalten dem Weisungsrecht des Arbeitgebers unterworfen ist, oder, wenn dieses Verhalten schon im Arbeitsvertrag vorausbestimmt oder unter Heranziehung anderer Regeln bestimmbar ist, zumindest dessen laufender Kontrolle unterliegt."[35] Dies verdeutlicht, dass die persönliche Abhängigkeit als organisatorische Abhängigkeit (Fremdbestimmtheit) zu verstehen ist.

Ob ein Fall der Dienstleistung in persönlicher Abhängigkeit vorliegt, ergibt sich erst im Rahmen einer Gesamtbetrachtung und -beurteilung

32 *Tomandl*, ZAS 2008/16, 102.

33 Angesprochen ist die Jud zum Recht des Dienstleistenden, Arbeitsaufträge jederzeit abzulehnen, bei gleichzeitiger faktische Verfügung des Leistungsempfängers über die Arbeitskraft seines Vertragspartners wie über die eines AN, vgl OGH 4 Ob 104/80, RdA 1982/9, 191 (*Strasser*) = ZAS 1982/1, 10 (*Tomandl*); OGH 9 ObA 52/88, ZAS 1989/19, 136 (*Schäffl*) = RdW 1989, 29; OGH 8 ObA 2347/96x, wbl 1998, 88.

34 Vgl *Spielbüchler* in Floretta/Spielbüchler/Strasser, Arbeitsrecht I^4 (1998) 65.

35 RIS-Justiz: RS0021306. Angesichts moderner Technik und Kommunikationsmittel ist fremdbestimmte Arbeit auch bei mangelnder oder bei Nicht-Eingliederung in einen Betrieb möglich, wenn Kontrollbefugnisse des AG bzw Berichtspflichten des AN entsprechend ausgeprägt sind.

verschiedener Einzelkriterien. Dazu zählen die persönlichen Arbeitspflicht des Dienstleistenden, seine Eingliederung in die (Betriebs-) Organisation des Leistungsempfängers, seine Unterwerfung unter betrieblichen Ordnungsvorschriften, die Gebundenheit an sachliche und persönliche Weisungen des AG, sowie dessen Kontrollbefugnis und schließlich auch die disziplinäre Verantwortlichkeit des Dienstleistenden ihm gegenüber.[36] Nur hilfsweise zieht die Jud andere Kriterien heran, zB einerseits die Bereitstellung teurer Arbeitsmittel und die Tragung des Unternehmerrisikos (insb des Risikos der Verwertbarkeit der Leistung bzw des Arbeitsergebnisses am Markt) durch den Dienstleistenden als Indizien gegen die Arbeit in persönlicher Abhängigkeit, und andererseits zB ein besonders hohes Ausmaß der Dienstleistung in zeitlicher Hinsicht und die überwiegende Inanspruchnahme der Erwerbstätigkeit des Dienstleistenden sowie die Vereinbarung eines Konkurrenzverbots zu seinen Lasten als Hinweise auf fremdbestimmte Arbeit.[37] Lehre und Rsp sprechen von einem kombinatorischen Tatbestand, dessen einzelne Elemente zueinander im Verhältnis eines beweglichen Systems stehen.[38] Einzelne fehlende oder nur in geringer Ausprägung in Erscheinung tretende Merkmale persönlicher Abhängigkeit können durch andere, intensiver ausgeprägte Merkmale aufgewogen werden.[39] Entscheidend ist nur, ob die Merkmale persönlicher Abhängigkeit – jene fremdbestimmter Arbeit in einer fremden Betriebsorganisation – nach Bedeutung und Gewicht überwiegen.[40]

Anhand des Kriteriums der persönlichen Abhängigkeit, welches sich nicht direkt aus dem Gesetz ergibt, sondern – gestützt auf die Gesetzesmaterialien[41] zu § 1151 ABGB – dem historischen Handlungskontext des Gesetzgebers zu entnehmen ist, kann das Arbeitsverhältnis von anderen Vertragsverhältnissen abgegrenzt werden.[42]

---

36 Im Detail: *Rebhahn* in ZellKomm I² § 1151 ABGB Rz 99 ff; vgl OGH 13.7.1976, 4 Ob 58/76.

37 *Rebhahn* in Kletečka/Schauer, ABGB-ON$^{1.01}$ § 1151 Rz 87 ff.

38 Vgl *Krejci* in Rummel³ § 1151 Rz 61; *Pfeil* in Schwimann, ABGB-TaKomm § 1151 Rz 10; OGH 13.1.1988, 14 ObA 46/87; OGH 16.6.2008, 8 ObA 39/08f.

39 *Radner* in Mazal/Risak, Das Arbeitsrecht (5. Lfg), Kap I Rz 19.

40 OGH 14.1.1988, 14 ObA 46/87; OGH 23.10.1984, 4 Ob 116/84, RdA 1986, 23 (*Csebrenyak*) = ZAS 1986/16 (*Dusak*); OGH 14.2.2001, 9 ObA 22/01b, RdA 2002/9 (A. *Burgstaller*).

41 78 Blg zu den stenographischen Protokollen des Herrenhauses, XXI. Sess 1912, 206, 207.

42 § 1151 Abs 1 ABGB würde dem Wort- und Satzsinn nach auch freie Dienstverträge erfassen; er ist allerdings teleologisch dahingehend zu

In der Praxis ist die Abgrenzung zum freien Dienstvertrag und zum Werkvertrag am bedeutendsten; die Parteien versuchen das Arbeitsrecht nicht selten, insb aus Kosten- und Flexibilitätsgründen, gar nicht erst zur Anwendung kommen zu lassen, indem zB Begriffe wie Arbeitsvertrag oder AN vermieden und nur von sog freier Mitarbeit gesprochen wird. Die Prüfung des Vorliegens der persönlichen Abhängigkeit hat deswegen sorgfältig zu erfolgen.

Keine AN sind bsp Vorstandsmitglieder von Aktiengesellschaften, zumal sie gesetzlich weisungsfrei gestellt sind und es ihnen daher an Fremdbestimmtheit mangelt.[43] Gleiches gilt – auch wenn Gesellschafts- und Dienstvertrag einander grds nicht ausschließen (wiewohl der eine durch grds Gleichordnung der Gesellschafter und der andere durch funktionale Unterordnung einer Partei gekennzeichnet ist) – für GmbH-Gesellschafter, die Beschlüsse der Generalversammlung und damit Weisungen an sich selbst verhindern können; ein geschäftsführender Gesellschafter mit maßgeblichem Einfluss auf die GmbH kann daher nicht AN derselben sein.[44]

Auf die persönliche Abhängigkeit ist auch bei Dienstleistungen im Familienkreis, bei Ferialpraktika und bei der Wahrnehmung von Geschäftsbesorgungsaufgaben abzustellen, ebenso wie für die Abgrenzung zwischen Dienst- und Bestandverträgen in Fällen, in denen Dienstleistungen als Gegenleistung für die Einräumung von Miet- und Nutzungsrechten erbracht werden.[45]

Insoweit mit einem Dienstvertrag eine Geschäftsbesorgung iSd § 1002 ABGB verbunden ist, müssen nach § 1151 Abs 2 leg cit ergänzend die Vorschriften über den Bevollmächtigungsvertrag beachtet werden.

bb Abweichende Anknüpfung in der Betriebsverfassung

Einer der bedeutendsten vom arbeitsvertraglichen abweichenden Arbeitnehmerbegriffe ist jener im Sinne der Betriebsverfassung. Darunter fallen nach § 36 Abs 1 ArbVG alle im Rahmen eines Betriebes beschäftigten Personen, einschließlich der Lehrlinge und der Heim-

reduzieren, dass damit nur die Arbeit in persönlicher Abhängigkeit gemeint ist.

43 § 70 Abs 1 AktG, vgl OGH 5.2.1985, 4 Ob 5/85.

44 Vgl *Krejci* in Rummel[3] § 1151 Rz 99 ff.

45 Vgl *Pfeil* in Schwimman, ABGB-TaKomm, § 1151 Rz 28 ff, 38 ff. Die Rsp fragt, ob für die Parteien die Bestandüberlassung oder die Dienstleistung im Vordergrund steht und versucht, den wirtschaftlichen Zweck oder Schwerpunkt der Vereinbarung zu eruieren, s RIS-Justiz: RS0020458, RS0020465.

arbeiter ohne Unterschied des Alters. Abgestellt wird lediglich auf die faktische Eingliederung eines fremdbestimmt Tätigen in den Betrieb, ohne dass ein Arbeitsvertrag zum Betriebsinhaber vorausgesetzt würde. Deswegen können insb auch Beamte und illegal beschäftigte Ausländer davon erfasst sein.[46] Überlassene Arbeitskräfte (sog Leih-AN) gehören bei längerer (idR über sechsmonatiger) Überlassung sowohl der Belegschaft des Betriebes ihres Überlassers als auch jener ihres Beschäftigers an. Welcher Betriebsrat als Organ der Belegschaft betriebliche Mitwirkungsrechte derselben in Bezug auf diese Leih-AN ausüben darf, richtet sich – je nach Art und Zweck des jeweiligen Rechts – danach, welcher von beiden ihre Interessen besser zu vertreten im Stande ist; so sind Rechte iZm dem allgemeinen Kündigungsschutz (nach § 105 ArbVG) vom Betriebsrat des Überlasserbetriebes auszuüben.[47]

Zu beachten sind jedoch in der Betriebsverfassung auch die Ausnahmen vom AN-Begriff nach § 36 Abs 2 ArbVG. So gelten Personen, die zu Schulungs- und Ausbildungszwecken kurzfristig beschäftigt werden, oder Mitglieder des Organs, das zur gesetzlichen Vertretung einer juristischen Person berufen ist (in einem Betrieb dieser juristischen Person) nicht als AN. Ausgenommen sind vor allem auch sog leitende Angestellte, denen maßgeblicher Einfluss auf die Führung des Betriebes zusteht. Leitende Angestellte sind zB auch vom Anwendungsbereich des Arbeitszeitgesetzes ausgenommen. Der Begriff des leitenden Angestellten wird aber je nach Gesetz unterschiedlich näher umschrieben. So bezieht sich § 1 Abs 2 Z 8 AZG auf leitende Angestellte, denen maßgebliche Führungsaufgaben selbstverantwortlich übertragen sind. Wer jeweils damit gemeint ist, ist im Lichte des Zwecks der jeweiligen Ausnahme zu prüfen. Vom der Betriebsverfassung sind leitende Angestellte wohl ausgenommen, weil sie idR Arbeitgeberfunktionen ausüben und dadurch in einen Interessengegensatz zu anderen AN geraten können. Dagegen sind leitende Angestellte iSd Arbeitszeitrechts von diesem ausgenommen, weil sie des Schutzes desselben oftmals nicht bedürfen und ihre Arbeitszeit ohnehin selbst einteilen (und nicht selten auch jene anderer AN) und die Art ihrer Tätigkeit häufig unter Bindung an starre Arbeitszeitgrenzen kaum sinnvoll durchgeführt werden kann, was idR durch ein höheres Entgelt abgegolten wird.[48]

46 *Risak* in Mazal/Risak, Das Arbeitsrecht (8. Lfg), Kap III Rz 12 f.

47 Vgl *Windisch-Graetz* in ZellKomm II^2, § 36 ArbVG Rz 8.

48 Vgl *Pfeil* in ZellKomm I^2, § 1 AZG Rz 23 ff.

bc Unterteilung in Arbeiter und Angestellte

Zahlreiche Rechtsvorschriften gelten nur für Arbeiter oder für Angestellte oder knüpfen an diese Unterscheidung an; sie spielt ua bei der Entgeltfortzahlung im Krankheitsfall, den Kündigungsfristen, den Entlassungsgründen, der Wahl des (Gruppen-)Betriebsrates und bei der Invaliditäts- bzw Berufsunfähigkeitspension eine Rolle.[49] Als Arbeiter bezeichnet man idR jene AN, die nicht Angestellte sind, wobei Angestellte höheres soziales Ansehen zu genießen scheinen. Deswegen kommt es hin und wieder vor, dass Arbeitern ehrenhalber – ohne Angestellte zu sein – Angestelltenstatus verliehen wird (Ehren- oder Vertragsangestellte bzw Angestellte ex contractu); solche Vereinbarungen sind innerhalb der Grenzen zwingender Rechtsbestimmungen auf Grundlage des Günstigkeitsprinzips (dazu später) zulässig.[50] Geht man vom Anwendungsbereich des Angestelltengesetzes (AngG) aus, kann man Angestellte als Personen beschreiben, die im Geschäftsbetrieb eines Kaufmannes – gleichgestellt sind zB Tätigkeiten in Kanzleien der Rechtsanwälte, bei Ärzten und in Unternehmungen jeder Art, auf welche die Gewerbeordnung Anwendung findet – vorwiegend zur Leistung kaufmännischer oder höherer, nichtkaufmännischer Dienste oder zu Kanzleiarbeiten angestellt sind.[51] Dabei kommt es auf die faktisch ausgeübte Tätigkeit an; bei gemischten Tätigkeiten (dh bei Verrichtung von Angestellten- und Arbeitertätigkeiten) kommt es auf das zeitliche Überwiegen an, es sei denn die Angestelltentätigkeit hätte für den AG von vornherein erheblich größere Bedeutung.[52]

Kaufmännische Dienste sind nach der Rsp solche, die ihrer Art nach zu den typischen Tätigkeiten von Kaufleuten gehören und für die Führung des Betriebes nicht bloß von untergeordneter Bedeutung sind;[53] dazu zählen insb alle mit dem Ein- und Verkauf zusammenhängenden Tätigkeiten, die ein selbstständiges Anpassen an konkrete (Markt-)Situationen zur Hebung des Umsatzes erfordern, wie etwa Kundenwerbung und -beratung, Einfluss auf die Preisbildung, Sorge

---

49 In der Lit wird die Unterscheidung für überholt, zT für verfassungsrechtlich bedenklich gehalten, s *Drs*, Arbeiter und Angestellte (1999) 223 ff.

50 Betriebsverfassungsrechtlich zählen Arbeiter nach § 41 Abs 3 ArbVG nur dann zur Gruppe der Angestellten, wenn mit ihnen die Anwendbarkeit des AngG und des im Betrieb anwendbaren Angestellten-KollV zuzüglich einer Einstufung in die Gehaltsordnung dieses KollV unwiderruflich vereinbart wurde.

51 §§ 1, 2 AngG.

52 RIS-Justiz: RS0027826.

53 RIS-Justiz: RS0028079.

um die Lagerergänzung, Einkauf und Bestellung, darüber hinaus außerdem auch Buchführung, Geldgebarung und Warenprüfung.[54] Als kaufmännische Dienste betrachtete die Rsp bsp die Tätigkeit einer Leiterin einer Wäschereifiliale, jene von Verkäuferinnen in Spirituosengeschäften und eines Hotelküchenverwalters, dem die Überwachung des Lebensmittelmagazins, die Verwaltung der Vorräte und die Besorgung der Einkäufe oblag; dagegen verrichte zB eine Verkäuferin, die Brot und Backwaren in einer Bäckerei verkaufte, ein AN, dem die Bedienung einer Tankstelle und die Berechnung des Kaufpreises für das ausgegebene Benzin oblag, oder etwa ein Kellner in einem Kaffeehaus keine kaufmännischen Tätigkeiten.[55] Höhere Dienste können nach der Rsp bei jeder Arbeit vorliegen, die – ohne dass ein bestimmter Studiengang vorausgesetzt wird – in Richtung der Betätigung entsprechende Vorkenntnisse und Schulung, sowie eine gewisse fachliche Durchdringung der Arbeitsaufgaben verlangt (zB Fahrlehrer, nicht aber Pflegehelfer); es darf sich nicht um Arbeiten handeln, die rein mechanisch geübt werden und von einer zufälligen Ersatzkraft geleistet werden können.[56] Letztlich ist hier eine Wertentscheidung zu treffen, in die gesellschaftliche Auffassungen von höheren Diensten einfließen.[57] Mit Kanzleitätigkeiten sind grds Büro- und Schreibarbeiten gemeint, die über bloßes Abschreiben hinausgehen, also jene Dienste, die man als typischen Sekretariatsarbeiten bezeichnen könnte.[58]

Der Gesetzgeber hat die Rechtsstellung von Arbeitern und Angestellten zwar einander durchaus angenähert, konnte sich aber nicht zu einer Beseitigung der Differenzierung durchringen. Ein rechtspolitisch gangbarer Weg wäre womöglich jener, das Angestelltenrecht lediglich als Regelungsschablone anzubieten, seine Anwendung aber davon abhängig zu machen, ob es im Wege der kollektiven Rechtsgestaltung oder einzelvertraglicher Vereinbarung für maßgeblich erklärt wird; ansonsten bliebe es bei einem allg Arbeitsrecht, wo diese Unterscheidung keine Bedeutung hätte.[59]

---

54 RIS-Justiz: RS0028086.

55 Zur Jud mit Nachweisen: *Löschnigg* in Löschnigg, AngG I^8 § 1 Rz 98 f.

56 RIS-Justiz: RS0028051.

57 Vgl *Spielbüchler* in Floretta/Spielbüchler/Strasser, Arbeitsrecht I^4 80.

58 Vgl *Drs* in ZellKomm I^2, § 1 AngG Rz 26 ff.

59 Diesen Vorschlag unterbreitete *Mayer-Maly*, Arbeiter und Angestellte (1969) 57 ff.

c Der Arbeitnehmerähnliche – in wirtschaftlicher Abhängigkeit

Wer nicht AN ist, der ist selbstständig Erwerbstätiger; die Personengruppe der Selbstständigen ist allerdings keine homogene Gruppe, denn es gibt unter ihnen arbeitnehmerähnliche Personen und solche, die es nicht sind. Das maßgebliche Unterscheidungsmerkmal ist die wirtschaftliche Abhängigkeit: Darunter wird zwar im allg Sprachgebrauch (auch) das Angewiesensein auf das Erwerbseinkommen zur Bestreitung des Lebensunterhalts verstanden, doch ist damit im spezifisch arbeitsrechtlichen Kontext zumeist die Situation einer Person gemeint, die keine nennenswerte unternehmerische Struktur hat, nur für einen oder nur für wenige Auftraggeber (und idR persönlich) tätig ist, wobei sie idR fremde Betriebsmittel nutzt und solcherart in eine fremde Unternehmensorganisation eingebunden ist, dass das Risiko der Verwertung ihres Arbeitsergebnisses idR ihren Auftraggeber trifft.[60] Solche Personen sind zumeist auf Grundlage freier Dienstverträge tätig, oft liegt aber auch ein Werkvertrag vor, doch kommen auch andere Vertragstypen in Betracht; so könnten – je nach Lage des Falles – zB Handelsvertreter,[61] Tankstellenpächter[62] oder Franchisenehmer[63] darunter fallen. Der Gesetzgeber selbst bezeichnet arbeitnehmerähnliche Personen als solche, die „ohne in einem Arbeitsverhältnis zu stehen, im Auftrag und für Rechnung bestimmter Personen Arbeit leisten und wegen wirtschaftlicher Unselbstständigkeit als arbeitnehmerähnlich anzusehen sind."[64] Im Sozialrecht spricht man bei freien DN iSd § 4 Abs 4 ASVG von dienstnehmerähnlichen freien DN; sie sind den DN iSd § 4 Abs 2 ASVG gleichgestellt.

---

60 Vgl zB OGH 8.2.1996, 8 ObS 1/96. Im Detail ist das Wesen der wirtschaftlichen Abhängigkeit jedoch strittig, s *Rebhahn* in Kletečka/Schauer, ABGB-ON[1.01] § 1151 Rz 140 ff.

61 OGH 13.2.1991, 9 ObA 12/91; OGH 14.6.1989, 9 ObA 173/89.

62 OGH 13.7.2006, 8 ObA 57/06z; OGH 27.8.1997, 9 ObA 207/97z.

63 OGH 12.11.1979, 4 Ob 68/79.

64 § 51 Abs 3 ASGG, vgl zB § 1 Abs 3 Z 2 GlBG.

3 Betriebliches Organisationsrecht

Die Gesamtheit der in einem Betrieb beschäftigten AN iSd § 36 ArbVG bildet die Betriebsbelegschaft. Sie ist im Rahmen der ihr vom Gesetzgeber übertragenen Befugnisse (teil-)rechtsfähig (juristische Teilperson), kann jedoch nur durch ihre Organe handeln,[65] die in jedem Betrieb zu bilden sind, in dem dauernd min fünf (bei der Betriebsversammlung stimmberechtigte) AN beschäftigt werden (sog betriebsratspflichtiger Betrieb).[66] Die rechtliche Ordnung der Rechtsbeziehungen zwischen der Belegschaft und dem Betriebsinhaber wird als Betriebsverfassung bezeichnet und ist im II. Teil des Arbeitsverfassungsgesetzes (ArbVG) geregelt. Das in § 39 ArbVG erklärte Ziel der Bestimmungen über die Betriebsverfassung und deren Anwendung ist die Herbeiführung eines Interessenausgleichs zum Wohl der AN und des Betriebes. Die (Mitwirkungs-)Befugnisse der Belegschaft erstrecken sich auf soziale (zB betriebliche Wohlfahrtseinrichtungen, allgemeine Ordnungsvorschriften, Kontrollmaßnahmen), personelle (insb bei Versetzungen und bei der Arbeitsvertragsbeendigung) und wirtschaftliche Angelegenheiten (zB bei Betriebsänderungen und insb in Form der Mitwirkung im Aufsichtsrat[67] und des Einspruchs gegen die Wirtschaftsführung[68]) und reichen von allg Beratungs-, Auskunfts-,

---

65 Vgl *Marhold/Friedrich*, Österreichisches Arbeitsrecht[2] (2012) 538. Vermögensfähig ist die Belegschaft nicht; dafür ist aber der Betriebsratsfonds, dessen Verwaltung dem BR obliegt, als Vermögensmasse mit Rechtspersönlichkeit ausgestattet, s § 74 ArbVG. Gespeist wird er insb von der Betriebsratsumlage (max ein halbes Prozent des Bruttoentgelts), die auf Beschluss der Betriebsversammlung von den AN eingehoben werden kann, s § 73 ArbVG. Zur Verpflichtung des AG zur Beistellung von Räumlichkeiten und sonstigen Sacherfordernissen zur Erfüllung der Aufgaben des Betriebsrats s § 72 ArbVG.

66 § 40 Abs 1 ArbVG. Stimmberechtigt sind in der Betriebsversammlung nach § 49 Abs 1 ArbVG nur betriebszugehörige AN, die das 18. Lebensjahr vollendet haben und am Tag der Betriebsversammlung im Betrieb beschäftigt sind.

67 Nach § 110 ArbVG darf durch den Zentralbetriebsrat (subsidiär den BR) bei Aktiengesellschaften für je zwei Anteilseignervertreter ein Arbeitnehmervertreter in den Aufsichtsrat entsendet werden (Drittelparität). Zum Schutz ersterer bedürfen bestimmte Beschlüsse dort allerdings der doppelten Mehrheit, dh der allgemeinen Mehrheit und zusätzlich jener der Anteilseignervertreter (Aktionärsschutzklausel in Abs 3 leg cit, insb bei Bestellung und Abberufung von Mitgliedern des Vorstandes).

68 In bestimmten großen Betrieben kann der Betriebsrat gegen Betriebsänderungen oder andere wirtschaftliche Maßnahmen, die wesentliche

Interventions- und Überwachungsrechten bis zu Mitwirkungs- und Mitbestimmungsrechten besonderer Art (zB Erfordernis der Zustimmung bei dauernden verschlechternden Versetzungen, Anfechtung von Kündigungen, Mitwirkung im Aufsichtsrat bei Kapitalgesellschaften).[69] Das praktisch wichtigste Instrument für die Mitwirkung ist die Betriebsvereinbarung (BetrV) zwischen dem Betriebsrat als Organ der Belegschaft und dem Inhaber des Betriebes.

Als Betrieb gilt hier jede Arbeitsstätte, die eine organisatorische Einheit bildet, innerhalb der eine physische oder juristische Person oder eine Personengemeinschaft mit technischen oder immateriellen Mitteln die Erzielung bestimmter Arbeitsergebnisse fortgesetzt verfolgt, ohne Rücksicht darauf, ob Erwerbsabsicht besteht oder nicht.[70] Dieser Betriebsbegriff erfasst jene organisatorische Einheit, in deren Rahmen es der Betriebsvertretung möglich ist, ihre Tätigkeit in sinnvoller Weise wirksam zu entfalten.[71] Hierfür wird eine gewisse Selbstständigkeit der Arbeitsstätte mit Blick auf den Betriebszweck zu erwarten sein, die sich idR im Ausmaß der Entscheidungsfreiheit des dortigen leitenden Angestellten widerspiegelt.[72] Ein Indiz für die Selbstständigkeit ist auch die Eigenständigkeit des Arbeitsergebnis-

---

Nachteile für die AN mit sich bringen, nach § 111 ArbVG Einspruch erheben. Geht es um eine geplante Stilllegung, darf der Betriebsinhaber diese für vier Wochen nicht ausführen. Ansonsten kann zum bloßen Zwecke der Vermittlung eine Schlichtungskommission angerufen werden, die ohne Unterwerfungserklärung der Streitteile keinen Schiedsspruch fällen darf.

69 Beachte die §§ 89, 90, 91 Abs 1, 92, 92a Abs 1, 92b ArbVG zu den allg Rechten. Die Mitwirkung in sozialen Angelegenheiten ist in den §§ 94 ff ArbVG geregelt, jene in personellen Angelegenheiten in den §§ 98 ff ArbVG und jene in wirtschaftlichen in den §§ 108 ff ArbVG. Übrigens: Das ArbVG nimmt bestimmte (Tendenz-)Betriebe/Unternehmen wegen ihrer spezifischen (ideellen, zB religiösen) Zielsetzungen zum Teil oder zur Gänze aus der Betriebsverfassung aus: §§ 132 ff ArbVG.

70 § 34 Abs 1 ArbVG.

71 Vgl RIS-Justiz: RS0051167.

72 Zumeist wird darauf abgestellt, ob die Führungskräfte bei Tagesfragen (zB bei der Anordnung von Überstunden und dem konkreten Einsatz der AN zur Erreichung des technischen Zwecks) selbst entscheiden können; es macht nach der Rsp jedenfalls nichts, wenn bestimmte administrative, kaufmännische oder wirtschaftliche Agenden für eine Reihe von Betriebsstellen in einer Zentrale gemeinsam geführt werden; insb geht der Betriebscharakter nicht deshalb verloren, weil die Personalangelegenheiten für mehrere Betriebe gemeinsam von der Unternehmensspitze bearbeitet werden, s RIS-Justiz: RS0051151.

ses (dh dessen eigenständige Verwertbarkeit am Markt).[73] Die räumliche Entfernung ist nur im Zweifel von Bedeutung; vom Hauptbetrieb weit entfernte Arbeitsstätten mit mehr als 50 AN können einem Betrieb gleichgestellt werden, wenn sie nicht alle Merkmale des Betriebes aufweisen und hinsichtlich Aufgabenbereich und Organisation eine Eigenständigkeit besitzen, die der eines Betriebes nahekommt.[74]

In betriebsratspflichtigen Betrieben (nicht aber in Kleinstbetrieben mit weniger als fünf dauernd beschäftigten AN) ist für die Belegschaft „ein Organ mit breiter Mitgliedschaft, das die Bestellung des geschäftsführenden Organs vorbereitet, dieses kontrolliert und Umlagenhoheit besitzt (die Betriebsversammlung) und ein geschäftsführendes und vertretendes Organ (der Betriebsrat)“ vorgesehen.[75] Gibt es in einem Betrieb min fünf Arbeiter und min fünf Angestellte, dann wird die Belegschaft in diese beiden Gruppe geteilt, die jeweils Gruppenversammlungen und gemeinsam die Betriebshauptversammlung bilden; erstere hat min einmal in jedem Kalenderhalbjahr, letztere min einmal im Kalenderjahr stattzufinden.[76] Die beiden Gruppen haben grds getrennte BR (Gruppenbetriebsräte) zu wählen,[77] können aber in getrennten Abstimmungen mit qualifizierter Mehrheit auch die Bildung eines gemeinsamen BR beschließen. Die Vorbereitung der Wahl des BR und ihre Durchführung obliegt einem von der Betriebsversammlung zu bestellenden Wahlvorstand.[78] Die Mitglieder des BR sind

---

73 Die „selbstständige und abgeschlossene Tätigkeit“ wird in der Jud zuweilen auch als notweniges Kriterium für den Betriebsbegriff geprüft, vgl zB OGH 28.11.2007, 9 ObA 147/07v, ZAS 2009/13 (*Hutter*).

74 § 35 Abs 1 ArbVG.

75 *Tomandl*, Arbeitsrecht I^7 64.

76 § 43 Abs 1 ArbVG. Beachte § 42 zu ihren Aufgaben und § 45 ArbVG zur Einberufung (die grds durch den BR erfolgt). Beachte überdies das subsidiäre Einberufungsrecht freiwilliger Berufsvereinigungen bzw gesetzlicher Interessenvertretungen nach § 45 Abs 2 Z 2 ArbVG in Betrieben mit min 20 AN. Beschlüsse werden grds mit einfacher Mehrheit gefasst; solche zur Enthebung des BR bzw von Mitgliedern desselben bedürfen aber der Mehrheit von zwei Dritteln der abgegebenen Stimmen, s § 49 Abs 2 ArbVG. Die Versammlungen können zwar grds während der Arbeitszeit abgehalten werden, doch begründet die Teilnahme grds keinen Entgeltanspruch für diese Zeit, s § 47 ArbVG.

77 In Betrieben, in denen getrennte BR bestehen, bildet nach § 76 Abs 1 ArbVG die Gesamtheit der Mitglieder beider BR zur Wahrnehmung gemeinsamer Angelegenheiten den Betriebsausschuss.

78 § 54 ArbVG. Zur Vorbereitung und Durchführung der Wahl: §§ 55, 56 ArbVG. Sind nur bis zu zwei BR-Mitglieder zu wählen, ist das Verfahren vereinfacht: § 58 ArbVG. Beachte idZ die Betriebsrats-Wahlordnung – BRWO 1974 (BGBl 1974/319 idgF).

nach den Grundsätzen des Verhältniswahlrechts in gleicher, unmittelbarer, geheimer und persönlicher Wahl (uU aber auch im Wege brieflicher Stimmabgabe im Postweg) zu wählen.[79] Aktiv wahlberechtigt sind alle AN, die am Tag der Betriebsversammlung zur Wahl des Wahlvorstandes das 18. Lebensjahr vollendet haben, und an diesem Tag sowie am Tag der Wahl im Rahmen des Betriebes beschäftigt sind; wählbar sind grds alle AN, die am Tag der Ausschreibung der Wahl das 18. Lebensjahr vollendet haben und seit min sechs Monaten im Betrieb oder im Unternehmen, dem der Betrieb angehört, beschäftigt sind.[80] In Betrieben mit bis zu neun AN besteht der BR aus einer Person, bei 10-19 AN aus zwei Mitgliedern, bei 20-50 aus drei, bei 51 bis 100 aus vier und in Betrieben mit mehr als 100 AN erhöht sich die Zahl der Mitglieder für je weitere 100 AN um ein Mitglied, in Betrieben mit über 1000 AN aber nur noch für je weitere 400 AN um ein Mitglied.[81] Die Funktionsdauer des BR beträgt grds vier Jahre und endet zB dann vorzeitig, wenn der Betrieb dauernd eingestellt wird oder der BR dauernd funktionsunfähig wird, insb wenn die Mitgliederzahl unter die Hälfte der zuvor genannten, zu wählenden Mitglieder fällt.[82] Die Mitgliedschaft zum BR beginnt mit Annahme der Wahl und erlischt insb wenn die Tätigkeitsdauer des BR endet oder das Mitglied aus dem Betrieb ausscheidet.[83] Nach außen wird der BR durch den Vorsitzenden vertreten.[84]

Bei einer fehlerhaften Wahl des BR ist zwischen sehr gravierenden Mängeln, die die Nichtigkeit der Wahl bewirken können, die bei Vorliegen eines rechtlichen Interesses jederzeit durch Feststellungsklage beim Gericht geltend gemacht werden kann, und weniger gravierenden Mängeln zu unterscheiden, die eine Anfechtung der Wahl ermöglichen.[85] Nichtig ist zB die Wahl eines BR in einem Betrieb mit weniger als fünf AN oder eine Wahl durch telefonische Befragung. Hingegen ist eine Wahl (nur) anfechtbar, wenn wesentliche Bestimmungen des Wahlverfahrens oder leitende Grundsätze des Wahlrechts verletzt wur-

79 §§ 51, 56 Abs 3 ArbVG.

80 §§ 52 f ArbVG. Beachte insb § 53 Abs 3 leg cit zu den Ausnahmen vom passiven Wahlrecht und bei min vier zu wählenden BR-Mitgliedern auch Abs 4 leg cit zur Wählbarkeit von Vorstandsmitgliedern und von Angestellten zuständiger freiwilliger Berufsvereinigungen der AN.

81 § 50 ArbVG, beachte Abs 2 leg cit zur Unbeachtlichkeit späterer Änderungen der Zahl der AN.

82 §§ 61, 62 ArbVG. Zur Konstituierung des BR s § 66 ArbVG. Zu den Sitzungen des BR und zur Beschlussfassung s §§ 67, 68 ArbVG.

83 § 64 ArbVG. Zu den Ersatzmitgliedern: § 65 ArbVG.

84 Im Detail: § 71 ArbVG.

85 §§ 59 f ArbVG.

den, wenn hierdurch das Wahlergebnis beeinflusst werden konnte. Derartige Verfahrensmängel lägen etwa bei ungültiger Wahl des Wahlvorstands vor oder wenn Wahlberechtigte nicht in die Wählerliste aufgenommen wurden. Zur Anfechtung sind die einzelnen Wahlberechtigten und jede wahlwerbende Gruppe berechtigt. Bei unzulässigen Wahlen ist überdies auch der Betriebsinhaber zur Anfechtung berechtigt. Unzulässige Wahlen sind solche, die ihrer Art (zB gemeinsamer statt getrennter BR), ihrem Umfang nach (zB zu viele BR-Mitglieder) oder mangels Vorliegens eines Betriebes nicht durchzuführen gewesen wären. Anfechtungen müssen binnen Monatsfrist vom Tag der Mitteilung des Wahlergebnisses an gerechnet erfolgen, widrigenfalls der Mangel heilt. Eine erfolgreiche Anfechtung führt zur Ungültigerklärung der Wahl, aber nur ex nunc, dh nicht rückwirkend.

Die gewählten Mitglieder der BR können ihrerseits einen Zentralbetriebsrat wählen, wenn ein (rechtlich selbstständiges) Unternehmen mehrere Betriebe erfasst, die eine wirtschaftliche Einheit bilden und vom Unternehmen zentral verwaltet werden (sog gegliedertes Unternehmen).[86] Die Stimmen werden dabei je nach Anzahl der im Betrieb beschäftigten AN gewichtet.[87] In einem Konzern[88], in dem in mehr als einem Unternehmen BR bestehen, kann zur Vertretung der gemeinsamen Interessen der AN eine Konzernvertretung, die grds aus je zwei Delegierten besteht, errichtet werden; sie wird mit Zustimmung von min zwei Drittel der Zentralbetriebsräte errichtet, die zusammen mehr als die Hälfte der im Konzern beschäftigten AN repräsentieren.[89] Um Kompetenzkonflikte zwischen den Belegschaftsorganen zu verhindern, enthält § 113 ArbVG eine Abgrenzung ihrer Kompetenzen. Nach § 114 ArbVG kann der BR dem Zentralbetriebsrat mit dessen Zustimmung auch die Ausübung seiner Befugnisse für einzelne Fälle oder für bestimmte Angelegenheiten übertragen.

Im fünften Teil des ArbVG ist auch noch eine europäische Betriebsverfassung eigens geregelt, um staatenübergreifenden Unternehmensstrukturen gerecht zu werden; vorgesehen sind ein europäisches Verhandlungsgremium der AN und ein europäischer Betriebsrat

86 § 40 Abs 4 ArbVG. Neben einer wirtschaftlich-kaufmännischen Einheit ist für das Vorliegen eines Unternehmens bei mehreren Betrieben auch die rechtliche Einheit von Nöten, s *Kallab* in ZellKomm II^2 § 40 ArbVG Rz 35.

87 § 81 Abs 1 ArbVG. Zum Zentralbetriebsrat im Detail: §§ 80 ff ArbVG. *Risak*, ZAS 2000, 170, führt aus, dass der Zentralbetriebsrat nur jene Belegschaften, in deren Betrieb ein BR errichtet wurde, vertrete und eine ZBR-Wahl in einem Unternehmen mit nur einem BR nichtig wäre.

88 Konzern iSd § 15 AktG bzw § 115 GmbHG.

89 §§ 88a, 88b ArbVG. Zum Thema: *Köpke*, RdA 2002, 534; *Kreil*, Mitbestimmung im Konzern (1993).

oder ein Verfahren zur Unterrichtung und Anhörung der AN.[90] Eigens im (sechsten Teil des) ArbVG geregelt ist auch die Vertretung der Belegschaft bei der Europäischen Gesellschaft (SE); hier ist ein besonderes Verhandlungsgremium einzusetzen sowie ein SE-Betriebsrat zu errichten oder ein anderes Verfahren zur Beteiligung der AN zu schaffen.[91] Überdies sieht das ArbVG für Sondergruppen, nämlich Jugendliche unter 18 Jahren und Behinderte, wenn min fünf AN einer dieser Gruppen dauernd im Betrieb beschäftigt sind, zusätzlich eigene Vertretungsorgane vor.[92]

Nun dürfte deutlich geworden sein, dass das betriebliche Organisationsrecht verschiedene Belegschaften vorsieht, denen ein AN gleichzeitig angehören kann (zB der Jugendlichen-, der Betriebs- und der Unternehmensbelegschaft), und die Interessenvertretung der Arbeitnehmerschaft auch auf überbetrieblicher Ebene organisiert ist. Als überbetriebliches Organisationsrecht, auf das im Folgenden eingegangen wird, ist jedoch nur jenes Organisationsrecht zu verstehen, das von der Betriebsbelegschaft losgelöst ist; dessen Blick geht bildlich gesprochen nicht vom Betrieb hinauf, sondern von vornherein über diesen hinaus oder er ist von oben herab auf diesen gerichtet.

4 Überbetriebliches Organisationsrecht

Die Republik anerkennt nach Art 120a Abs 2 B-VG die Rolle der Sozialpartner. Darunter ist die auf freiwilliger Basis beruhende, kontinuierliche Zusammenarbeit großer Interessenverbände untereinander wie auch mit der Regierung bei allen bedeutenden Fragen der Sozial-, aber auch der gesamten Wirtschaftspolitik zu verstehen.[93] Explizit wird in der genannten Bestimmung auch festgehalten, dass die Republik deren Autonomie achtet und den sozialpartnerschaftlichen Dialog durch die Einrichtung von Selbstverwaltungskörpern fördert.[94] Dadurch werden vor allem die gesetzlichen Interessenvertretungen vor gesetzlichen Maßnahmen geschützt, „die gezielt eine Schwächung einzelner dieser Organisationen und eine Störung des der Sozialpart-

---

90 §§ 171 ff ArbVG.

91 §§ 208 ff ArbVG.

92 Jugendvertrauensrat und Behindertenvertrauenspersonen; zur Jugendvertretung s die §§ 123 ff ArbVG und zur Behindertenvertretung s § 22a BEinstG.

93 Zum Thema: *Salamun*, JRP 2010, 33.

94 Zum Thema: *Rill*, JRP 2005, 107.

nerschaft begriffsimmanenten Gleichgewichts intendieren".[95] Aus dem faktischen Handlungskontext der verfassungsgebenden Autorität kann man überdies auf die Bestätigung der Verfassungskonformität der Normwirkung[96] kollektiver Vereinbarungen iSd § 2 ArbVG schließen, zumal die kollektive Rechtsgestaltung zu den bedeutendsten Aufgaben der Sozialpartner gehört.[97]

Wie bereits erwähnt, fördert die Republik den sozialpartnerschaftlichen Dialog durch die Einrichtung von Selbstverwaltungskörpern; eine Eigenheit Österreichs ist das geordnete Nebeneinander überbetrieblich organisierter gesetzlicher und freiwilliger Interessenvertretungen. Bei ersteren handelt es sich um durch Gesetz eingerichtete Körperschaften öffentlichen Rechts, die durch Pflichtmitgliedschaft gekennzeichnet sind. Man nennt sie in Österreich zumeist Kammern. Im eigenen Wirkungsbereich gelegene Aufgaben erfüllen sie als Selbstverwaltungskörper weisungsfrei; darüber hinaus werden ihnen aber häufig zusätzliche Aufgaben in einem übertragenen Wirkungsbereich anvertraut.[98] In ihrem organisatorischen Aufbau gibt es zwar Unterschiede, doch lässt sich stets ein Organ mit breiter Mitgliedschaft (Vollversammlung) orten, das über Grundsatzfragen entscheidet, dem eine exekutive Spitze (Präsidium) gegenübersteht, welche die laufenden Geschäfte führt; einem mittleren Organ kommt Kontroll- und Beratungsfunktion zu.[99]

Die auf freiwilliger Mitgliedschaft beruhenden Berufsvereinigung (Koalitionen) sind dadurch gekennzeichnet, dass sie die Regelung von Arbeitsbedingungen in ihrem Wirkungsbereich anstreben, (egal ob sie als „sozial mächtig" gelten oder nicht,) von ihren sozialen Gegenspieler nicht (zB wirtschaftlich) abhängig sind, dh dass diese keinen Einfluss auf die autonome Willensbildung nehmen können, und ihre Mitgliedschaft sozialen Gegenspielern versagt bleibt (Gegnerfreiheit und Gegnerunabhängigkeit).[100] Die Freiheit, Koalitionen zu gründen und solchen auch beizutreten, ist – wie die Freiheit der Betätigung derselben – verfassungsrechtlich abgesichert und in das allg Verein(igung)srecht eingebettet; Rechtsgrundlagen dafür sind Art 12

95 *Öhlinger*, JRP 2008, 186 (192).

96 § 11 ArbVG.

97 Weiter geht die These, dass die Anerkennung der Rolle der Sozialpartner (zudem) bedeute, dass die Möglichkeit geschützt sei, KollV nach derzeitigem Verständnis (dh mit Normwirkung) zu schließen; s *Mosler*, RdA 2012, 283 (287 f).

98 Vgl *Löschnigg*, Arbeitsrecht^{11} 863.

99 Vgl *Kietaibl*, Arbeitsrecht I^{8} 74. Die Organe sind aus dem Kreis der Mitglieder nach demokratischen Grundsätzen zu bilden.

100 *Marhold/Friedrich*, Österreichisches Arbeitsrecht^{2} 391 ff.

StGG 1867 und Art 11 EMRK.[101] Das Recht vom Beitritt zu einer Koalition bzw von koalitionsgemäßer Tätigkeit Abstand zu nehmen, bezeichnet man als negative Koalitionsfreiheit; auch diese ist insofern rechtlich geschützt, als die Rechtsordnung rechtswidrigen Koalitionszwang nicht billigt.[102]

An freiwilligen Arbeitgebervereinigungen sind zB der Verband der Versicherungsunternehmungen Österreichs, der Österreichische Sparkassenverband, die Vereinigung der österreichischen Industrie (Industriellenvereinigung), der Verband Österreichischer Zeitungen oder der Österreichische Apothekerverband zu erwähnen. Auf Arbeitnehmerseite ist der Österreichischer Gewerkschaftsbund (ÖGB, ein Verein iSd Vereinsgesetzes) mit seinen Fachgewerkschaften (als dessen Organe) hervorzuheben; seine innere Organisation ist durch seine Statuten geregelt.

5 Rechtsquellen(-fragen) des Arbeitsrechts

a Allgemeines

Obwohl der durch politische (Wert-)Entscheidungen auszufüllende Rahmen bei der Rechtsetzung durch die gesetzgebende Autorität sehr weit reicht, ist ihre Rechtsetzung immer auch Rechtsanwendung, dh die „Erzeugung einer niederen Norm aufgrund einer höheren Norm".[103] Der Gesetzgeber darf sich nämlich bei der gesetzlichen Ausgestaltung der Arbeitsrechtsordnung nur innerhalb des ihm von der Verfassung eröffneten Rahmens bewegen; im Anwendungsbereich des Unionsrechts ist seine Gestaltungsfreiheit auch noch durch dieses eingeschränkt (sog doppelte Bindung).[104] Im Bereich des Unionsrechts sind nicht nur zahlreiche umzusetzende Richtlinien (zB Betriebsübergangsrichtlinie) zu beachten, sondern auch unmittelbar anwendbare Bestimmungen (zB der VO Nr 1612/68/EWG über die Freizügig-

---

101 Vgl *Martinek/Schwarz*, RdA 1963, 275; *Mayer-Maly*, Österreichisches Arbeitsrecht (1970) 153 ff. Art 28 GRC bringt (derzeit wohl noch) keinen „Mehrwert" gegenüber Art 11 EMRK. Auf einfachgesetzlicher Ebene beachte das KoalitionsG 1870, RGBl 1870/43 und § 235 LAG.

102 Vgl *Schwarz/Löschnigg*, Arbeitsrecht[4] (1989) 47. Beachte das BG zum Schutz der Arbeits- und der Versammlungsfreiheit – Antiterrorgesetz, BGBl 113/1930, insb zum Verbot sog Organisationsklauseln.

103 *Kelsen*, Reine Rechtslehre[2] (1960, Nachdruck 2000) 240.

104 *Walter/Mayer/Kucsko-Stadlmayer*, Bundesverfassungsrecht[10] 534 Rz 1155.

keit der AN innerhalb der Gemeinschaft), die entgegenstehendes nationales Recht zu verdrängen vermögen.[105] Dagegen kommt Verpflichtungen aus diversen völkerrechtlichen Übereinkommen, die vor allem auf die regen Bemühungen der Internationalen Arbeitsorganisation (ILO) zurückzuführen sind, die sich insb für gerechte(re) und menschlich(er)e Arbeitsbedingungen einsetzt, grds keine unmittelbare Bedeutung zu.[106]

Zur Regelung des Arbeitsrechts ist nach der österr Verfassung grds der Bund zuständig.[107] Soweit es allerdings um das Arbeiterrecht und den Arbeiter- und Angestelltenschutz land- und forstwirtschaftlicher AN geht, kommt dem Bund nur die Grundsatzgesetzgebungskompetenz zu; die Ausführungsgesetzgebung und die Vollziehung sind hier Ländersache.[108] Inhaltlich hat der jeweils zur Regelung berufene Gesetzgeber vor allem die verfassungsgesetzlich gewährleisteten Rechte zu beachten: Es haben insb der Gleichheitssatz und das Eigentumsrecht sowie der daraus abgeleitete Schutz der Privatautonomie herausragende Bedeutung; darüber hinaus sind die Freiheit der Erwerbstätigkeit und die Vereinigungs- und damit die Koalitionsfreiheit hervorzuheben.[109] Künftig wird im Anwendungsbereich des Unionsrechts wohl verstärkt die Charta der Grundrechte der EU maßgeblich sein. Ob – und wenn ja, welcher Art – neuen Schwung sie in das Arbeitsrecht bringen wird, bleibt abzuwarten.

Soziale Grundrechte (wie zB ein Recht auf Arbeit) kennt die österreichische Verfassung bislang nicht; bisher besteht auch allg keine juristisch durchsetzbare Pflicht des Gesetzgebers, Gesetze bestimmten Inhalts zu erlassen. Justiziabel wäre jedoch ein Verbot – wenn es denn bestünde – hinter ein einmal gewährtes soziales Niveau nicht

---

105 Zum Anwendungsvorrang allg s zB *Griller*, ecolex 1996, 639.

106 Dazu: *Kietaibl*, Arbeitsrecht I^{8} 59 ff.

107 Art 10 Abs 1 Z 11 B-VG.

108 Art 12 Abs 1 Z 6 B-VG. Sonderbestimmungen bestehen auch für den öffentlichen Dienst, weil hier zwischen dem Dienst- und Personalvertretungsrecht der Bundesbediensteten einerseits (Bundeskompetenz) und jenem der Landes- und Gemeindebediensteten andererseits unterschieden wird: Art 10 Abs 1 Z 16 und 21 B-VG. Beachte auch die Kompetenzen beim Dienstrecht für Lehrer in Art 14 und 14a B-VG.

109 Zum Thema s bsp *Schrammel*, Arbeitsrechtliche Probleme in verfassungsrechtlicher Sicht, in Tomandl, Arbeitsrecht in einer sich wandelnden Rechtsordnung (1993), 81 ff; *Pernthaler*, Die arbeitsrechtlichen Rechtsetzungsbefugnisse im Lichte des Verfassungsrechts, in FS Strasser (1983) 11; *Korinek*, Die neuere Rechtsprechung des VfGH zu Grundrechtsfragen in ihrer arbeitsrechtlichen Dimension, in Tomandl, Arbeitsrecht in einer sich wandelnden Rechtsordnung, 27 ff.

wieder zurückzutreten. Problematisch wäre dann allerdings vor allem, dass der Staat (sicherlich) an seine Leistungsgrenzen stoßen würde und soziale Grundrechte deswegen mit Finanzierungsvorbehalten abschwächen müsste.[110] Die Diskussion um verfassungsgesetzliche Garantien sozialer Rechte ist von divergierenden Vorstellungen von der Verfassungspolitik geprägt, die auf verschiedene Weltanschauungen rückführbar sind.[111]

Im Folgenden werden einige für die Rechtsanwendung wichtige Fragen zum einfachen Gesetzesrecht angesprochen, sodann wird auf die für das Arbeitsrecht spezifische kollektive Rechtsgestaltung eingegangen. Im Anschluss folgt eine Auseinandersetzung mit ausgewählten Rechtsfragen zum Arbeitsvertrag und zur Weisungsbefugnis des Arbeitgebers. Zuletzt werden die Treuepflicht des AN und die Fürsorgepflicht des AG, die bei der (Weiter-)Entwicklung des Arbeitsrechts eine bedeutende Rolle gespielt haben und auch heute noch spielen, beschrieben und rechtsdogmatisch eingeordnet; ihre Beschreibung erfolgt in diesem Kapitel über Rechtsquellen(fragen) des Arbeitsrechts, weil sich in der Lit und Jud, trotz selbstverständlich scheinender Bezugnahme darauf, weder zu ihrem Ursprung, noch zu ihrer Reichweite oder zu ihrer richtigen rechtsdogmatischen Einordnung ein tragfähiger Konsens herausgebildet hat.

b Das Gesetzesrecht

Die systematische Durchleuchtung und Ordnung des Rechtsstoffs zählt zu den zentralen Aufgaben der Rechtsdogmatik.[112] Wertungswidersprüche innerhalb der Rechtsordnung können am ehesten bei einer systematischen Rechtstextanalyse erkannt und, sofern sie nicht dem Willen des Gesetzgebers entsprechen, behoben werden. Notwendige politische Kompromisse, die nicht selten unter dem Einfluss gewichtiger Interessenvertretungen zustande kommen, führen hin und

110 *Grabenwarter/Holoubek*, Verfassungsrecht – Allgemeines Verwaltungsrecht (2009) 179 Rz 420.

111 *Funk*, ZAS 1988, 92.

112 *Rebhahn*, Zu den Rahmenbedingungen von Rechtsdogmatik, in FS Koziol zum 70. Geburtstag (2010) 1465 f. Die Beschreibung einzelner Rechtsvorschriften dient stets auch der Bildung, Festigung oder Widerlegung rechtsdogmatischer Theorien, die als Erklärungsversuche „eine vollständigere Beschreibung der Rechtsordnung zum Ziel haben, und von gleichartigen Anordnungen in verschiedenen Bereichen auf ein allgemeines Prinzip schließen." – *Thienel*, Kritischer Rationalismus und Jurisprudenz (1991) 210 f.

wieder zu (gewollten) Wertungswidersprüchen, die man als Gesetzesanwender hinnehmen muss. Es ist aber nicht erwiesen, dass man im Arbeitsrecht weniger Wertungskonsistenz erwarten darf als in anderen Rechtsgebieten, wovon zB das ArbVG zeugt, das eine beachtliche Wertungskonsistenz aufweist.[113] Auf der Ebene des Unionsrechts ist allerdings zu beachten, dass es zum Arbeitsrecht „nur einen Teil der relevanten spezifischen und allgemeinen" Fragen regelt, weswegen weder eine dem nationalen Recht vergleichbare Stimmigkeit erwartet, noch eine Zersplitterung des Rechtsstoffs verhindert werden kann.[114] Von Rechtszersplitterung ist man im Arbeitsrecht jedoch ohnedies schon seit langem geplagt: Die Kodifikation des Arbeitsrechts ist noch nicht gelungen; die Forderung nach der Kodifizierung des Arbeitsrechts ist zwar zu verschiedenen Zeiten leiser geworden, aber nie verstummt und hat bis heute nichts an ihrer Aktualität eingebüßt.[115]

Arbeitsrechtliche (Sonder-)Gesetze gelten derzeit entweder nur für gewisse (Berufs-)Gruppen, für einzelne (begünstigte) Personengruppen oder für gewisse Arbeitsbedingungen. Falls mehrere von ihnen in ihrem Anwendungsbereich denselben Fall regeln, gilt grds folgende Subsidiaritätsreihenfolge: Vorrang haben die Gesetze für begünstigte Personen (insb KJBG, MSchG, BEinstG), dann sind die Gesetze für bestimmte Arbeitsbedingungen (insb AZG und ARG, NSchG, ASchG) heranzuziehen, hernach jene für bestimmte (Berufs-)Gruppen (insb AngG, VBG, GewO 1859, EFZG) und schließlich solche zu speziellen Fragen des Arbeitsvertrages (insb AVRAG, DHG und UrlG); subsidiär sind immer auch Bestimmungen des allg Zivilrechts, in erster Linie jene des ABGB zum Dienstvertrag (§§ 1151 ff), anzuwenden.[116] Im Einzelfall kann die Rechtsdogmatik aber zu einem anderen Ergebnis kommen, wenn und soweit das als Wille der rechtsetzenden Autorität erkannt wird, den es bei der Rechtsfindung zu erforschen gilt.[117]

Wenngleich die Rechtsfindung im Arbeitsrecht durch ein nicht selten sehr weit reichendes Ineinandergreifen rechtsdogmatischer und

---

113 Vgl *Grillberger* (Hrsg), 30 Jahre ArbVG (2005).

114 *Rebhahn*, Europäisches Arbeitsrecht, in Riesenhuber, Europäische Methodenlehre^2 (2010), 523 f Rn 23.

115 Zur Geschichte: *Martinek/Schwarz*, Arbeitsrecht und Arbeitsgesetzbuch (1962). Zum Thema: *Pacic*, Methoden (2012) 179 ff.

116 *Rebhahn* in ZellKomm I^2 § 1151 ABGB Rz 26.

117 Bei der Interpretation geht es letztlich um die Deutung dessen, was der Normsetzer zum Ausdruck gebracht hat, um daraus Rückschlüsse auf seinen Willen und damit wiederum auf den Inhalt der gesuchten Norm ziehen zu können. Ganz allgemein: Eine Norm ist der Sinn eines (intentional auf das Verhalten eines anderen Menschen gerichteten) Willensaktes; s *Kelsen*, Reine Rechtslehre^2 4 ff.

-politischer Erwägungen gekennzeichnet ist, gibt es doch keine (und bedarf es auch keiner) besondere(n) Methode(n), die bei der Auslegung und/oder Konkretisierung arbeitsrechtlicher Rechtsvorschriften zu beachten wäre(n).[118] Beruft sich jemand bei der Auslegung auf den sog Schutzgedanken des Arbeitsrechts (zB im Rahmen einer sozialen Rechtsanwendung), argumentiert er nur insoweit rechtsdogmatisch, als er einen konkreten Schutzzweck tatsächlich nachzuweisen und begründend auszuführen vermag, welche Rückschlüsse dieser auf den Willen des Rechtsetzers und damit auf den Inhalt der gesuchten Norm zulässt.

c Die Mittel kollektiver Rechtsgestaltung

ca Allgemeines

Als kollektive Rechtsgestaltung bezeichnet man zusammenfassend die „für das Arbeitsrecht charakteristische Art der überbetrieblichen und betrieblichen, autonomen wie behördlichen Normsetzungsbefugnisse“.[119] Im Vordergrund stehen Kollektivverträge (KollV) (auch Tarifverträge genannt) auf überbetrieblicher und Betriebsvereinbarungen (BetrV) auf betrieblicher Ebene. Erstere spielen bei der Regelung der Arbeits- und Wirtschaftsbedingungen eine herausragende Rolle.[120] Die Rolle der kollektiven Mächte im Arbeitsleben prägt das Bild des Arbeitsrechts entscheidend.[121] Die Bedeutung der sog Sozialpartner wird (nunmehr) auch auf Unionsebene gewürdigt.[122] In Österreich hat sich die Zusammenarbeit der großen Verbände im Rahmen der Sozialpartnerschaft als wichtiger Pfeiler zur Sicherung des sozialen Friedens erwiesen. Arbeitskämpfe sind hier vergleichsweise selten; das hängt auch und vor allem mit dem funktionierenden Kollektivvertragssystem zusammen. Abgesehen von ihrer Friedensfunktion wird Kollektivverträgen aber auch rechtsfortbildende Funktion zugesprochen, weil sie

118 Eingehend zum Thema: *Pacic*, Methoden (2012). *Mayer-Maly* bemerkte im Vorwort zu seinem Lehrbuch: „Wie groß die Bedeutung der Rechtspolitik für die Jurisprudenz ist, lehrt kaum ein Rechtsgebiet so deutlich wie das Arbeitsrecht.“ – Österreichisches Arbeitsrecht (1970).

119 *Strasser* in Strasser/Jabornegg/Resch, ArbVG – Einleitung (Stand: 3/2006, rdb.at); vgl *Löschnigg*, Arbeitsrecht[11] Rz 2/098 ff.

120 Vgl *Kissel*, Standortfaktor Arbeitsrecht (1999) 151.

121 Dazu: *Floretta/Strasser* (Hrsg), Die kollektiven Mächte im Arbeitsleben (1963).

122 Vgl *Schrammel/Winkler*, Europäisches Arbeits- und Sozialrecht (2010) 205 ff.

die Weiterentwicklung des Arbeitsrechts vorantreiben. Überdies haben sie eine gewisse Kartellfunktion, weil sie zur Vereinheitlichung der Arbeitsbedingungen beitragen und die damit einhergehende Kostenbelastung für Arbeitgeber angleichen.[123]

Bei KollV und BetrV handelt es sich zwar um auf Vereinbarungen gründende Gestaltungsmittel, denen jedoch normative Wirkung zukommt; ihr Inhalt wird in einen schuldrechtlichen, die Rechtsbeziehungen zwischen den Vertragsparteien betreffenden, und einen normativen, für die Arbeitsvertragsparteien unmittelbar verbindlichen, Teil untergliedert. Für die Rechtsdogmatik stellt sich die Frage, ob die Bestimmungen des normativen Teils wie vertragliche Vereinbarungen oder wie gesetzliche Vorschriften auszulegen sind (also: nach den §§ 914 f oder nach den §§ 6 ff ABGB), nach beiden oder anderen, modifizierten oder zusätzlichen Methoden. Nach hA sind für die Auslegung des schuldrechtlichen Teils der KollV die §§ 914 f ABGB maßgeblich, während der normative Teil (nur) nach den §§ 6 f ABGB ausgelegt wird. Das ist zwar richtig, doch sind bei der Auslegung des normativen Teils darüber hinaus auch gewisse Aspekte der Vertragsauslegung zu beachten.[124] So ist bei KollV im Zweifel historisch-teleologischen Erwägungen verstärkt Gewicht einzuräumen; die in der Lit erwogene Zeugeneinvernahme der am KollV-Abschluss beteiligten Personen ist aber unzulässig. Auch bei BetrV ist auf Hinweise auf eine im Normtext unzulänglich reflektierte, jedoch anderweitig zum Ausdruck gebrachte Absicht der Parteien verstärkt zu achten, dies jedoch nur dann, wenn sich die Regelungsabsicht der Parteien mit objektiven Mitteln und ohne Rücksicht auf spätere Zeugeneinvernahmen der Parteien hinreichend feststellen lässt. Bei der Interpretation von BetrV ist überdies auf § 39 ArbVG Bedacht zu nehmen, aus dem sich ergibt, dass im Zweifel anzunehmen ist, dass die Parteien einen Interessenausgleich zum Wohl der AN und des Betriebes im Sinn hatten. Bei KollV geht die Rsp iZw davon aus, dass die KollV-Parteien eine vernünftige, zweckentsprechende und praktisch durchführbare Regelung treffen wollten, die mit einem Ausgleich der sozialen und wirtschaftlichen Interessen verbunden ist.[125]

---

123 *Kietaibl*, Arbeitsrecht I^8 195.

124 Zur Auslegung von KollV und BetrV s im Detail: *Pacic*, Methoden 382 ff.

125 RIS-Justiz: RS0008828.

cb Kollektivvertrag

cba Begriff, Abschluss, Beendigung und Nachwirkung

KollV sind schriftliche Vereinbarungen, die zwischen kollektivvertragsfähigen Körperschaften der Arbeitgeber einerseits und der Arbeitnehmer andererseits abgeschlossen werden.[126] Falls der KollV keine Regelung über den Beginn seiner Wirksamkeit enthält, beginnt sie mit dem auf die Kundmachung im Amtsblatt der Wiener Zeitung folgenden Tag.[127] Die Kundmachung des Abschlusses ist binnen einer Woche nach der Hinterlegung beim zuständigen Bundesministerium von diesem zu veranlassen.[128] Jeder kollektivvertragsangehörige AG hat den KollV binnen drei Tagen nach dem Tag der Kundmachung im Betrieb in einem für alle AN zugänglichen Raum aufzulegen und darauf in einer Betriebskundmachung hinzuweisen.[129] Zuwiderhandlungen sind auf Antrag des BR von der zuständigen Bezirksverwaltungsbehörde mit einer Geldstrafe bis zu 2.180 € zu bestrafen.[130]

Enthält der KollV keine Vorschrift über seine Geltungsdauer, so kann er nach Ablauf eines Jahres unter Einhaltung einer min dreimonatigen Frist zum Letzten eines Kalendermonats schriftlich und durch eingeschriebenen Brief gekündigt werden; die Kündigung ist dem zuständigen Bundesministerium innerhalb von drei Tagen nach Ablauf der Kündigungsfrist anzuzeigen.[131] KollV, die von einer freiwilligen Berufsvereinigung abgeschlossen wurden, der die KollV-Fähigkeit aberkannt wurde, erlöschen mit dem Tag der Kundmachung der entsprechenden Entscheidung des Bundeseinigungsamtes; für Mitglieder freiwilligen Berufsvereinigungen erlischt mit dem Tag der Wirksamkeit des von dieser abgeschlossenen KollV ein allenfalls bestehender KollV einer gesetzlichen Interessenvertretung.[132]

Erlischt ein KollV (zB durch Kündigung), so bleiben seine Rechtswirkungen für Arbeitsverhältnisse, die unmittelbar vor seinem Erlöschen durch ihn erfasst waren, so lange aufrecht, als für sie nicht ein neuer KollV wirksam oder mit ihnen eine neue Einzelvereinbarung getroffen wurde; der Inhalt des alten KollV verliert also seine einsei-

126 § 2 Abs 1 ArbVG.
127 § 11 Abs 2 ArbVG.
128 § 14 Abs 1 und 4 ArbVG.
129 § 15 ArbVG.
130 § 160 ArbVG.
131 § 17 Abs 1 und 2 ArbVG.
132 § 17 Abs 3 ArbVG.

tig-zwingende Wirkung und wird dispositiv.[133] Wechselt der AG lediglich seine Mitgliedschaft zu einer anderen freiwilligen Interessenvertretung, sei nach der Rsp zwar fortan der KollV anzuwenden, der sich aus der aktuellen Verbandsmitgliedschaft ergibt, doch könne in einem solchen Fall § 4 Abs 2 Satz 1 AVRAG mit der Folge analog angewandt werden, dass das bisher gebührende kollektivvertragliche Entgelt für die Normalarbeitszeit nicht geschmälert werden dürfe.[134]

cbb Kollektivvertragsfähigkeit

KollV darf nur jemand abschließen, der dazu ermächtigt ist; man spricht von der Kollektivvertragsfähigkeit. Diese kommt gesetzlichen Interessenvertretungen der Arbeitnehmer und der Arbeitgeber, denen unmittelbar oder mittelbar die Aufgabe obliegt, auf die Regelung von Arbeitsbedingungen hinzuwirken, kraft Gesetzes zu, sofern deren Willensbildung in der Vertretung der Interessen der Arbeitgeber oder Arbeitnehmer gegenüber der anderen Seite (dem sog Gegner) unabhängig ist.[135] In diesem Sinne sind auf Seite der Arbeitgeber die Wirtschaftskammern, auf Seite der Arbeitnehmer hingegen die Kammern für Arbeiter und Angestellte kollektivvertragsfähig;[136] letztere halten sich allerdings zu Gunsten des ÖGB mit dem Abschluss von KollV zurück. Auch juristische Personen des öffentlichen Rechts sind auf Arbeitgeberseite kollektivvertragsfähig, aber nur für die zu ihnen selbst bestehenden Arbeitsverhältnisse, soweit sie nicht für Arbeitsverhältnisse bestimmter Betriebs- und Verwaltungsbereiche einer anderen kollektivvertragsfähigen Körperschaft angehören.[137] Darüber hinaus hat der Gesetzgeber einigen privaten Unternehmen durch

---

133 § 13 ArbVG. Beim bloßen Ausscheiden aus dem Geltungsbereich des KollV kommt es hingegen zu keiner Nachwirkung, vgl *Reissner* in ZellKomm II[2] § 13 ArbVG Rz 9.

134 OGH 23.11.2005, 9 ObA 128/04w, RdA 2006/42 (*Grillberger*) = ZAS 2006/41 (krit [zu Recht] *Winkler*).

135 § 4 Abs 1 ArbVG. Das Erfordernis der Gegnerunabhängigkeit kann bei ständisch eingerichteten Kammern Probleme aufwerfen, wenn und weil ihnen selbstständig und unselbstständig Tätige angehören, zB Ärzte-, Apotheker- oder Notariatskammer, s *Tomandl*, Arbeitsrecht I[7] 129 f; *Kietaibl*, Arbeitsrecht I[8] 201 f. Zum Thema: *Resch*, RdM 2009/39; *Stärker*, ZAS 2001, 97. Es bedarf dort einer organisatorischen Trennung zwischen der Selbstständigen- und der Unselbstständigenvertretung, die eine eigenständige Willensbildung sicherstellt, vgl *Mosler*, RdA 2012, 283 (288 f).

136 Die Kollektivvertragsfähigkeit kommt bei den WK nicht nur den Landeskammern und der WKO zu, sondern vor allem auch den Fachgruppen und Fachverbänden.

137 § 7 ArbVG.

gesetzliche Anordnung Kollektivvertragsfähigkeit eingeräumt;[138] grds gibt es in Österreich jedoch keine Firmenkollektivverträge, dh der einzelne AG ist im Normalfall nicht selbst kollektivvertragsschließende Partei und kann es auch nicht sein.[139]

Die Verleihung der Kollektivvertragsfähigkeit durch das Bundeseinigungsamt sieht der Gesetzgeber grds nur an bedeutende Verbände vor; sie erfolgt nur auf Antrag, nach Anhörung der zuständigen gesetzlichen Interessenvertretungen.[140] Einen Anspruch auf Zuerkennung haben auf freiwilliger Mitgliedschaft beruhende Berufsvereinigungen der AG und der AN, wenn sie

- sich nach ihren Statuten zur Aufgabe stellen, die Arbeitsbedingungen innerhalb ihres Wirkungsbereiches zu regeln,
- in ihrer auf Vertretung der Interessen der AG oder der AN gerichteten Zielsetzung in einem größeren fachlichen und räumlichen Wirkungsbereich tätig werden (oder zumindest werden wollen und dies in absehbarerer Zeit realistisch erscheint, str),[141]
- vermöge der Zahl der Mitglieder und des Umfangs ihrer Tätigkeit eine maßgebende wirtschaftliche Bedeutung haben und
- sie in der Vertretung der Interessen der AG oder der AN gegenüber der anderen Seite (dh vom sozialen Gegenspieler) unabhängig sind.[142]

Auf AN-Seite sind die Voraussetzungen vor allem beim Österreichischen Gewerkschaftsbund (ÖGB) und seinen Fachgewerkschaften (auch wenn sie rechtlich unselbstständig sind) erfüllt,[143] auf AG-Seite zB bei der Industriellenvereinigung, dem Verband der Versicherungsunternehmungen Österreichs und dem Verband österreichischer Banken und Bankiers.

Für Arbeitsverhältnisse zu Vereinen, die vermöge der Zahl ihrer Mitglieder, des Umfangs ihrer Tätigkeit und der Zahl ihrer AN eine maßgebende Bedeutung haben, kann diesen selbst Kollektivvertragsfähigkeit zuerkannt werden, erstreckt sich dann allerdings nicht auf (Arbeitsverhältnisse) jene(r) ihrer Betriebs- und Verwaltungsbereiche, bzgl derer sie einer kollektivvertragsfähigen Körperschaft der AG angehören.[144]

---

138 So zB im § 19 Abs 3 Poststrukturgesetz, BGBl 201/1996, der Österreichischen Post Aktiengesellschaft und der Telekom Austria Aktiengesellschaft als AG. Zum Thema: *Reissner* in ZellKomm II[2] § 4 ArbVG Rz 10 ff.

139 Vgl *Strasser* in Strasser/Jabornegg/Resch, ArbVG § 7 Rz 2.

140 § 5 Abs 1 ArbVG.

141 Zum Thema: *Strasser* in Strasser/Jabornegg/Resch, ArbVG § 4 Rz 20.

142 Zum Thema: *Grillberger*, ZAS 1984, 92.

143 Vgl OGH 9.5.2007, 9 ObA 114/06i, RdA 2008/45 (*Weiss*).

144 § 4 Abs 3 ArbVG.

Fallen die genannten Voraussetzungen weg, ist die Kollektivvertragsfähigkeit durch das Bundeseinigungsamt von Amts wegen oder auf Antrag einer kollektivvertragsfähigen Berufsvereinigung oder einer gesetzlichen Interessenvertretung abzuerkennen.[145]

cbc Kollektivvertragsunterworfenheit und Kollektivvertragskollision

Dem KollV unterworfen, dh an seinen normativen Teil gebunden, sind Personen, die kollektivvertragsangehörig sind. Das sind nach § 8 Z 1 ArbVG – innerhalb des räumlichen, fachlichen und persönlichen Geltungsbereiches des KollV – die AG und die AN, die zur Zeit des Abschlusses des KollV Mitglieder der am KollV beteiligten Parteien waren oder später werden.[146] Die Rechtswirkungen des KollV treten nach § 12 ArbVG aber auch für AN eines kollektivvertragsangehörigen AG ein, die selbst nicht kollektivvertragsangehörig sind (sog Außenseiterwirkung). Entscheidend ist daher, ob der AG Mitglied einer am KollV-Abschluss beteiligten Partei ist. Da in Österreich idR die WK als gesetzliche Interessenvertretung KollV auf AG-Seite abschließt, spielt vor allem (auch) die Frage nach seiner richtigen Fachgruppen- bzw Fachverbandsangehörigkeit eine Rolle, die sich letztlich nach seiner Gewerbeberechtigung richtet; die Rechtmäßigkeit der Zuordnung wird von den Gerichten (zu Recht) nicht überprüft.[147]

Sollten für ein Arbeitsverhältnis mehrere KollV in Frage kommen, spricht man von Kollektivvertragskollision; bei mehrfacher Kollektivvertragsangehörigkeit des AG oder des AN soll dennoch pro Betrieb

---

145 § 5 Abs 3 ArbVG.

146 Kollektivvertragsangehörig sind nach § 8 Z 2 ArbVG auch AG, auf die der (bzw ein) Betrieb(steil) eines in Z 1 bezeichneten AG übergeht; hinsichtlich der KollV in den ausgeübten Wirtschaftsbereichen, in denen keine KollV-Angehörigkeit nach Z1 oder 2 besteht, sind nach Z 3 leg cit auch AG kollektivvertragsangehörig, die im Rahmen eines verbundenen Gewerbes fachübergreifend Leistungen erbringen. Übrigens: Bei unbefugter Gewerbeausübung sieht § 2 Abs 13 GewO 1994 die Geltung jener KollV vor, die für AG gelten, welche ihre Tätigkeit aufgrund von Gewerbeberechtigungen ausüben.

147 *Marhold/Friedrich*, Österreichisches Arbeitsrecht[2] 449 f. Der OGH unterlässt in stRsp die Überprüfung der Zuordnung, zumal es um einen Kern der Selbstverwaltung der Kammern geht, s OGH 21.10.1986, 14 Ob 147/86, RdA 1988/13 (B. *Binder*); OGH 23.5.1996, 8 ObA 210/96, RdA 1997/33 (*Klein*). Der VwGH ist hier aA, s VwGH 18.10.1988, 88/04/0134, RdA 1989, 215. Beachte in diesem Zusammenhang § 137 WKG. Zum Thema: *Schrank*, ZAS 1978, 129; *Schrammel*, ZAS 1993, 5; *Rebhahn*, RdA 1994, 124.

nur ein KollV zur Anwendung kommen und auch für jedes Arbeitsverhältnis nur ein KollV anwendbar sein (Grundsatz der Tarifeinheit).[148] Verfügt ein (idR aufgrund mehrerer Gewerbeberechtigungen) mehrfach kollektivvertragsangehöriger AG über zwei oder mehrere Betriebe, so findet auf die AN der jeweilige dem Betrieb in fachlicher und örtlicher Beziehung entsprechende KollV Anwendung.[149] Gleiches gilt, wenn es sich zwar nicht um mehrere Betriebe, aber um Haupt- und Nebenbetriebe oder um organisatorisch und fachlich abgegrenzte Betriebsabteilungen handelt. Ist das nicht der Fall, dh liegt keine organisatorische Trennung in Haupt- und Nebenbetriebe oder eine organisatorische Abgrenzung in Betriebsabteilungen vor, findet in einem solchen Mischbetrieb jener KollV Anwendung, der für den fachlichen Wirtschaftsbereich gilt, der für den Betrieb die maßgebliche wirtschaftliche Bedeutung hat; durch BetrV kann festgestellt werden, welcher fachliche Wirtschaftsbereich für den Betrieb die maßgebliche wirtschaftliche Bedeutung hat, wobei die Feststellung im Zweifelsfall – nicht hingegen bei (objektiv ex ante betrachtet) klarer Sachlage – aus Gründen der Rechtssicherheit bindend ist. Subsidiär, dh wenn weder eine organisatorische Abgrenzung noch die maßgebliche wirtschaftliche Bedeutung eines fachlichen Wirtschaftsbereiches vorliegt, findet der KollV jenes fachlichen Wirtschaftsbereiches Anwendung, dessen Geltungsbereich (unbeschadet der Verhältnisse im Betrieb) die größere Anzahl von AN erfasst.[150]

148 Zum Thema: *Pacic*, taxlex 2008, 301; *Resch*, RdA 1992, 114; 152; *Weiß*, JBl 1999, 781.

149 Beachte § 9 ArbVG. Da der AG insgesamt mehreren KollV unterworfen bleibt, auch wenn pro Betrieb nur einer zur Anwendung kommt, spricht man hier vom Grundsatz der Tarifvielfalt. Ist er in mehreren Sparten tätig, von denen eine einem KollV und die andere keinem unterliegt (kollektivvertragsfreier Raum), dann ist bei entsprechender organisatorischer Trennung § 9 Abs 1 und 2 ArbVG analog anzuwenden, was dazu führen kann, dass in einem Betrieb eines Unternehmers ein KollV anwendbar ist, in einem anderen Betrieb desselben Unternehmers hingegen nicht. Werden die beiden Sparten von ihm jedoch nicht organisatorisch getrennt geführt, sondern sind sie in eine Mischorganisation eingebettet, so ist der in Frage kommende KollV über seinen fachlichen Geltungsbereich hinaus auch auf jene AN anzuwenden, die in der durch keinen KollV erfassten Sparte tätig sind, s *Tomandl*, ZAS 1995, 152, aA *Friedrich*, ZAS 2007/5. Diese Grundsätze kommen auch zur Anwendung, wenn der AG zwar über eine Gewerbeberechtigung verfügt, diese aber nicht ausübt und die tatsächlich ausgeübte Tätigkeit kollektivvertragsfrei ist, s *Pacic*, taxlex 2008, 301 (303).

150 § 9 Abs 4 ArbVG.

Wird ein AN in zwei oder mehreren Betrieben eines AG oder in zwei oder mehreren organisatorisch abgegrenzten Betriebsabteilungen beschäftigt, für die verschiedene KollV gelten, so findet auf einen solchen AN in Mischverwendung jener KollV Anwendung, der seiner überwiegend ausgeübten Beschäftigung entspricht; liegt eine solche nicht vor, dann findet auf ihn jener KollV Anwendung, dessen Geltungsbereich (unbeschadet der Verhältnisse im Betrieb) die größere Zahl von AN des fachlichen Wirtschaftsbereiches erfasst.[151]

Liegt ein Kollisionsfall wegen mehrfacher Mitgliedschaft des AG oder des AN zu einer freiwilligen Berufsvereinigung mit gleicher fachlicher Zuständigkeit vor, wird dieser von der hA nach der zeitlichen Priorität entschieden, dh es ist der KollV jener Koalition anzuwenden, der der AG oder AN zuerst beigetreten ist; die Kollision zweier KollV, die von denselben Kollektivvertragsparteien geschlossen wurden, wird hingegen nach den allg Derogationsregeln aufgelöst, sodass der spezielle KollV dem allgemeinen und der spätere (jüngere) KollV dem früheren (älteren) vorgeht.[152]

cbd (Norm-)Wirkung und Inhalt von Kollektivverträgen

Die Bestimmungen eines KollV sind – soweit sie nicht die Rechtsbeziehungen zwischen den KollV-Parteien betreffen – innerhalb seines fachlichen, räumlichen und persönlichen Geltungsbereiches für die Arbeitsvertragsparteien unmittelbar rechtsverbindlich (Normwirkung).[153] Die Bestimmungen in KollV können, soweit sie die Rechtsverhältnisse zwischen AG und AN regeln, weder durch BetrV noch durch Arbeitsvertrag aufgehoben oder beschränkt werden; davon abweichende Vereinbarungen sind grds nur gültig, soweit sie für den AN günstiger sind oder Angelegenheiten betreffen, die im KollV nicht geregelt sind.[154] Bei der Prüfung, ob eine solche (Sonder-)Vereinbarung in einer BetrV oder einem Arbeitsvertrag günstiger ist als der KollV sind jene Bestimmungen (des KollV einerseits und der Sondervereinbarung andererseits) zusammenzufassen und gegenüberzustellen, die in einem rechtlichen und sachlichen Zusammenhang stehen; dies bezeichnet man als Gruppenvergleich.[155] Es sind also der sachliche Regelungsgegenstand und der durch Auslegung zu ermittelnde Regelungszweck zugleich zu beachten, um die Aushöhlung des kollektiv-

151 § 10 ArbVG.

152 *Strasser* in Strasser/Jabornegg/Resch, ArbVG §§ 9, 10 Rz 21; vgl *Marhold/Friedrich*, Österreichisches Arbeitsrecht[2] 466.

153 § 11 Abs 1 ArbVG.

154 § 3 Abs 1 ArbVG.

155 § 3 Abs 2 ArbVG.

vertraglichen Schutzes zu verhindern und den Zweck der jeweiligen Normen bzw ganzer Normenkomplexe nicht zu vereiteln.[156]

Einzelnen Bestimmungen des KollV kann (über die einseitig zwingende) auch zweiseitig (absolut) zwingende Wirkung mit der Rechtsfolge verliehen werden, dass davon abweichende (Sonder-)Vereinbarungen in Arbeitsverträgen selbst dann rechtswidrig wären, wenn sie den AN begünstigen würden.[157] Ob der KollV auch bloß dispositive Bestimmungen enthalten darf, ist str.[158] Systematische und historische Erwägungen führen aber zum Schluss, dass dies nicht zulässig ist.[159]

Die Schranken kollektiver Rechtsgestaltung müssen als Rahmen zulässiger Rechtsetzung sorgsam im Wege der Auslegung der maßgeblichen gesetzlichen Ermächtigungsnormen herausgearbeitet werden. Der zulässige Regelungsinhalt eines KollV ergibt sich primär aus § 2 ArbVG, doch findet man Ermächtigungen zur kollektiven Rechtsgestaltung auch in anderen Gesetzesvorschriften.[160] Durch KollV können neben den Rechtsbeziehungen zwischen den KollV-Parteien (sog schuldrechtlicher Teil)[161] vor allem (im normativen Teil) die ge-

---

156 Vgl *Pacic*, Methoden 374.

157 Beachte nur den Wortlaut des § 3 Abs 1 Satz 2 ArbVG und die ErlRV zum KollVG 1947, 285 BlgNR 5. GP 11. Zum Thema s auch: *Kietaibl*, wbl 2007, 311.

158 Die Rsp erlaubt dies, s zB OGH 18.4.1978, 4 Ob 25/78, RdA 1979/9 (*Firlei*); OGH 12.10.1988, 9 ObA 183/88, wbl 1989, 191 (*Grillberger*); OGH 20.12.1989, 9 ObA 291/89, RdA 1991/50 (*Jabornegg*).

159 § 13 ArbVG legt nahe, dass sich der Gesetzgeber mit der dispositiven Wirkung kollv Bestimmungen auseinandergesetzt hat und es dennoch unterlassen hat, den KollV-Parteien die Möglichkeit zu eröffnen, dispositive Bestimmungen zu schaffen, obwohl aus seinem Handlungskontext nicht hervorgeht, dass die Rechtsgemeinschaft eine solche Ermächtigung mit Selbstverständlichkeit erwartet hätte. Der nach § 3 Abs 2 ArbVG gebotene Gruppenvergleich könnte bei Zulässigkeit dispositiver Regelungen überdies zum seltsamen Ergebnis führen, dass diese uU dennoch als mit einseitig zwingenden Normen des KollV sachlich und rechtlich zusammenhängende Normen in den Günstigkeitsvergleich einzubeziehen wären, obwohl sie aufgrund ihrer bloß dispositiven Wirkung keinen Günstigkeitsvergleich erfordern würden). Im Detail dazu s *Pacic*, Methoden 375 f.

160 Beachte § 2 ArbVG und vgl zB § 2 Abs 8 EFZG, §§ 4 Abs 7, 5 Abs 1 Z 1 AZG, § 6 Abs 5 UrlG. Sind die KollV-Parteien ermächtigt, (insb im Arbeitszeitrecht) Ausnahmen von zwingenden (Schutz-)Vorschriften zuzulassen, spricht man von Zulassungsnormen.

161 Welche Bestimmungen dem normativen und welche dem schuldrechtlichen Teil des KollV zuzuordnen sind, ist nach den Regeln der Vertragsauslegung auszulegen. Überschreiten die Parteien ihre Normsetzungsbe-

genseitigen aus dem Arbeitsverhältnis entspringenden Rechte und Pflichten der AG und der AN (sog Inhaltsnormen) geregelt werden. Die Rsp versteht darunter die typischen, wesentlichen oder regelmäßig wiederkehrenden Inhalte von Arbeitsverträgen.[162] Weiters können zB Maßnahmen zur Verhinderung, Beseitigung oder Milderung der Folgen von Betriebsänderungen iSd § 109 Abs 1 Z 1 bis 6 ArbVG, sofern diese wesentliche Nachteile für erhebliche Teile der Arbeitnehmerschaft mit sich bringen, geregelt werden (Sozialplannormen); dadurch können auch Ansprüche für bereits ausgeschiedene AN begründet werden.[163] In diesem Zusammenhang können auch Art und Umfang der Mitwirkungsbefugnisse der Arbeitnehmerschaft bei der Durchführung von Sozialplanmaßnahmen (überdies übrigens auch von Maßnahmen zur menschengerechten Arbeitsgestaltung) geregelt werden.[164]

Ungeachtet der konkreten Regelungsermächtigungen wird jegliche kollektive Rechtsetzung inhaltlich durch auch gegenüber KollV zwingende Bestimmungen des Gesetzesrechts und durch die guten Sitten begrenzt.[165] Die am Abschluss von KollV (und BetrV) beteiligten Parteien sind zudem unmittelbar (nach der Rsp jedoch nur mittelbar) auch an die Grundrechte gebunden.[166]

---

fugnisse, kommen idR zumindest schuldrechtliche Einwirkungspflichten der Parteien gegenüber ihren Mitgliedern zur Durchführung der geregelten Pflichten in Frage. Überdies ist jedem KollV jedenfalls eine schuldrechtliche (relative) Friedenspflicht immanent, dh die Pflicht, vor Arbeitskampfmaßnahmen Abstand zu nehmen, die sich auf geregelte Inhalte beziehen. Vgl *Löschnigg*, Arbeitsrecht[11] 131 f.

162 RIS-Justiz: RS0033579; RS0050949. Dieser Ansatz wird in der L wohl überwiegend geteilt. Zum Thema: *Runggaldier*, RdA 2008, 479. Sog Abschlussnormen (wie zB Formgebote, Qualifikationserfordernisse, Quotenregelungen) können dagegen nicht Inhalt des normativen Teils des KollV werden, s *Marhold/Friedrich*, Österreichisches Arbeitsrecht[2] 441.

163 Sozialpläne können auch Gegenstand von BetrV sein; zum Thema: *Resch* (Hrsg), Sozialpläne als Instrument der Krisenbewältigung (2010).

164 Betriebsverfassungsrechtliche Normen (dh solche, die die Mitwirkungsbefugnisse der Belegschaft betreffen) sind jedoch aufgrund der abschließenden Regelung der Betriebsverfassung durch den Gesetzgeber im Allgemeinen der Regelungsbefugnis der KollV-Parteien entzogen. Zum Thema: *Jabornegg*, JBl 1990, 205; *ders*, Absolut zwingendes Arbeitsverfassungsrecht, in FS Strasser (1983) 367 ff. Hinzuweisen ist aber auf die Möglichkeit, die eigene Normsetzungsbefugnis nach § 29 ArbVG an die BetrV zu delegieren, vgl *Marhold/Friedrich*, Österreichisches Arbeitsrecht[2] 445 f.

165 *Jabornegg* in Jabornegg/Rsch/Stoffels, Vertragsgestaltung im Arbeitsrecht (2007) 3.

166 *Pacic*, Methoden 372 f. Zur Rsp s RIS-Justiz: RS0038552; RS0018063.

cc Substitutionsformen des Kollektivvertrags

Fehlt es für gewisse Bereiche an kollektivvertragsfähigen Parteien oder können sich diese nicht auf einen KollV einigen, bleiben womöglich zahlreiche AN ohne kollektivvertraglichen Schutz. Der Gesetzgeber empfindet das als unbefriedigend und sieht daher – allerdings unter strenger Wahrung des Subsidiaritätsprinzips – behördliche Abhilfemaßnahmen vor.

cca Satzungserklärung und Satzung

Das Bundeseinigungsamt (BEA) – das ist eine beim zuständigen Bundesminister eingerichtete, kollegiale, unmittelbare Bundesbehörde[167] – hat auf Antrag einer kollektivvertragsfähigen Körperschaft, die Partei eines KollV ist, diesem KollV oder einzelnen Bestimmungen dieses KollV durch Erklärung zur Satzung auch außerhalb seines räumlichen, fachlichen und persönlichen Geltungsbereiches rechtsverbindliche Wikung zuzuerkennen, wenn der zu satzende KollV gehörig kundgemacht ist und in Geltung steht, der zu satzende KollV oder der Teil eines solchen überwiegende Bedeutung erlangt hat (das ist der Fall, wenn er innerhalb seines Geltungsbereiches die Mehrheit der Arbeitsverhältnisse erfasst), die von der Satzung zu erfassenden Arbeitsverhältnisse im Verhältnis zu jenen, die dem KollV unterliegen, im Wesentlichen gleichartig und nicht schon durch einen KollV erfasst sind.[168] KollV setzen für ihren Geltungsbereich eine bestehende Satzung außer Kraft.[169]

Die in der (Satzungs-)Erklärung des BEA als rechtsverbindlich bezeichneten Bestimmungen des KollV bilden die Satzung. Die Satzungserklärung ist eine VO; gleiches gilt für die mit ihr in einem Sinnzusammenhang stehende Satzung.[170] Das hat Folgen für die Normenkontrolle, weil rechtswidrige Satzungsinhalte nur durch den VfGH aufgehoben werden können.[171]

---

167 §§ 141 f ArbVG.

168 Beachte § 18 ArbVG. Besteht nur ein sog Spitzen-KollV iSd Abs 4 leg cit, ist dies jedoch unschädlich. Zur Kundmachung bzw Veröffentlichung nach § 21 ArbVG: Die Satzungserklärung ist im BGBl II kundzumachen, während die Satzung einem Kataster einzuverleiben ist.

169 § 19 Abs 2 ArbVG. Spitzen-KollV bzw General-KollV iSd § 18 Abs 4 ArbVG sind jedoch unschädlich.

170 Vgl *Kietaibl*, Arbeitsrecht I^8 254 f.

171 Nach hA behält hingegen der zur Satzung erklärte KollV auch als Satzung seine Rechtsform, vgl *Reissner* in ZellKomm II^2 § 18 ArbVG Rz 21. Nach hA können daher die Gerichte Bestimmungen der Satzung für nichtig iSd § 879 Abs 1 ABGB befinden.

ccb Mindestlohntarif und Lehrlingsentschädigung

Kann für manche Gruppen von AN kein KollV abgeschlossen werden, weil keine kollektivvertragsfähigen Körperschaften auf AG-Seite bestehen, hat das BEA auf Antrag einer kollektivvertragsfähigen Körperschaft der AN Mindestentgelte und Mindestbeträge für den Ersatz von Auslagen festzusetzen, sofern eine Regelung derselben durch die Erklärung eines KollV zur Satzung nicht erfolgt ist;[172] KollV und Satzungen setzten einen bestehenden Mindestlohntarif für ihren Geltungsbereich außer Kraft.[173]

Auf Antrag einer kollektivvertragsfähigen Körperschaft hat das BEA überdies die Lehrlingsentschädigung unter Bedachtnahme auf die für gleiche, verwandte oder ähnliche Lehrberufe geltenden Regelungen, sofern solche nicht bestehen, auf den Ortsgebrauch, festzusetzen, wenn für den jeweiligen Wirtschaftsbereich kein KollV wirksam ist.[174] KollV setzen für ihren Geltungsbereich festgesetzte Lehrlingsentschädigungen außer Kraft; Satzungen setzen sie hingegen nur dann außer Kraft, wenn sie die Lehrlingsentschädigung regeln.[175]

cd Betriebsvereinbarung

cda Begriff, Abschluss und Beendigung

BetrV sind schriftliche Vereinbarungen, die vom Betriebsinhaber einerseits und dem Betriebsrat als Organ der Belegschaft andererseits in Angelegenheiten abgeschlossen werden, deren Regelung durch Gesetz oder KollV der BetrV vorbehalten ist.[176] In Betrieben ohne BR ist der BetrV-Abschluss nicht möglich. Die Bestimmungen von BetrV sind wie jene von KollV, soweit sie nicht die Rechtsbeziehungen zwischen

172 Beachte §§ 22 f ArbVG. Zur Nachwirkung nach dem Erlöschen s § 24 Abs 4 ArbVG.

173 § 24 Abs 3 ArbVG. Die Rsp schließt zu Unrecht aus der Wortfolge „Kollektivverträge und Satzungen" in Abs 3 leg cit darauf, dass die Festsetzung des Mindestlohntarifs nicht bereits durch die Existenz einer kollektivvertragsfähigen Berufsvereinigung für den jeweiligen Bereich ausgeschlossen werde, sondern erst dadurch, dass der AG auch tatsächlich Mitglied der Berufsvereinigung sei: OGH 23.4.2003, 9 ObA 236/02z, RdA 2004/32 (*Weiss*). Zum Thema Mindestlohntarif allg s *Schrammel*, ZAS 2005/34.

174 § 26 ArbVG.

175 § 28 Abs 3 ArbVG.

176 § 29 ArbVG. Zuständiges Belegschaftsorgan kann auch der Betriebsausschuss, der Zentralbetriebsrat oder die Konzernvertretung sein; abzustellen ist dabei auf Inhalt und Reichweite der BetrV.

den vertragsschließenden Betriebspartnern regeln, innerhalb ihres Geltungsbereichs unmittelbar rechtsverbindlich; die diesem sog normativen Teil der BetrV zuzuordnenden Bestimmungen können durch Einzelvereinbarung weder aufgehoben noch beschränkt werden.[177] Auch hier gilt das Günstigkeitsprinzip, dh zu Gunsten des AN darf durch Einzelvereinbarung vom Inhalt einer BetrV abgewichen werden.

BetrV sind vom Betriebsinhaber oder vom BR im Betrieb aufzulegen oder an sichtbarer für alle AN zugänglicher Stelle anzuschlagen;[178] ersterenfalls sind die AN über Bestehen der BetrV, sowie Ort und Zeit der möglichen Einsichtnahme zu informieren, sei es durch E-Mail oder Intranet oder mündlich im Rahmen einer verpflichtenden Informationsveranstaltung im Betrieb.[179] Die Wirkung der BetrV tritt – wenn die BetrV keine Bestimmung über den Wirksamkeitsbeginn enthält – mit dem auf den Tag der Unterzeichnung folgenden Tag ein.[180] Den für den Betrieb zuständigen gesetzlichen Interessenvertretungen der AG und der AN hat der Betriebsinhaber je eine Ausfertigung der BetrV zu übermitteln.

BetrV können grds – soweit sie keine Vorschriften über ihre Geltungsdauer enthalten – von jedem der Vertragspartner unter Einhaltung einer Frist von drei Monaten zum Letzten eines Kalendermonats schriftlich gekündigt werden.[181] In Angelegenheiten, in denen das Gesetz bei Nichtzustandekommen einer Einigung über den Abschluss, die Änderung oder die Aufhebung einer BetrV die Anrufung der Schlichtungsstelle zulässt,[182] können BetrV jedoch überhaupt nicht gekündigt werden.[183] Abweichend von der allg Regel können überdies notwendige BetrV (dazu gleich) – soweit sie keine Vorschriften über ihre Geltungsdauer enthalten – von jedem der Vertragspartner jeder-

177 § 31 Abs 1 und 3 ArbVG. Beachte die Regelung für Heimarbeiter in Abs 2 leg cit.

178 § 30 Abs 1 ArbVG.

179 Zum Thema: *Pacic*, taxlex 2008, 32.

180 § 30 Abs 2 ArbVG. Erst ab Kundmachung kann die BetrV jedoch normative Wirkung entfalten, vgl OGH 26.7.2012, 8 ObA 3/12t.

181 § 32 Abs 1 ArbVG.

182 Die Schlichtungsstelle ist in solchen Fällen auf Antrag eines der Streitteile am Sitz des mit Arbeits- und Sozialrechtssachen in erster Instanz befassten Gerichtshofes, in dessen Sprengel der Betrieb liegt, zu errichten. Dazu und zur Zusammensetzung: §§ 144 f ArbVG.

183 § 32 Abs 2 ArbVG; iZm Pensions-BetrV beachte § 30 Abs 7 ArbVG.

zeit ohne Einhaltung einer Frist schriftlich gekündigt werden.[184] Die Beendigung einer BetrV ist im Betrieb kundzumachen.

Die Rechtswirkungen einer BetrV enden grds mit ihrem Erlöschen. Wenn eine BetrV durch Kündigung erlischt, bleiben ihre Rechtswirkungen aber für Arbeitsverhältnisse, die unmittelbar vor ihrem Erlöschen durch sie erfasst waren, so lange aufrecht, als für sie nicht eine neue BetrV wirksam oder mit den jeweils betroffenen AN eine neue (wenn auch verschlechternde) Einzelvereinbarung abgeschlossen wird; eine solche Nachwirkung entfällt allerdings bei notwendigen BetrV.[185]

cdb Arten und Inhalt

Man kann vier Arten von BetrV unterscheiden:[186]

- Notwendige BetrV iSd § 96 Abs 1 ArbVG über Maßnahmen des Betriebsinhabers, die zu ihrer Rechtswirksamkeit der Zustimmung des BR bedürfen.

  Dazu zählen die Einführung bestimmter Leistungslohnsysteme (dazu näher iZm mit Entgelt im besonderen Teil), betrieblicher Disziplinarordnungen[187] und von Personalfragebögen (zB und insb für Einstellungswerber), sofern in diesen nicht bloß die allgemeinen Angaben zur Person und Angaben über die fachlichen Voraussetzungen für die beabsichtigte Verwendung des AN enthalten sind.[188] Hervorzuheben ist ganz besonders die Notwendigkeit einer BetrV zur Einführung von Kontrollmaßnahmen und technischen Systemen zur Kontrolle der AN, sofern diese Maßnahmen bzw (zB Telefon-, Internet- oder E-Mail-Kontroll-)Systeme, die Menschenwürde berühren (zB bei Videoüberwachung oder Zeitaufzeichnungen durch Fingerabdruckscanner).[189] Abzustellen ist bei technischen

---

184 § 96 Abs 2 ArbVG. Da solche BetrV vom fortdauernden Willen der Parteien getragen sein müssen, meint *Tomandl*, Arbeitsrecht I[7] 208, dass die BetrV mit dem Wegfall des BR ende, übersieht dabei jedoch, dass es einem betriebsratspflichtigen Betrieb (solange die Betriebsratspflicht besteht) freisteht, einen neuen BR zu wählen, um die notwendige BetrV zu kündigen.

185 §§ 32 Abs 3 und 96 Abs 2 ArbVG.

186 Beachte sorgfältig die §§ 96, 96a und 97 ArbVG.

187 Disziplinarordnungen enthalten häufig Verfahrensregelungen, die der Aufklärung von Verdachtsfällen dienen und das Arbeitgeberverhalten bei disziplinären Verstößen vorhersehbar machen sollen. Als Sanktionen kommen übrigens auch Geldstrafen in Betracht. Zum Thema: *Kneihs*, RdA 2005, 136; *Triendl*, RdA 2010, 263; OGH 4.5.1994, 9 ObA 63/94.

188 Zum Thema: *Grillberger*, RdA 1979, 148.

189 Zum Thema: *Tomandl*, ZAS 1982, 163; S. *Mayer*, wbl 2009, 217. Nicht

Systemen schon auf die objektive Eignung zur Kontrolle der AN und nicht darauf, dass sie gezielt zur Kontrolle eingesetzt werden.[190] Erfasst werden soll nach den Mat der schmale Grenzbereich zwischen den die Menschenwürde verletzenden (ohnehin sittenwidrigen, zB bei Kameras auf den Toiletten) und den sie nicht tangierenden Maßnahmen (zB Anwesenheitsprotokollierung zur Kontrolle der Arbeitszeit).[191]

- Notwendig-erzwingbare BetrV iSd § 96a Abs 1 ArbVG über Maßnahmen des Betriebsinhabers, die zwar zu ihrer Rechtswirksamkeit auch der Zustimmung des BR bedürfen, dessen Zustimmung jedoch bei Scheitern einer Einigung durch Entscheidung der Schlichtungsstelle ersetzt werden kann, deren Entscheidung die Rechtswirkungen einer BetrV entfaltet. Solche BetrV sind für die Einführung bestimmter sog Personalbeurteilungs- und elektronischer Personaldatensysteme vorgesehen.[192]
- Fakultativ-erzwingbare BetrV iSd § 97 Abs 1 Z 1 bis Z 6a ArbVG über Angelegenheiten, die durch BetrV geregelt werden dürfen, jedoch nicht müssen. Kommt keine Einigung zwischen Betriebsinha-

---

erfasst von diesem BetrV-Tatbestand sind individuelle, ad hoc getroffene Kontrollen (wie zB bei Diebstahlsverdacht), s AB 993 BlgNR 13. GP 3. Übrigens: Gibt es keinen Betriebsrat, ist nach § 10 AVRAG die Zustimmung der einzelnen AN bei Kontrollmaßnahmen, die die Menschenwürde berühren, einzuholen.

190 Vgl *Reissner* in ZellKomm II^2 § 96 ArbVG Rz 22. Das kann zu unbilligen Ergebnissen führen, wenn der BR sich weigert eine BetrV abzuschließen. Beachte dazu aber die Ausführungen zum Verhältnis zwischen § 96 und § 96a ArbVG weiter unten.

191 ErlRV 840 BlgNR 13. GP 84.

192 Der OGH meint, der AG könne bei Kontrollmaßnahmen (bzw -systemen), die die Menschenwürde berühren, durch das bloße Angebot einer angemessenen BetrV nach § 96 Abs 1 Z 3 ArbVG eine Wandlung dieses BetrV-Tatbestandes in einen nach § 96a ArbVG herbeiführen, mit der Folge, dass die eigentlich notwendige BetrV vor der Schlichtungsstelle erzwingbar würde; s OGH 13.6.2002, 8 ObA 288/01p, RdA 2003/37 (*Preiss*). Das bloße Angebot einer BetrV reicht jedoch nicht aus, um die Kontrollintensität zu reduzieren. Geht man hingegen davon aus, dass § 96 ArbVG den § 96a ArbVG nicht verdrängt, sondern nur mehr Schutz bietet (was Abs 3 des § 96a ArbVG widerspiegelt), dann kann über Kontrollmaßnahmen, die die Menschenwürde berühren, uU auch eine BetrV nach § 96a ArbVG abgeschlossen oder letztlich erzwungen werden, deren Inhalt dann bei der (erneuten) Beurteilung, ob die vom AG geplante Maßnahme bzw das einzuführende System (immer noch) die Menschenwürde berührt (und daher nach wie vor der Zustimmung des BR nach § 96 ArbVG bedarf), zugrundezulegen wäre, s *Pacic*, Methoden 273 f.

ber und BR über den Abschluss, die Abänderung oder Aufhebung einer solchen BetrV zustande, entscheidet – insoweit eine Regelung durch KollV oder Satzung nicht vorliegt – auf Antrag eines der Streitteile die Schlichtungsstelle.
Beispiele dafür sind allgemeine Ordnungsvorschriften, die das Verhalten der AN im Betreib regeln (zB Rauch- und Alkoholverbot oder Meldepflichten), die Art und Weise der Abrechnung und insb Zeit und Ort der Auszahlung der Bezüge oder Maßnahmen zur zweckentsprechenden Benützung von Betriebseinrichtungen und -mitteln. Hervorzuheben sind vor allem Maßnahmen zur Verhinderung, Beseitigung oder Milderung der Folgen bestimmter Betriebsänderungen (zB Einschränkungen oder Stilllegungen) in Betrieben mit dauernd min 20 AN, sofern die Änderungen wesentliche Nachteile (zB infolge Personalabbau oder etwa Verlängerungen der Anfahrtswege) für alle oder erhebliche Teile der Arbeitnehmerschaft mit sich bringen. Man spricht hier von Sozialplänen, die zB Umschulungsmaßnahmen, Kündigungsverzichte oder Überbrückungshilfen vorsehen.[193]

- Fakultative BetrV iSd § 97 Abs 1 Z 7 bis 26 ArbVG, die zwar in den dort genannten Angelegenheiten abgeschlossen werden dürfen, jedoch nicht müssen und bei denen auch keine Zwangsschlichtung vorgesehen ist (dh rein freiwillige BetrV).
  Dazu zählen betriebliche Pensions- und Ruhegeldleistungen, Richtlinien für die Vergabe von Werkswohnungen, Gewinnbeteiligungssysteme, Grundsätze betreffend den Verbrauch des Erholungsurlaubs, Erstattung von Auslagen und Aufwendungen sowie Regelung von Aufwandsentschädigungen und Gewährung von Zuwendungen aus besonderen betrieblichen Anlässen (Jubiläumsgelder, für alle fünf Jahre oder seltener stattfindende Ereignisse). Zu beachten ist, dass die Betriebsparteien nicht die Kompetenz haben, die Höhe des (Mindest-)Entgelts im Betrieb festzulegen.

cdc Freie Betriebsvereinbarungen

Immer wieder kommt es vor, dass der Betriebsinhaber und der BR BetrV über unzulässige Regelungsgegenstände abschließen, die Schriftform nicht einhalten oder BetrV mit unzuständigen Belegschaftsorganen abgeschlossen werden; die BetrV sind in solchen Fällen unwirksam und entfalten als solche keine Rechts- und damit auch keine Normwirkung.[194] Nach hA können derartige, als freie BetrV bezeichnete Vereinbarungen jedoch als Vertragsschablonen auf konkluden-

---

193 Vgl *Windisch-Graetz* in ZellKomm II^7 § 109 ArbVG Rz 24 ff.
194 Vgl *Strasser* in Strasser/Jabornegg/Resch, ArbVG § 29 Rz 15.

tem Wege Eingang in die einzelnen Arbeitsverträge finden, wenn sowohl die AN als auch der Betriebsinhaber durch ihr Verhalten zu erkennen geben, dass sie sich (dennoch) an den Inhalt dieser BetrV halten wollen.[195] Denkbar ist jedoch auch eine Umdeutung der unzulässigen BetrV in einen Vertrag zu Gunsten Dritter, wenn die gewöhnlichen, dh nach allg Zivilrecht für die Konversion geforderten, Voraussetzungen hierfür erfüllt sind; überdies kommt uU eine Umdeutung in eine genehmigungsbedürftige Scheinvertretung oder eine Auslobung in Frage.[196]

d Der Arbeitsvertrag

Der Arbeitsvertrag eröffnet den Anwendungsbereich des Arbeitsrechts; der AN verpflichtet sich darin auf eine gewisse Zeit zur Dienstleistung in persönlicher Abhängigkeit für den AG.[197] Einer arbeitsvertraglichen Regelung sind alle Inhalte zugänglich, denen keine absolut (zweiseitig) zwingenden (höheren) Normen (zB des Arbeitsverfassungs- oder Arbeitnehmerschutzrechts) entgegenstehen. Die spezifisch arbeitsrechtlichen Normen, die bei der Arbeitsvertragsgestaltung zu beachten sind, sind überwiegend relativ (einseitig) zwingend zu Gunsten des AN, dh es kann vertraglich davon nur zu Gunsten des AN, nicht jedoch zu seinen Lasten abgewichen werden. Man spricht iZm der einseitig zwingenden Wirkung zahlreicher Normen des Arbeitsrechts von der Unabdingbarkeit der dem AN darin zugesicherten Ansprüche; so heißt es zB in § 1164 Abs 1 ABGB, dass die Berechtigungen des DN, die sich aus den §§ 1154 Abs 3, 1154b Abs 1 bis 4, 1156 bis 1159b, 1160 und 1162a bis 1163 ergeben, „durch den Dienstvertrag oder durch Normen der kollektiven Rechtsgestaltung nicht aufgehoben oder beschränkt werden“ können.

Die Frage, was die (Arbeitsvertrags-)Parteien vereinbart haben, ist nicht nur eine Frage der Tatsachenfeststellung und psychologischen Deutung, sondern hängt maßgeblich vom vorgegebenen rechtlichen Deutungsschema ab.[198] Für die Auslegung des Arbeitsvertrages gelten die allgemeinen zivilrechtlichen Regeln, dh die §§ 914, 915 ABGB. Den Regelfall bildet die sog einfache Auslegung nach § 914 ABGB, bei der die wahre Absicht zu ermitteln gesucht wird; entscheidend ist dabei der erkennbar erklärte Parteiwille, zu dessen Ver-

195 RIS-Justiz: RS0018115, RS0119926.

196 Im Detail und ausführlich dazu bzw zu den Ansätzen und Bedenken in der Lit: *Pacic*, Methoden 378 ff.

197 § 1151 Abs 1 ABGB.

198 Vgl *Larenz*, Methodenlehre der Rechtswissenschaft^3 (1975) 270, 285.

ständnis das gesamte Verhalten der Vertragspartner beitragen kann, das sich in Äußerungen in Wort und Schrift sowie in sonstigem Tun oder Unterlassen widerspiegeln kann.[199] In Fällen, in denen sich der Vertrag als unvollständig erweist, folgt eine ergänzende Vertragsauslegung nach der Übung des redlichen Verkehrs; dabei werden auch der hypothetische Parteiwille und der Grundsatz von Treu und Glauben als Mittel zur ergänzenden Vertragsauslegung herangezogen, wobei im Lichte der Jud und Lit keine Rangfolge erkennbar ist. Der hypothetische Parteiwille, dh das, was die Parteien vereinbart hätten, wenn ihnen die Vertragslücke bewusst gewesen wäre, ist aber genau genommen kein Auslegungsargument, sondern das Ziel der ergänzenden Auslegung, während das, was sich aus Treu und Glauben ergibt, beim „Fortdenken des tatsächlichen Parteiwillens" mitzuberücksichtigen ist und den redlichen Verkehrssitten (ohnedies) innewohnt.[200] Der hypothetische Wille hat sich zwar innerhalb der Schranken des tatsächlich feststellbaren Willens der Parteien zu bewegen, allerdings ist grds nicht davon auszugehen, dass sich die Parteien auf eine einseitig belastende Regelung geeinigt hätten, weil bei der ergänzenden Vertragsauslegung letztlich maßgeblich ist, was redliche Parteien unter Berücksichtigung bestehender Vertragsbestimmungen und des Zwecks des Vertrages vereinbart hätten; die in § 914 ABGB angesprochene Redlichkeit (arg Übung des „redlichen" Verkehrs) ist eine im Einzelfall zu konkretisierende Generalklausel, die auf einen angemessenen Interessenausgleich abzielt.[201] Um den hypothetischen Willen zu ergründen, bedarf es der Erhebung der Interessen und Bewertungen, von denen sich die Parteien bei Vertragsschluss leiten ließen; der hypothetische Parteiwille ist folglich das Ergebnis objektiver Ermittlung des Willens der Vertragsparteien unter Zugrundelegung der Grundwertungen der Rechtsordnung.[202]

Was das Zustandekommen des Arbeitsvertrages betrifft, so bedarf es dazu entsprechender Willenserklärungen der Vertragsparteien; auf den Abschluss und die Gestaltung des Arbeitsvertrages wird im besonderen Teil des Arbeitsrechts eingegangen. Die Einordnung der

---

199 Vgl *Binder* in Schwimann[3] § 914 Rz 62; *Heiss* in Kletečka/Schauer, ABGB-ON[1.00] § 914 Rz 35 ff.

200 So treffend: *Heiss* in Kletečka/Schauer, ABGB-ON[1.00] § 914 Rz 79, 84.

201 *Heiss* in Kletečka/Schauer, ABGB-ON[1.00] § 914 Rz 49. Auf einen objektiven Interessenausgleich zielt der Gesetzgeber auch bei der Schaffung dispositiven Rechts, das bei fehlender vertraglicher Regelung eingreift. Vgl Franz von *Zeiller*, Commentar über das allgemeine bürgerliche Gesetzbuch für die gesamten deutschen Erbländer der österreichischen Monarchie, Bd I (1811) 71 f.

202 *Pacic*, Methoden 356.

Erklärung einer der beiden Vertragsparteien als Willens- oder als bloße Wissenserklärung kann mitunter schwierig sein, ist aber von Bedeutung, weil Wissenserklärungen nicht auf die Herbeiführung von Rechtsfolgen ausgerichtet sind.[203] Die Rsp hat zB sog Lohnbefriedigungs- oder Entfertigungserklärungen (auch Abfindungsklauseln bzw Ausgleichsquittungen genannt), wonach „sämtliche Ansprüche aus dem Dienstverhältnis bereinigt seien", als bloße Mitteilungen über Tatsachen gedeutet, denen kein Verzicht des AN auf irgendwelche Ansprüche entnommen werden könne.[204] Das Vertrauen auf Wissenserklärungen hält die Jud nur selten für schützenswert.[205] L und Rsp erstrecken den Vertrauensschutz im Arbeitsrecht aber des Öfteren auch auf Wissenserklärungen über Rechtsfolgen (zB bzgl der Anwendbarkeit einer Norm), wenn der Erklärungsempfänger gutgläubig war, im Vertrauen auf die Erklärung disponiert hat und die Erklärung dem Erklärenden in besonderer Weise zuzurechnen ist.[206] Im Gegensatz zu Wissenserklärungen sind Willenserklärungen Willensäußerungen, die auf die Herbeiführung von Rechtsfolgen ausgerichtet sind.[207] Ein Wille kann ua auch konkludent (man sagt dazu auch: schlüssig oder stillschweigend) durch solche Handlungen ausgedrückt werden, „welche mit Überlegung aller Umstände keinen vernünftigen Grund, daran zu zweifeln, übrig lassen".[208] Bei solchen konkludenten (schlüssigen) Vertragsschlüssen setzt sich der Erklärende jedoch dem Risiko ungewollter vertraglicher Bindung aus, dh dem Risiko falsch verstanden zu werden. Deswegen legt § 863 ABGB an die Schlüssigkeit des Verhaltens im Hinblick auf den rechtsgeschäftlichen Willen einen strengen Maßstab an.[209]

Von besonderer praktischer Bedeutung sind konkludente Willenserklärungen bei sog Betriebs- oder Individualübungen; das sind Verhaltensweisen, die sich im Betrieb oder im Verhältnis zwischen dem AG und einzelnen AN im Laufe der Zeit eingespielt haben, zB Zusatzleistungen an die Gesamtheit der AN (etwa ein jährliches Weihnachtsgeschenk in Form von Gutscheinen) oder Pflichten der AN zB in Form der Reinigung des eigenen Arbeitsplatzes jeden Freitag. Die

---

203 Zum Thema: F. *Bydlinski*, ZAS 1976, 83 ff, 126 ff.

204 RIS-Justiz: RS0014481.

205 Vgl zB OGH 18.5.1999, 8 ObA 197/98y, SZ 72/86; OGH 19.8.1998, 9 ObA 187/98k, RdA 1999, 280 (*Löschnigg*).

206 *Rebhahn* in ZellKomm I[2] §§ 861 – 864a ABGB Rz 56; vgl OGH 8.7.1992, 9 ObA 117/92, RdA 1993, 122 (*Marhold*) = ZAS 1993, 136 (*Kirschbaum*).

207 Vgl *Rummel* in Rummel[3] § 863 Rz 3.

208 § 863 Abs 1 ABGB.

209 Vgl *Wiebe* in Klečka/Schauer, ABGB-ON[1.00] § 863 Rz 17.

hA geht nämlich davon aus, dass regelmäßige gleichförmige Verhaltensweisen im Wege der schlüssigen Vertragsergänzung Inhalt der einzelnen Arbeitsverträge werden können. So heißt es in einem Rechtssatz des OGH: „Wenn der Arbeitgeber durch regelmäßige, vorbehaltslose Gewährung bestimmte Leistungen an die Gesamtheit seiner Arbeitnehmer eine betriebliche Übung begründet, die seinen Willen, sich diesbezüglich auch für die Zukunft zu verpflichten, unzweideutig zum Ausdruck bringt, wird diese Übung durch die – gleichfalls schlüssige (§ 863 ABGB) – Zustimmung der Arbeitnehmer zum Inhalt der einzelnen Arbeitsverträge."[210] In der Lit heißt es oft, dass die AN grds nach der dritten vorbehaltslosen Gewährung von Leistungen des AG diese schon als regelmäßig wiederkehrend betrachten dürften;[211] rechtsdogmatisch betrachtet muss es aber immer auf die Umstände im konkreten Einzelfall ankommen.

e Das Weisungsrecht des Arbeitgebers

Das Weisungsrecht des AG gehört zu den prägenden Merkmalen jedes Arbeitsverhältnisses. Dies gilt nicht nur für persönliche, auf den Arbeitsort, die Arbeitszeit und das arbeitsbezogene Verhalten sowie das Auftreten des AN (gegenüber Kunden) gerichtete, sondern auch für sachliche Weisungen, die sich auf den Inhalt der Arbeitspflicht beziehen, vor allem, wenn die Befugnis zur Erteilung letzterer „die Arbeitsbeziehungen prägt und die wesentliche Konkretisierung der Arbeitspflichten erst durch Weisung(en) erfolgen soll."[212]

Das Weisungsrecht des AG ist ein Gestaltungsrecht und die Weisung selbst seine Willenserklärung zur Konkretisierung von Pflichten des AN.[213] Der Akt der Weisungsgebung durch den AG ist ein normerzeugender Tatbestand,[214] der auf einer arbeitsvertraglichen Ermächtigung beruht.[215] Dort wird es zwar nur äußerst selten erwähnt, doch wird es stillschweigend eingeräumt, denn es besteht eine entsprechende Verkehrssitte.[216] Die Bevollmächtigung eines anderen

---

210 RIS-Justiz: RS0014543.

211 Vgl *Brodil/Risak/Wolf*, Arbeitsrecht in Grundzügen[6] (2010) 69 Rz 195. Zum Thema s *Pacic*, Methoden 331 ff.

212 *Rebhahn* in ZellKomm[2] § 1151 ABGB Rz 111.

213 Ausführlich dazu: *Pacic*, Versetzung mit Weisung des Arbeitgebers – Grenzen für ein einseitiges Gestaltungsrecht, in Resch, Versetzung – Der Arbeitnehmer als Schachfigur des Arbeitgebers (2012), 43 ff.

214 Vgl *Kelsen*, Reine Rechtslehre[2] 261, 263 ff.

215 Vgl *Adomeit*, Rechtsquellenfragen im Arbeitsrecht (1969) 101.

216 Vgl *Floretta/Spielbüchler/Strasser*, Arbeitsrecht I[4] 186.

durch den AG zur Ausübung des Weisungsrechts ist möglich, doch ist dabei zu beachten, dass eine Verkehrssitte dahingehend, dem AG zu ermöglichen, sich bei der Erteilung von Weisungen vertreten zu lassen, wohl nicht so weit geht, dass er betriebsfremde Personen hierzu ermächtigen darf. Dieses Recht muss er sich eigens vorbehalten.

Vom Weisungsrecht erfasst sind alle noch konkretisierungsfähigen Pflichten des AN aus dem Arbeitsverhältnis; das sind nur solche, die nicht ohnehin klar aus dem Vertrag oder diesem gegenüber übergeordneten Rechtsnormen folgen. Auch dispositives Recht schränkt übrigens den Umfang des Weisungsrechts ein. Bei unkündbaren (und befristeten) Arbeitsverhältnissen scheint die Rsp zwar von einem weiteren Weisungsrecht als bei kündbaren auszugehen, doch leitet der OGH dieses bei näherer Betrachtung offenbar aus dem Arbeitsvertrag selbst ab, wodurch es in Wahrheit nicht weiter reicht als bei anderen AN;[217] was der OGH in seiner Rsp zum weiteren Weisungsrecht bei unkündbaren Arbeitsverhältnissen entwickelt hat, ist nichts anderes als eine bloße Zweifelsregel für die Auslegung von Arbeitsverträgen in gewissen Fällen.[218]

Bei der Ausübung von Gestaltungs- und damit auch von Weisungsrechten führt die Rsp eine Billigkeitskontrolle durch,[219] die in der Lit umstritten ist. Aus der Fürsorgepflicht lässt sich aber ableiten, dass der AG sein Weisungsrecht nach Treu und Glauben auszuüben hat.[220]

Ergänzend sei erwähnt, dass ein AN in jenen Fällen, in denen ihn aufgrund einer zulässigen (vor allem nicht gegen § 16 ABGB verstoßenden) vertraglichen Vereinbarung, insb aber aufgrund der Treuepflicht ausnahmsweise Pflichten treffen, die in seine Privatsphäre reichen (zB zur gesunden Ernährung und zum Unterlassen des Rauchens bei einem Berufssportler), wählen kann, wie er solche Pflichten erfüllen will, wenn sie auf verschiedene Weise erfüllt werden könnten.[221]

---

217 Beginnend mit OGH 19.9.1967, 4 Ob 66/67, Arb 8451; RIS-Justiz: RS0027942.

218 Vgl *Goricnik*, RdA 2011/39, 384.

219 OGH 4.11.1986, 14 Ob 136/86, DRdA 1988/11, 235 (*Mayer-Maly*); OGH 22.6.1995, 8 ObA 220/95, DRdA 1996, 148 (*Resch*); OGH 14.12.1988, 9 ObA 512/88, DRdA 1990/8, 111 (*Grillberger*) = ZAS 1989/15, 94 (*Tomandl*); vgl *Kietaibl*, RdA 2006, 12.

220 Im Detail: *Pacic*, Versetzung mit Weisung, in Resch (Hrsg), Versetzung, 55 ff.

221 § 906 Abs 1 ABGB.

f Die Treue- und die Fürsorgepflicht

Sowohl der Gesetzgeber als auch die Jud gingen stets vom Bestehen gesetzlich nicht ausdrücklich normierter Treue- und Fürsorgepflichten im Arbeitsverhältnis aus.[222] Die Rsp hat sich jahrzehntelang immer wieder mit verschiedenen Pflichten der Arbeitsvertragsparteien beschäftigt, die neben Entgelt- und Arbeitspflicht bestehen.[223] Hin und wieder ließ sie sich dabei von Ansichten in der Lit über die Natur des Arbeitsverhältnisses beeinflussen und zeigte dementsprechend einmal ein weiteres und ein andermal ein engeres Verständnis von den Grenzen dieser Pflichten. Im Großen und Ganzen war die Rsp jedoch bemüht, die berechtigte Erwartungshaltung einer Vertragspartei im Rahmen des für die andere Partei Zumutbaren zu schützen.

Ein geschichtlicher Rückblick stärkt den Ansatz, sowohl die Treuepflicht des AN als auch die Fürsorgepflicht des AG als (rollenspezifische) Ausprägungen eines auf die bona fides – seit der frühen Neuzeit sagt man (in Österreich: ohne Abkehr von römisch-rechtlichen Denkformen) dazu auch: Treu und Glauben – zurückgehenden allgemeinen Rechtsgrundsatzes zu sehen, dessen Gehalt im Arbeitsverhältnis aufgrund der Intensität der – durch die Leistungserbringung in persönliche Abhängigkeit bedingten – Beziehungen zwischen AG und AN eine spezifische Konkretisierung erfährt, die durch ein gegenseitiges Anvertrauen wichtiger Güter geprägt ist. Fides verkörperte als Grundkategorie römischen Normverständnisses die Erwartung normgerechten Verhaltens;[224] die bona fides wurde schon in der Antike zum Schutz subjektiv, wie auch objektiv berechtigter Erwartungshaltungen herangezogen (‚als Auslegungsmaßstab verwendet,) und hatte die Funktion, zusätzliche vertragliche (Erfüllungs-)Pflichten zu begründen oder bestehende zu ergänzen.[225]

Als allg Rechtsgrundsatz ist der Gehalt der bona fides dem österreichischen Arbeitsrecht immanent.[226] Er verpflichtet die Arbeitsvertragsparteien im eigenen Einflussbereich und in den Grenzen der Zumutbarkeit zum Schutz erkennbar beeinträchtigter Interessen und

222 Eingehend und mit Nachweisen zu diesem Thema: *Pacic*, Methoden 103 ff.

223 *Pacic*, ZAS 2010/26.

224 *Looschelders* in Staudinger, BGB (2005) § 242 Rz 8.

225 *Duve* in Schmoeckel/Rückert/Zimmermann, Historisch-kritischer Kommentar zum BGB II, 1. Teilband, § 242 Rz 4, 6, 13; *Looschelders* in Staudinger, BGB § 242 Rz 9.

226 So hält *Schrammel*, Arbeitsrecht II^7 192, fest: „Beide Pflichten werden als eigentlich selbstverständliche Konsequenzen der bona fides angesehen."

Güter des jeweils anderen. Dabei variiert der Schutz in Abhängigkeit vom Grad der durch die Leistungserbringung bedingten Gefahrerhöhung und der eigenen berechtigten Erwartungshaltung dem anderen gegenüber. Der Schutz besteht somit je nach (organisationsbedingter) Stellung bzw Beziehung zum anderen (zB je nachdem, ob ein AN in leitender Position tätig ist oder nicht,) in unterschiedlicher Intensität, dh die Erwartungshaltung ist in unterschiedlichem Ausmaß geschützt.

Rechtlich beachtlich ist sowohl die subjektiv als auch die objektiv berechtigte Erwartungshaltung. Subjektiv wäre sie zwar leicht zu beseitigen, indem etwa der AG klarstellt, dass er bsp keinen Schutz der Gesundheit oder Sittlichkeit des AN gewährleisten wolle. Es geht aber eben nicht nur um die Erwartung, sondern um die „berechtigte" Erwartung; ob etwas berechtigt erwartet werden darf, obwohl der Wille des Vertragspartners, dieser Erwartung nachzukommen, (erkennbar) fehlt, kann nur nach einem objektiven Maßstab beurteilt werden. Die objektive Erwartung hat sich an im positiven Recht verankerten Wertungen zu orientieren. Entsprechend dem Charakter eines allg Rechtsgrundsatzes erfolgt der Rückgriff auf die Treue- oder Fürsorgepflicht freilich nur subsidiär,[227] sodass im konkreten Fall vorher zu prüfen ist, ob der Gesetzgeber zu einer bestimmten Frage etwas anderes gewollt hat bzw ob vorrangig zu berücksichtigende Wertungen des Gesetzgebers erkennbar sind.

Mit der soeben vorgenommenen Deutung der Treue- und der Fürsorgepflicht steht zB die in den Gesetzesmaterialien[228] zu § 1153 Abs 2 ABGB – danach sind die den Umständen nach angemessenen Dienste zu leisten, soweit über Art und Umfang derselben nichts vereinbart ist – reflektierte Auffassung der Gesetzesverfasser im Einklang, dass mit den „Umständen" nicht die Verhältnisse zum Vertragsabschluss gemeint sind, sondern jene, die sich während des Vollzugs des Arbeitsverhältnisses später ergeben; danach sind die Vertragspflichten des AN ex fide bona zu verstehen.[229]

Aus der bona fides bzw nach Treu und Glauben können sich also zusätzliche Vertragspflichten ergeben. So kann der AN nach der Jud bei Ausfall von anderen Kollegen uU zur Leistung gleichartiger anderer Tätigkeiten, in Notfällen auch zur Leistung inhaltlich anderer Tätigkeiten, und in Katastrophenfällen sogar zur Leistung geringerwertiger Tätigkeiten verpflichtet sein.[230]

---

227 Subsidiarität meint jedoch hier keine Reihenfolge, sondern den Grad des Argumentationsgewichts bei der Suche nach Erkenntnis des Norminhalts, s *Pacic*, Methoden 141.

228 HH 78 Blg. 21. Sess, 212; vgl OGH 28.11.1961, 4 Ob 145/61.

229 *Schrammel*, Arbeitsrecht II^7 103.

230 OGH 22.10.1957, 4 Ob 143/57, Arb 6746; OGH 21.10.1958, 4 Ob

Gleiches gilt für die Fürsorgepflicht des AG, die sein Recht zur freien Betriebsgestaltung (und damit zur uneingeschränkten Ausübung seines Weisungsrechts) beschränkt. Viele strittige Fragen, wie zB jene nach dem Recht des AN auf Ablehnung gewisser Arbeitsleistungen aus Gewissensgründen, wenn der besagte Gewissenskonflikt zu Beginn des Arbeitsverhältnisses nicht vorhersehbar war und er mit einem solchen nicht zu rechnen brauchte, lassen sich so dogmatisch einer Lösung zuführen: Da der Gehalt der bona fides dem Arbeitsrecht als Rechtsgrundsatz immanent ist und sich daraus ein Schutz der berechtigten Erwartungshaltung des AN gegenüber dem AG bei der Ausübung seines Weisungsrechts ergibt, können Grundrechte wie zB die Religions- und Gewissensfreiheit – wie bei der Konkretisierung von gesetzlichen Generalklauseln (zB den guten Sitten) – mittelbar Auswirkungen entfalten, weil die Frage, welche Erwartungen objektiv berechtigt sind, unter Orientierung an im positiven Recht verankerten Wertungen zu klären ist.

107/58, Arb 6945; OGH 20.4.1994, 9 ObA 23/94, Arb 11.177. Zum Rückgriff (nur) auf die ergänzende Vertragsauslegung in solchen Fällen s *Brodil*, EAnm zu OGH 9 ObA 191/95, ZAS 1997/2.

B Besonderer Teil

Im Folgenden werden die Anbahnung und Begründung des Arbeitsvertrages, die wechselseitigen Rechte und Pflichten der Arbeitsvertragsparteien während des aufrechten Arbeitsverhältnisses und die Beendigung und Abwicklung desselben rechtlich beleuchtet.

1 Die Arbeitsvertragsanbahnung

a Stellenausschreibung und -besetzung

Der AG ist zwar grds darin frei, sich seine AN selbst auszusuchen, doch hat er Stellenausschreibungen geschlechtsneutral zu formulieren und darf außerdem niemanden wegen seiner ethnischen Zugehörigkeit, seiner Religion oder seiner Weltanschauung, des Alters, der sexuellen Orientierung oder einer Behinderung diskriminieren.[231] Anstatt die freie Stelle auszuschreiben, könnte er sich insb auch an das Arbeitsmarktservice[232] oder an einen privaten Arbeitsvermittler (mit einer entsprechenden Gewerbeberechtigung) wenden.[233] Zu den gesetzlich festgelegten Grundsätzen, die für die Arbeitsvermittlung gelten, zählt ua jener, dass niemand in einen von Streik oder Aussperrung betroffenen Betrieb vermittelt werden darf, wie auch die

231 §§ 9, 17 ff, 23 GlBG, §§ 7a ff BEinstG. Beachte § 26 GlBG zu den Rechtsfolgen bei Verletzung des Gleichbehandlungsgebotes. Ist das betreffende Merkmal eine wesentliche und entscheidende berufliche Anforderung, nimmt es § 23 GlBG wieder vom Verbot diskriminierender Ausschreibung aus; ebenso darf nach § 9 leg cit auf das Geschlecht abgestellt werden, wenn es unabdingbare Voraussetzungen für die Ausübung der vorgesehenen Tätigkeit ist. Die Jud hielt es zB für gerechtfertigt, wenn ein männlicher Auslandsvertreter gesucht wird, damit er die von ihm zu vertreibende Herrenmode auch repräsentieren kann, indem er sie trägt, s OGH 12.1.2000, 9 ObA 318/99a.

232 Näheres zum AMS s im sozialrechtlichen Teil.

233 § 4 AMFG regelt, von wem Arbeitsvermittlung ausgeübt werden darf. Nach § 2 leg cit ist darunter jede Tätigkeit zu verstehen, die darauf gerichtet ist, Arbeitssuchende mit Arbeitgebern zur Begründung von Arbeitsverhältnissen zusammenzuführen, es sei denn, dass diese Tätigkeit nur gelegentlich und unentgeltlich oder auf Einzelfälle beschränkt ausgeübt wird.

Vermittlung von streikenden oder ausgesperrten AN unzulässig ist.[234] Für den Arbeitssuchenden ist die Vermittlung grds unentgeltlich.[235]

Ein Kontrahierungszwang besteht nur mit ausgelernten Lehrlingen, die der Lehrberechtigte drei Monate im erlernten Beruf (weiter)beschäftigen muss (sog Behaltepflicht).[236] Beschäftigt jemand 25 oder mehr AN, trifft ihn aber die generelle Pflicht, auf je 25 AN einen begünstigten (dh mehr als 50 %-ig) Behinderten einzustellen, widrigenfalls er eine jährlich zu zahlende Ausgleichstaxe zu leisten hat (Wert 2015: 248,- € pro Monat; sie steigt mit der Anzahl der beschäftigten Personen).[237] Für die Einstellung betroffener Personen wird man mit Prämien in Höhe der Ausgleichstaxe belohnt.

Abseits dieser Beschäftigungsgebote sind es vor allem die Beschäftigungsverbote, die bei der Stellenbesetzung zu beachten sind. Solche sieht etwa das KJBG zum Schutze von Kindern und Jugendlichen vor. Kinderarbeit – das ist Arbeit von Kindern unter 15 Lebensjahren oder solchen, die die Schuldpflicht noch nicht beendet haben – ist grds verboten; nicht davon erfasst ist insb die Beschäftigung eigener Kinder mit leichten Leistungen von geringer Dauer im Haushalt.[238] Beschäftigungsverbote und -beschränkungen bestehen insb auch für werdende und stillende Mütter.[239] Ein absolutes Beschäftigungsverbot ist während der letzten acht Wochen vor und der ersten acht Wochen nach der (voraussichtlichen) Entbindung einzuhalten (sog Schutzfrist), wobei sich die achtwöchige Frist nach der Entbindung bei Früh-, und Mehrlingsgeburten, sowie bei Kaiserschnitt auf zwölf Wochen verlängert und überdies um jene Zeit erstreckt, um die das Kind vor dem errechneten Geburtstermin zur Welt gekommen ist, aber max auf 16 Wochen.[240] Sind das Leben oder die Gesundheit von Mutter oder Kind bei Fortdauer der Beschäftigung gefährdet, besteht schon früher ein individuelles Beschäftigungsverbot; darüber ist ein Zeugnis eines

---

234 § 3 AMFG.

235 Ausnahmen sieht § 5 AMFG für Künstler und Sportler vor.

236 § 18 Abs 1 BAG, dazu: OGH 10.9.1985, 4 Ob 94, 95/85, ZAS 1986, 204 (*Rebhahn*). Einstellungsbeschränkungen (Verhältniszahlen) bei Lehrlingen ergeben sich aus § 8 Abs 5 BAG.

237 §§ 1 ff, 9 BEinstG. Als Behinderung gilt eine voraussichtlich länger als sechs Monate anhaltende körperliche, geistige oder psychische Funktionsbeeinträchtigung oder Beeinträchtigung der Sinnesfunktionen, die geeignet ist, die Teilhabe am Arbeitsleben zu erschweren (§ 3 BEinstG).

238 §§ 2, 4, 5 KJBG. Beachte die Ausnahmen nach §§ 5a, 6 KJBG.

239 §§ 3 ff MSchG. Sie dürfen zB ua grds nicht zwischen 20:00 und 6:00 Uhr beschäftigt werden, s § 6 leg cit. Ebenso besteht nach § 8 MSchG ein Verbot der Leistung von Überstunden.

240 §§ 3, 5 MSchG.

Arbeitsinspektions- oder Amtsarztes vorzulegen.[241] Während ihrer Schutzfrist hat die Arbeitnehmerin idR Anspruch auf Wochengeld als Leistung der gesetzlichen Krankenversicherung.

Von besonderer praktischer Relevanz sind außerdem Beschäftigungsverbote nach dem AuslBG zum Schutze des inländischen Arbeitsmarktes: Es besteht eine Bewilligungspflicht für jene Ausländer, die nicht vom Geltungsbereich des AuslBG ausgenommen sind; Arbeitnehmerfreizügigkeit genießende EU-Bürger sind bsp nicht erfasst.[242] Ein Ausländer darf grds nur beschäftigt werden, wenn seinem AG für ihn eine für einen bestimmten Arbeitsplatz für jeweils längstens ein Jahr unter Bedachtnahme auf die Lage und Entwicklung des Arbeitsmarktes zu erteilende Beschäftigungsbewilligung oder bei nicht länger als sechs Monate dauernder Beschäftigung im Inland von einem ausländischen AG ohne inländischen Betriebssitz eine für vier Monate vorgesehene Entsendebewilligung erteilt oder bei gewissen Entsendungen zum Zwecke der Schulung bzw Aus- und Weiterbildung eine Anzeigebestätigung ausgestellt wurde oder wenn der Ausländer eine für die Beschäftigung gültige Rot-Weiß-Rot – Karte, Blaue Karte EU oder Aufenthaltsbewilligung – Künstler oder eine Rot-Weiß-Rot – Karte plus, eine Aufenthaltsberechtigung plus, einen Befreiungsschein, einen Aufenthaltstitel Familienangehöriger oder Daueraufenthalt – EU besitzt.[243] Ausländer, die über eine Rot-Weiß-Rot – Karte plus, einen Aufenthaltstitel Familienangehöriger oder Daueraufenthalt – EU oder eine Aufenthaltsberechtigung – plus verfügen, haben einen unbeschränkten Zugang zum Arbeitsmarkt.[244]

241 § 3 Abs 3 MSchG.

242 Beachte die Übergangsbestimmungen zur EU-Erweiterung nach § 32a AuslBG.

243 §§ 1-4, 4b, 4c, 6-8, 12 ff, 14, 15, 17, 18, 19 ff AuslBG. Nach § 29 AuslBG haben ohne Beschäftigungsbewilligung Beschäftigte für die Dauer ihrer Beschäftigung die gleichen Ansprüche wie bei gültigem Arbeitsvertrag; beruht das Fehlen der Bewilligung auf dem Verschulden des AG, haben die betroffenen Ausländer auch die gleichen Beendigungsansprüche.

244 § 17 AuslBG, s idZ §§ 41, 45, 47 NAG, § 54 Abs 1 Z 1 AsylG 2005. Für Studienabsolvent/innen beachte die Möglichkeit der und die Bedingungen für eine Beschäftigung als Schlüsselkraft und für das Erlangen einer Rot-Weiß-Rot Karte oder einer Blauen Karte: §§ 12b, 12c, 20d AuslBG. Zum Antrag auf Sicherungsbescheinigung bei beabsichtigter Einstellung eines Ausländers, der über kein Aufenthaltsrecht gem § 4 Abs 1 Z 1 AuslBG verfügt, s § 11 AuslBG

b Bewerbungsgespräch

Das Bewerbungsgespräch bietet dem Stellenbewerber die Möglichkeit, sich über die Arbeitsaufgaben, das Arbeitsumfeld und die sonstigen Arbeitsbedingungen, vor allem aber über das zu erwartende Entgelt zu erkundigen. Der AG kann es dazu nutzen, die Eignung des Bewerbers für den zu besetzenden Arbeitsplatz zu prüfen und Daten einzuholen, die er zur Erfüllung (zB sozialversicherungs-)rechtlicher Pflichten benötigt, sowie zur Gewinnung darüber hinaus gehender Informationen über den Bewerber. Will er (Personal- und Bewerber-) Fragebögen einführen, in denen nicht bloß die allg Angaben zur Person und solche über die fachlichen Voraussetzungen für die beabsichtigte Verwendung des AN enthalten sind, muss er vorher jedoch die Zustimmung des Betriebsrates dazu einholen.[245]

Bewerber sind grds verpflichtet, ihnen beim Bewerbungsgespräch gestellte Fragen wahrheitsgemäß zu beantworten; allerdings ist nicht jede Frage zulässig. Grenzen für das Fragerecht des AG können sich aus dem Persönlichkeitsschutz des AN nach § 16 ABGB, dem GlBG und bei einem schutzwürdigen Interesse an Geheimhaltung auch aus dem Grundrecht auf Datenschutz (§ 1 DSG) ergeben. Überwiegen die (Unternehmer- bzw die) betrieblichen Interessen[246] des AG an der Beantwortung der gestellten Fragen und sind diese infolge dessen zulässig, hat der AG idR das Recht zur vorzeitigen Auflösung, wenn der AN sie vorsätzlich falsch beantwortet; daneben kommen Schadenersatzansprüche wegen der Verletzung vorvertraglicher Pflichten (culpa in contrahendo) und die Anfechtung des Vertrages wegen Irrtums sowie uU wegen List in Betracht.[247] Bei Überwiegen schutzwürdiger Interessen des AN muss er gestellte Fragen nicht beantworten; dies trifft zB auf Fragen nach der sexuellen Orientierung des AN, nach bereits getilgten Vorstrafen oder einer geplanten Schwangerschaft zu. Auch wenn eine Stellenbewerberin ihre Schwangerschaft verschweigt oder zu Unrecht leugnet, muss sie keine rechtlichen Konsequenzen befürchten; man spricht in der Lit vom Recht auf Lüge.[248]

---

245 § 96 Abs 1 Z 2 ArbVG. Im Zusammenhang mit (geplanten) personellen Maßnahmen und Einstellung hat der Betriebsrat ein Informationsrecht, aber keinen Einfluss auf die Auswahl eines/r Bewerbers/in, s §§ 98 f ArbVG.

246 Zur Güter- und Interessenabwägung bei der Konkretisierung des § 16 ABGB: *Aicher* in Rummel[3] § 16 Rz 27.

247 *Rebhahn* in Kletečka/Schauer, ABGB-ON[1.01] § 1151 Rz 25.

248 Zum Thema: *Egermann* in Mazal/Risak, Das Arbeitsrecht (9. Lfg) V. Rz 3 ff.

Den im Zuge einer Stellenbewerbung uU entstanden Aufwand (zB Kosten für die Anreise) hat der Bewerber selbst zu tragen, wenn der (potenzielle) AG ihre Übernahme nicht (schlüssig) zugesichert hat; eine Verkehrssitte dahingehend, dass die Bewerbungskosten stets vom AG zu tragen seien, ist nicht ersichtlich.[249]

2 Der Abschluss und die Gestaltung des Vertrages

a Vertragsabschluss

Für den Arbeitsvertragsabschluss gelten die allg zivilrechtlichen Regeln: Es sind lediglich Willenserklärungen zweier geschäftsfähiger Personen erforderlich,[250] die sich darüber einig sind, dass sich eine der beiden Parteien zu Dienstleistungen in persönlicher Abhängigkeit verpflichtet. Die Festlegung des Entgelts bzw einer bestimmten Entgelthöhe ist nicht notwendig, denn aus § 1152 ABGB folgt ohnehin, dass der Arbeitsvertrag im Zweifel entgeltlich ist und die Vereinbarung eines angemessenen Entgelts gesetzlich fingiert wird.[251] Eine bestimmte Form ist grds nicht einzuhalten; der Vertrag kann schriftlich, mündlich oder sogar schlüssig zustande kommen.[252] Schlüssig kann der Arbeitsvertrag zB selbst dann zustande kommen, wenn der Dienstleistende es ausdrücklich ablehnt, einen Arbeitsvertrag abzuschließen, aber aufgrund seiner Handlungen zu erkennen gibt, dass er sich sehr wohl zur Dienstleistung in persönlicher Abhängigkeit verpflichtet sieht.[253] Aus Gründen der Beweissicherung sind die wesent-

---

249 Zum Thema: *Schima*, RdW 1990, 345; *Egger*, RdA 1982, 89.

250 Mit Ausnahme von Lehr- und sonstigen Ausbildungsverhältnissen können sich bereits mündige Minderjährige selbstständig durch Vertrag zu Dienstleistungen verpflichten, s § 152 ABGB. Zu beachten sind allerdings Beschäftigungsverbote nach dem KJBG.

251 Daran anknüpfend ist mit *Rebhahn* in Kletečka/Schauer, ABGB-ON[1.01] § 1152 Rz 8 davon auszugehen, dass die ergänzende Vertragsauslegung der Ermittlung des angemessenen Entgelts nach § 1152 ABGB nicht vorgeht, sondern mit ihren Mitteln ein solches Entgelt zu ermitteln ist.

252 Schriftformgebote sind grds Ordnungsvorschriften und bilden die Ausnahme, s § 12 BAG, § 4 VBG, vgl auch § 11 AÜG. Die Wirksamkeit einzelner Klauseln hängt aber von der Einhaltung der Schriftform ab, s § 1 KautSchG, § 7 PatG.

253 Vgl zum Thema zB OGH 11.10.2007, 8 ObA 49/07, JAP 2009/2010/5 (B. *Winkler*); *Runggaldier*, EAnm, RdA 1990/38.

lichen Rechte und Pflichten aus dem Arbeitsverhältnis aber jedenfalls in einem Dienstzettel festzuhalten und dem AN auszuhändigen.[254]

Mit dem Abschluss des Arbeitsvertrages wird zugleich das Arbeitsverhältnis als vertragliches Schuldverhältnis begründet.[255] Der Vertragspartner eines AN, dh einer Person, die sich zur Dienstleistung in persönlicher Abhängigkeit für einen anderen verpflichtet, ist sein AG. Wird der Arbeitsvertrag mit einer juristischen Person geschlossen, so ist (nur) diese und nicht etwa (auch) das sie vertretende Organmitglied AG.[256] Sollte unklar sein, wer der AG ist, so ist darauf abzustellen, worauf der AN bei Vertragsabschluss vertrauen durfte.[257] Übrigens: Es folgt auch der Begründung des Arbeitsverhältnisses ein vorvertragliches Schuldverhältnis. Verletzungen vorvertraglicher Sorgfalts- und Aufklärungspflichten können nach allg Regeln Schadenersatzansprüche wegen culpa in contrahendo begründen, zB dann, wenn jemand, der sich als Fahrer bewirbt, einen Führerscheinentzug verschweigt, oder wenn ein Betriebsinhaber einem Stellenbewerber verschweigt, dass der Betrieb bald verlegt werden soll, obwohl der Bewerber zu erkennen gegeben hat, dass ihm der Standort sehr wichtig ist.[258]

Unterlag einer der Parteien beim Vertragsabschluss einem rechtserheblichen Irrtum, wurde er vom anderen in gegründete Furcht versetzt oder durch List zum Abschluss des Vertrages verleitet, ist eine Vertragsanfechtung (oder Anpassung) nach zivilrechtlichen Vorschriften möglich;[259] str ist jedoch, ob und inwieweit eine solche zur rückwirkenden Vertragsaufhebung (dh ex tunc) führt, weil in einigen Rechtsvorschriften im Zusammenhang mit dem Recht zur einseitigen sofortigen Beendigung des Arbeitsverhältnisses (Entlassung) auch auf Willensmängel beim Vertragsabschluss Bezug genommen wird

---

254 Beachte § 2 AVRAG, vgl § 6 AngG. Das gilt auch für freie DN, s § 1164a ABGB.

255 *Rebhahn* in Kletečka/Schauer, ABGB-ON[1.01] § 1151 Rz 10.

256 Vor Eintragung einer GmbH ins Firmenbuch sind nicht etwa die für sie Handelnden die AG, sondern die Vorgesellschaft selbst; vgl *Krejci* in Rummel[3], § 1151 Rz 148; s aber: OGH 10.12.1998, 8 ObS 162/98a, RdA 1999/37 (*Geist*).

257 Vgl RIS-Justiz: RS0019712. Wer dem AN nicht mitteilt, dass er im Auftrag einer dritten Person handelt, wird selbst AG. Im Falle eines Gruppendienstvertrages (zB mit Musikkapellen) schließt grds der Leiter für sich und die Mitglieder der Gruppe Dienstverträge ab; ist der Leiter selbst DG der Gruppenmitglieder, schließt er einen sog Dienstverschaffungsvertrag. Dazu: *Krejci* in Rummel[3] § 1151 Rz 127 f, 145.

258 Vgl *Marhold/Friedrich*, Österreichisches Arbeitsrecht[2] 14 f.

259 §§ 870 ff ABGB.

und sich eine bereicherungsrechtliche Rückabwicklung bei Dauerschuldverhältnissen überdies als schwierig erweist.[260] Eine systematisch-teleologische Betrachtung führt zu Schluss, dass das Arbeitsverhältnis bei einer Anfechtung des Arbeitsvertrages grds nur mit Wirkung für die Zukunft (ex nunc) aufgehoben wird, es sei denn, dies würde zu einem absurden, dem Gesetzgeber nicht zusinnbaren Ergebnis führen, zB wenn sich jemand für einen äußerst qualifizierten Arzt ausgegeben und etwa unter Vorlage gefälschter Urkunden und Nachweise über seine bloß erfundene Berufserfahrung sogar eine leitende Funktion in einem Krankenhaus erhalten hat, obwohl er niemals Medizin studiert hat. Bei Verträgen über gesetzwidrige Dienstleistungen (zB Schmuggel), die – je nach Funktion der Verbotsnorm und Reichweite des Verbotszwecks – zur Nichtigkeit des gesamten Vertrages (und nicht zu bloßer – auf einzelne Klauseln bezogener – Teilnichtigkeit) führen, ist grds nach bereicherungsrechtlichen Regeln rückabzuwickeln; gleiches gilt bei Unwirksamkeit des Vertrages aufgrund von Dissens.[261]

b Vertragsgestaltung

ba (Probleme der) Arbeitsvertragsgestaltung im Allgemeinen

Vertragsgestaltung ist die vorausschauende, zielorientierte Gestaltung privater Lebensverhältnisse mit den Mitteln des Vertragsrechts und in den Grenzen, die den Parteien von der Rechtsordnung gesetzt sind.[262] Die Grenzen zwischen der (noch) zulässigen und (schon) unzulässigen Vertragsgestaltung sind oftmals schwammig, was nicht selten daran liegt, dass das dogmatische Herausarbeiten der Reichweite oder auch nur des Gehalts rechtsfortbildender höchstgerichtlicher Entscheidungen mitunter schwierig sein kann. Ein Bsp dafür ist die Rsp, wonach (nur oder vorwiegend nur) der AG das wirtschaft-

260 Beachte § 82 lit a GewO 1859, vgl § 31 Z 1 TAG. Zum Thema: *Spielbüchler* in Floretta/Spielbüchler/Strasser, Arbeitsrecht I[4] 139 ff.

261 *Rebhahn* in ZellKomm[2] §§ 861-864a ABGB Rz 40, 43 f. In der Lit ist str, ob ein in Vollzug gesetztes Arbeitsverhältnis stets, dh bei Anfechtung wie auch bei Berufung auf die Nichtigkeit, nur zur Beendigung für die Zukunft führt; überwiegend heißt es, man müsse den Verbotszweck im Auge behalten bzw prüfen, ob der Arbeitsvertrag seinem gesamten Zweck nach sittenwidrig sei (- dann sei Nichtigkeit rückwirkend anzunehmen), s zB *Schwarz/Löschnigg*, Arbeitsrecht[4] (1989) 199 ff.

262 Vgl *Däubler*, Verhandeln und Gestalten (2003) 29 Rz 86 f.

liche Unternehmerrisiko trägt.[263] Je mehr der Dienstleistende davon übernimmt, desto weiter entfernt er sich von der Dienstleistung in persönlicher Abhängigkeit und damit auch vom Schutz des Arbeitsrechts; in diesem Sinne sah der OGH die reine Provisionsentlohnung als erhebliches – mit dem Arbeitsverhältnis unvereinbares – Unternehmerrisiko.[264] Im Widerspruch zur arbeitsvertragsimmanenten Risikoverteilung stehend sah der OGH auch die Vereinbarung einer mengenmäßigen Mindestarbeitspflicht.[265] Die Rsp fordert besondere wirtschaftliche oder soziale Gründe für die Zulässigkeit einer Risikoüberwälzung,[266] lässt aber eine Rechtfertigung mit Interessen des AN an einem höheren Entgelt oder an Ausbildung zu.[267] Die maßgebliche Wertung zur Zulässigkeit der Überwälzung typischer Unternehmerrisiken muss jedenfalls der positiven Rechtsordnung entnommen werden.[268] Dabei ist der Schein bloß einer das gesamte Arbeitsrecht umspannenden Rechtsgrundlage für die Risikoverteilung im Arbeitsverhältnis zu vermeiden. Im Rahmen der Vertragsgestaltung spricht nichts prinzipiell gegen die Übernahme einzelner Risiken durch den AN.[269] In diesem Sinne hält die Rsp zB die Verpflichtung des AN, ein eigenes Auto, ein Handy oder einen PC und Ähnliches bereitzustellen für grds zulässig.[270] Welches Gewicht den übernommenen Risiken zukommt und ob sie der AN-Eigenschaft entgegenstehen oder infolge grober Verletzung rechtlich geschützter Interessen des AN uU als sittenwidrig zu beurteilen sind, kann nur im Einzelfall beurteilt werden.[271] Überhaupt ist bei der Vertragsgestaltung darauf zu achten, dass nicht gegen ein gesetzliches Verbot oder gegen die guten Sitten verstoßen wird.[272]

---

263 Zum Thema: *Reiner*, ZAS 2008/30.

264 OGH 17.12.1957, 4 Ob 142/57, JBl 1958, 316; OGH 13.12.1965, 4 Ob 19/65. Zur Vereinbarung ausschließlich erfolgsabhängigen Entgelts s *Felten*, ecolex 2009, 510.

265 OGH 9.6.1991, 9 ObA 77/91, SZ 64/79.

266 OGH 22.1.1963, 4 Ob 147/62, JBl 1964, 160.

267 OGH 10.1.1984, 4 Ob 189/82; OGH 15.1.1985, 4 Ob 152/83; OGH 26.11.1985, 4 Ob 124/85, ZAS 1987/15, 124 (*Dusak*).

268 So richtig *Reiner*, ZAS 2008/30, 207 f.

269 Vgl *Tomandl*, Weiterentwicklung des Arbeitsrechts durch den Obersten Gerichtshof (2009) 116 f, 125.

270 Vgl zB OGH 4.9.1996, 9 ObA 213/96z; OGH 24.2.1988, 9 ObA 504/87, SZ 61/45; OGH 19.12.2002, 8 ObA 129/02g.

271 Vgl zB OGH 13.1.1993, 9 ObA 260/92; OGH 19.12.2002, 8 ObA 129/02g; OGH 27. 9.1989, 9 ObA 218/89.

272 Aus dem Verbot des Verstoßes gegen die guten Sitten iSd § 879 ABGB entwickelte die Rsp wichtige Richtlinien für die Rechtspraxis, s *Rebhahn/Kietaibl* in ZellKomm I^2 § 879 ABGB Rz 14 ff. Um nur ein Bsp her-

Die Sittenwidrigkeitsprüfung hat in zwei Schritten stattzufinden: Zunächst hat der Rechtsanwender festzustellen, ob eine bestimmte Vereinbarung vor dem Hintergrund einer in der Rechtsordnung verankerten Wertung als Missbrauch der Privatautonomie erscheint (zB aufgrund grober Verletzung rechtlich geschützter Interessen). Wenn dies der Fall sein sollte, ist sicherzustellen, dass eine solche Vereinbarung (zB wegen Widerspruchs zu real bestehenden gesellschaftlichen Anschauungen) auch gesellschaftlich als nicht tolerierbar empfunden wird.[273] Erst dann tritt als Rechtsfolge die (Teil-)Nichtigkeit ein, wobei genau zu prüfen ist, ob eine geltungserhaltende Reduktion der unzulässigen Vereinbarung möglich ist und geboten erscheint. Übrigens: Ungeachtet eines typischerweise bestehenden Verhandlungsungleichgewichts zwischen den Arbeitsvertragsparteien, ist davon auszugehen, dass der (Strenge-)Maßstab bei der Sittenwidrigkeitsprüfung auch im Arbeitsrecht jenem des allg Zivilrechts zu entsprechen hat, insb ist nicht stets (und undifferenziert) sog verdünnte Willensfreiheit des AN beim Aushandeln der Arbeitsbedingungen anzunehmen.[274]

Da fast alle Tätigkeiten sowohl im Rahmen eines Arbeitsvertrages als auch eines freien Dienstvertrages und idR auch eines Werkvertrages erbracht werden können,[275] ist bei der Vertragsgestaltung zuallererst von Interesse, ob tatsächlich Dienstleistung in persönlicher Abhängigkeit von den Vertragsparteien gewünscht ist. Dabei ist zu beachten, dass schon seit längerem eine gewisse Tendenz der Rsp dahingehend wahrnehmbar ist, sog atypische Verhältnisse, bei denen dem Dienstleistenden zB im Vergleich zu einem typischen AN Zeitsouveränität in untypischem Ausmaß eingeräumt wird, dem Arbeitsrecht zu unterstellen, weil befürchtet wird, dass AG immer häufiger durch geschickte Vertragsgestaltung versuchen, zwingende Normen des Arbeitsrechts zu umgehen.[276] In der Tat sind zB Vereinbarungen, in denen dem Dienstleistenden das Recht eingeräumt wird, sich generell vertreten zu lassen oder ohne Sanktionen Aufträge ablehnen zu können, obwohl beiden Parteien erkennbar ist, dass der Berechtigte im gelebten Vertragsverhältnis keinen oder nur ausnahmsweisen

---

auszugreifen: Vereinbarte Verfallsfristen für Entgeltansprüche dürfen nicht so kurz sein, dass die Geltendmachung von Ansprüchen ohne sachlichen Grund übermäßig erschwert wird, was nach der Jud bei drei Monaten grds noch nicht der Fall ist, s OGH 16.6.2008, 8 ObA 19/08i; krit zB *Eypeltauer*, RdA 2001, 23.

273 Zur rechtsdogmatischen Begründung: *Pacic*, Methoden 218 ff.

274 *Pacic*, Methoden 223 f.

275 *Rebhahn* in Kletečka/Schauer, ABGB-ON$^{1.01}$ § 1151 Rz 4.

276 *Tomandl*, Arbeitsrecht I^{7} 48.

Gebrauch davon machen wird, keine Seltenheit. Hierbei ist das Folgende zu bedenken: Die persönliche Abhängigkeit und damit auch die Arbeitnehmereigenschaft kann nicht durch das Recht auf generelle Vertretung oder Ablehnung beseitigt werden, sondern nur durch die daraus erfließende (organisatorische) Freiheit von Fremdbestimmung durch den Vertragspartner. Selbst wenn die Vertretungs- bzw Ablehnungsklausel wirksam (ernstlich) vereinbart wurde, schließt sie die AN-Eigenschaft nicht von vornherein aus, weil es für die rechtliche Qualifikation des Vertragsverhältnisses als Arbeitsverhältnis nur auf das Überwiegen der Merkmale der persönlichen Abhängigkeit ankommt, diese aber durch den Grad der Fremdbestimmtheit des Dienstleistenden – also durch organisatorische Kriterien – bestimmt wird und die erkennbare Erwartung der Parteien, dass keine oder nur eine unbedeutende Nutzung des Ablehnungs- bzw Vertretungsrechts erfolgen wird, dem Gewicht dieser Vertragsklausel, die zunächst gegen die persönliche Abhängigkeit spricht, weil sie eine sehr weitreichende Freiheitssphäre dokumentiert, entgegensteht. Sie steht ihrem Gewicht entgegen, weil sie von einer weitaus geringeren Freiheit und entsprechend weit gehender Fremdbestimmung durch den Vertragspartner (dh den AG) zeugt.[277] Die Kriterien, die für und solche, die gegen die persönliche Abhängigkeit sprechen, sind einander also gegenüberzustellen und abzuwägen.

In gleicher Weise ist die AN-Eigenschaft jener Dienstleistenden zu prüfen, die ein besonderes – nicht in der Entlohnung begründetes – Eigeninteresse an der Beschäftigung haben, während das Interesse ihres Vertragspartners an ihren Dienstleistungen uU zweitrangig erscheinen mag, zB bei Ferialpraktikanten oder Volontären, bei deren Beschäftigung ihre Ausbildung im Vordergrund steht, oder in sog geschützten Werkstätten tätigen psychisch beeinträchtigten Menschen, deren Beschäftigung ua (auch) ihrer gesellschaftlichen Integration dienen soll.[278] Die Arbeit für andere kann nämlich auch dann fremdbestimmt sein, wenn sie im überwiegenden Eigeninteressen des Dienstleistenden erfolgt, weil persönliche Abhängigkeit – wie auch die Gesetzesmaterialien zeigen[279] – nicht vom jeweiligen (Geschäfts-) Zweck der Arbeitsleistung abhängt, zumal vielmehr organisatorische Aspekte im Vordergrund stehen, insb die Weisungsunterworfenheit hinsichtlich Arbeitszeit, Arbeitsort und arbeitsbezogenem Verhalten und

277 *Pacic*, Methoden 227 ff.

278 Dazu: OGH 29.10.2009, 9 ObA 105/09w; OGH 18.2.2010, 8 ObA48/09 f; RIS-Justiz: RS0074214. Zum Thema: *Resch*, ZAS 2011/4; *Kietaibl/ Reiner*, RdA 2011, 526.

279 78 BlgHH XXI Session 1912, 209.

die Eingliederung in den Betrieb des Beschäftigers. Erfolgt die Arbeit hauptsächlich im Interesse des Leistenden, kann dies zwar durchaus ein Hinweis auf das Fehlen persönlicher Abhängigkeit sein und damit gegen die AN-Eigenschaft sprechen, weil dann idR größere Freiheitsräume sowie ein nur wenig ausgeprägter Verpflichtungswille und damit gerade keine fremdbestimmte Arbeit gegeben sind; jedoch nicht wegen des Eigeninteresses an der Dienstleistung bzw der mangelnden überwiegenden wirtschaftlichen Interessen des Beschäftigers, sondern ausschließlich mangels Dienstleistung in persönlicher Abhängigkeit.

Steht fest, dass Dienstleistung in persönlicher Abhängigkeit erbracht werden soll, kann die eigentliche Arbeitsvertragsgestaltung[280] beginnen: Im Arbeitsvertrag werden für gewöhnlich die Vergütung geregelt, die geschuldete Tätigkeit (dh Tätigkeitsbereich, Arbeitsort, uU Versetzungsvorbehalt)[281] näher umschrieben, sowie Beginn, Ausmaß (Vollzeit oder Teilzeit, konkrete Arbeitszeit)[282] und Dauer des Arbeitsverhältnisses (insb befristet oder unbefristet, auflösende Bedingung, Probedienstverhältnis) festgelegt.[283] Darüber hinaus sind die Vertragsparteien immer häufiger bestrebt, den Arbeitsvertrag mit inhaltlich flexiblen Elementen wie Widerrufs-, Änderungs- und Unverbindlichkeitsvorbehalten, Vereinbarungen von Arbeit auf Abruf oder Befristungen von Arbeitsbedingungen anzureichern, um leicht und zügig auf geänderte Verhältnisse reagieren zu können.[284] Daneben sind zahlreiche weitere Regelungsgegenstände denkbar, wie zB Vereinbarungen zur Nutzung von betrieblichen Ressourcen,[285] Überlassung eines Dienstwagens, Mobiltelefons oder Computers,[286] Aufwandersatz,[287] Rückersatz von Ausbildungskosten,[288] Zielvereinbarungen,[289] Über-

---

280 Vor(arbeits)verträge iSd § 936 ABGB sind selten, spielen aber zB bei Aussetzungs- bzw Unterbrechungsvereinbarungen mit Wiedereinstellungszusagen durchaus eine Rolle.

281 Dazu: *Reissner* in ZellHB Rz 15.01 ff; *Kietaibl*, ZAS 2011/5; *Kuras*, ZAS 2003/19; *Wachter*, RdA 2001, 495.

282 Dazu: *Reissner/Neumayr* (Hrsg), ZellHB 4. Abschnitt 22. bis 28. Klausel.

283 Vgl *Mair* in ZellHB Rz 6.01 ff und 9.01 ff; *Reissner* in ZellHB Rz 8.01 ff und 7.01 ff.

284 Dazu: *Kietaibl*, ASoK 2008, 370.

285 Dazu: *Oberhofer* in ZellHB Rz 29.01 ff; *Brodil*, ecolex 2001, 835; *ders*, ZAS 2004/4; *ders*, ZAS 2009/21; *Dellisch*, ASoK 2001, 316.

286 Dazu: *Knallnig* in ZellHB Rz 31.01 ff.

287 Dazu: *Pacic* in ZellHB Rz 33.01 ff.

288 Dazu: *Radner* in ZellHB Rz 34.01 ff; *Trattner*, ASoK 1999, 351; *Weinmeier*, RdW 1993, 13; *Wolf*, ZAS 2004, 200.

289 Dazu: *Mair/Rainer* in ZellHB Rz 38.01 ff; *dies*, ecolex 2007, 876; *Risak*, ZAS 2008/29.

lassung einer Dienstwohnung,[290] Betriebspensionszusagen,[291] Vereinbarungen über Diensterfindungen,[292] Konkurrenzklauseln,[293] Konventionalstrafen,[294] Verjährungs- und Verfallsabreden[295] usw.

bb Zur Dauer des Vertragsverhältnisses im Speziellen

In aller Regel werden in Arbeitsverträgen nähere Vereinbarungen über die Dauer des Arbeitsverhältnisses getroffen. Ist das Dienstverhältnis ohne Zeitbestimmung eingegangen worden, ist es unbefristet und kann durch (ordentliche) Kündigung beendet werden, während ein befristetes Dienstverhältnis grds nicht gekündigt werden kann, sondern nach Ablauf der vereinbarten Dauer endet.[296] Allerdings ist es zulässig, eine Kündigungsmöglichkeit eigens zu vereinbaren – dann spricht man von einer Höchstbefristung; die Kündigungsvereinbarung darf jedoch nicht unverhältnismäßig sein, was bei sehr kurzen Befristungen oder bei im Verhältnis zur Dauer des Vertragsverhältnisses unangemessen langen Kündigungsfristen der Fall sein könnte.[297] Ein für die Lebenszeit einer Person oder für länger als fünf Jahre vereinbartes Dienstverhältnis ist für den AG bindend, während der AN es nach Ablauf von fünf Jahren unter Einhaltung einer Kündigungsfrist von sechs Monaten lösen kann.[298]

Eine Befristung liegt nicht nur dann vor, wenn der Endtermin kalendermäßig bestimmt ist (zB das Dienstverhältnis endet nach Ablauf von drei Jahren oder zB am 31.12.2017), sondern auch dann, wenn er bei Anknüpfung an den Eintritt eines Ereignisses lediglich bestimmbar ist, ohne genau wissen zu können, wann er eintreten wird (zB Befristung bis zum ersten Schneefall). Da die Unsicherheit über

290 Dazu: *Mair/Rainer* in ZellHB Rz 40.01 ff; *Wachter*, RdW 1983, 76; *Wolf*, ecolex 1997, 790.

291 Dazu: *Tinhofer* in ZellHB Rz 43.01 ff; *Drs*, RdA 2007, 242; *Eichinger*, ZAS 1991, 119; *Schrammel*, ZAS 1991, 73; *Tomandl*, ZAS 1991, 80.

292 Dazu: *Hruška-Frank* in ZellHB Rz 54.01 ff.

293 Dazu: *Reissner* in ZellHB Rz 62.01 ff; *Reissner*, RdA 199/27, 237.

294 Dazu: *Greifeneder* in ZellHB Rz 69.01 ff; *Steinbauer*, RdA 1984/8, 150; *Beck-Mannagetta*, ÖJZ 1991, 185; *Gerlach*, ecolex 1998, 235.

295 Dazu: *Jabornegg* in FS-Reischauer (2010) 187 ff; *Eypeltauer*, RdA 2001, 23; *Wöss*, RdA 1988, 216.

296 § 1158 Abs 1 und 3 ABGB, § 19 Abs 1 AngG.

297 Dies wird insb mit der Bestandfestigkeit befristeter Dienstverträge begründet, vgl zB *Schrammel*, Arbeitsrecht II[7] 34; *Pacic*, Methoden 287 ff. Zum Thema: *Band*, ZAS 2004/6, 271; *Tomandl*, ZAS 2004/48, 276; *Geist*, ÖJZ 2002, 405. Man sollte keine Kündigungsklauseln in auf weniger als ein halbes Jahr befristete Verträge einbauen.

298 § 1158 Abs 3 ABGB, § 21 AngG.

das genaue Ende des Arbeitsverhältnisses im Falle einer auflösenden (dh Resolutiv-)Bedingung, bei der feststeht, wann sie eintreten müsste, nicht höher ist als bei den zuletzt erwähnten Befristungen, werden sie – ebenso wie Willens- bzw Potestativbedingungen, deren Eintritt nur vom (Erfüllungs-)Willen des AN abhängt – für zulässig befunden. Andere als derartige (sozusagen: reduziert unsichere) auflösende Bedingungen sind hingegen unzulässig, weil weder klar wäre, ob die Bedingung eintritt, noch wann sie eintreten könnte.[299]

Soll eine Befristung dem Zweck dienen, die Eignung des AN zu prüfen, nennt man das Arbeitsverhältnis zur Probe. Davon ist das Arbeitsverhältnis auf Probe (Probedienstverhältnis; auch: Probemonat) zu unterscheiden, das für max einen Monat vereinbart werden darf und bewirkt, dass es während seiner Laufzeit von beiden Parteien jederzeit grundlos beendet werden kann.[300] Von den beiden sind wiederum Arbeitsverträge zum vorübergehenden – im Vorhinein objektiv nicht bestimmbaren – Bedarf zu unterscheiden, bei denen es sich um unbefristete Verträge handelt, die von den Vertragsparteien im ersten Monat erleichtert gelöst werden können.[301]

Einigen sich die Parteien auf eine Befristung des Dienstverhältnisses, steht die Festlegung der konkreten Dauer in ihrem Ermessen (zB sechs Monate, ein Jahr oder 15 Jahre).[302] Die erste Befristung unterliegt keinen Beschränkungen. Soll jedoch unmittelbar nach Auslaufen des Vertrages oder kurz danach erneut ein befristetes Arbeitsverhältnis geschlossen werden, dann muss es dafür eine sachliche Rechtfertigung geben (zB saisonale Notwendigkeiten, Karenzvertretungen, Erprobungen auf anderen Arbeitsplätzen, bestimmte Ausbildungszwecke oder Befristungen auf Wunsch bzw im Interesse des betroffenen AN), die der AG im Streitfall nachzuweisen hat, widrigenfalls die Befristungsabrede (gem § 879 Abs 1 ABGB) als (relativ) nichtig (zu Gunsten des AN) gesehen und das Arbeitsverhältnis als unbefristetes

299 Zum Thema: *Schrammel*, ZAS 1984, 221; M. *Reiner*, ZAS 2007, 257; *Rauch*, ASoK 2008, 56.

300 § 1158 Abs 2 ABGB, § 19 Abs 2 AngG. Beachte die Sondervorschriften: § 13 Abs 4 Hausgehilfen- und HausangestelltenG (eine Woche), § 15 Abs 1 BAG (drei Monate), § 5 TAG (kein Vertrag auf Probe zulässig). Bei der Fristberechnung ist § 903 S 3 ABGB zu beachten, vgl *Krejci* in Rummel[3] § 1158-1159c Rz 77.

301 § 1158 Abs 2 ABGB (jederzeit auflösbar), § 20 Abs 5 AngG (nur einwöchige Kündigungsfrist).

302 Arbeitsverträge können auch für ganz kurze Zeit begründet werden, sofern nur die Dienstleistung hinreichend fremdbestimmt erfolgt (str), zB mit einem Aushilfskellner für einen Abend.

behandelt wird.[303] Die Rsp stützte sich bei der Begründung dieser Rechtsauffassung auf die Überlegung, dass durch die Aneinanderreihung mehrerer befristeter Arbeitsverhältnisse das Eingreifen des Kündigungsschutzes verhindert und dienstzeitabhängige Arbeitnehmeransprüche gefährdet werden; mittlerweile führen auch andere – systematisch-teleologische – Erwägungen zum selben Schluss.[304]

Am Erfordernis einer sachlichen Rechtfertigung hält die Rsp übrigens – wenig überzeugend, aber vertretbar – auch bei Mehrfachbefristungen bloß einzelner vertraglicher Abreden fest;[305] auch hier wird eine Gefahr rechtsmissbräuchlicher Vertragsgestaltung geortet. Kombiniert der AG solche Teilbefristungen überdies mit Widerrufs- und Änderungsvorbehalten, so hat nicht nur deren Ausübung, sondern auch die Nichtverlängerung der befristeten Abrede bzw die Änderung derselben Abrede im Rahmen einer nachfolgenden Neuvereinbarung aufgrund der Fürsorgepflicht nach Treu und Glauben zu erfolgen; in solchen Fällen wirkt das Auslaufenlassen der Befristung nämlich so wie die tatsächliche Ausübung eines der vorbehaltenen einseitigen Gestaltungsrechte und unterliegt daher auch derselben Ausübungskontrolle: Aus der Fürsorgepflicht erfließt schließlich – wie bereits dargelegt – die Pflicht des AG, bei Maßnahmen, die die Leistungserbringung des AN oder die (betriebs-)organisatorischen Rahmenbedingungen dafür betreffen, der bona fides entsprechend – und das heißt: nach Treu- und Glauben – zu handeln.[306]

---

303 Eingehend: *Jabornegg*, Arbeitsrecht[11] 257 ff (Rz 5/122 ff); RIS-Justiz: RS0028327.

304 Der Gesetzgeber sieht Sonderregelungen für den wiederholten Abschluss befristeter Arbeitsverträge vor, die Kettenbefristungen entweder erleichtern bzw sie ohne eine sachliche Rechtfertigung erlauben (so bei gewissen Mitarbeitern iSd § 32 Abs 2 und 3 ORF-G, Mitarbeitern iSd ParlamentsmitarbeiterG, AN iSd DienstleistungsscheckG, und nach § 109 UG 2002 für Mitarbeiter von Universitäten) oder verlangen bereits für die erste Befristung eine sachliche Rechtfertigung (so § 11 Abs 2 Z 4 AÜG). Vor dem Hintergrund der RL 1999/70/EG erlauben diese Vorschriften einen Rückschluss auf eine darin implizit ausgedrückte Regel, dass die wiederholte Befristung grds einer sachlichen Rechtfertigung bedarf. Eingehend: *Pacic*, Methoden 280 ff.

305 OGH 10.12.1993, 9 ObA 234/93; OGH 27.7.2011, 9 ObA 61/11b. In der Lit wird zT eine Billigkeitskontrolle erwogen. *Friedrich*, ZAS 2011/20, rückt hier erstmals auch, aber nur, die Zustimmungsbefugnisse des Betriebsrates nach §§ 100 f ArbVG in den Vordergrund.

306 *Pacic*, Versetzung mit Weisung, in Resch (Hrsg), Versetzung, 55 ff.

3 Das Arbeitsvertragsverhältnis

a Allgemeines

Die Hauptleistungspflicht des AN ist die geschuldete Dienstleistung, während jene des AG im Zahlen des dem AN gebührenden Entgelts besteht, sofern nicht Unentgeltlichkeit vereinbart wurde. Man spricht von einem Gegenseitigkeits- bzw Austauschverhältnis (Synallagma), was bedeuten würde, dass es ohne Arbeit kein Entgelt gibt. Das ist auch richtig so, doch ist dieser Grundsatz in einigen Fällen zu Gunsten des AN durchbrochen. Hinzu treten auf beiden Seiten auch noch verschiedene vertragliche Nebenpflichten zur Wahrung von Interessen des jeweils anderen, die im Arbeitsverhältnis in der Treuepflicht des AN einerseits und der Fürsorgepflicht des AG andererseits aufgehen.

b Arbeitspflicht des Arbeitnehmers

ba Verpflichtung zur und Recht auf Beschäftigung

Ein Wesensmerkmal des Arbeitsvertrages besteht darin, dass sich jemand zur Dienstleistung für einen anderen „verpflichtet". Nicht selten werden jedoch auch Rahmenabreden über die Bedingungen künftiger Arbeitsleistungen vereinbart (zB Inhalt der dann geschuldeten Dienste und das dafür gebührende Entgelt), ohne eine Pflicht zur Arbeit vorzusehen; die einzelnen Arbeitseinsätze sollen im Bedarfsfall im (freien) Einvernehmen zwischen den Parteien festgelegt werden (Konsensprinzip).[307] Mangelt es an einer Pflicht zur Dienstleistung, dann handelt es sich nur um eine Vertragsschablone, wobei die konkreten Arbeitseinsätze – hinreichende Fremdbestimmtheit vorausgesetzt – durchaus einzelne kurzfristige Arbeitsverhältnisse sein könnten. Die Gefahr bei solchen Vereinbarungen liegt vor allem darin, dass die fehlende Arbeitspflicht bei mangelnder Ernstlichkeit, auf die mitunter erst im Nachhinein aus der praktischen Handhabung geschlossen wird (zB wenn die Ablehnung von Arbeitsanfragen faktisch nicht möglich ist, weil sie zur Beendigung der Geschäftsbeziehung führen würde, dh dazu, dass dem Betroffenen keine Arbeiten mehr angeboten werden), als durchgehendes oder irgendwann nach Ab-

307 Im Detail: *Rebhahn* in Kletečka/Schauer, ABGB-ON[1.01] § 1151 Rz 68 ff.

schluss der Rahmenvereinbarung konkludent begründetes Arbeitsverhältnis qualifiziert wird.[308]

IZm mit der Verpflichtung des AN zur (grds höchstpersönlichen) Leistung von Diensten, wird in der L die Frage nach einem Recht des AN auf tatsächliche Beschäftigung kontrovers diskutiert. Ausgehend vom Fehlen einer (generellen) schuldrechtlichen Verpflichtung des Gläubigers zur Annahme der ihm aus einem Vertrag zustehenden Leistung,[309] lehnt die Jud auch im Arbeitsrecht einen (generellen) Anspruch des AN auf tatsächliche Beschäftigung ab und bejaht im Falle einer einseitigen Suspendierung des Arbeitsverhältnisses bzw des Unterbleibens von Zuweisungen konkreter Arbeitsaufträge an den betroffenen AN lediglich den Anspruch des AN auf Entgelt (sofern er arbeitsbereit war).[310] Wiewohl ein allg Recht auf Beschäftigung in der Lit oft dennoch bejaht wird,[311] geht man in der L wohl vermehrt davon aus, dass ein solches Recht grds nicht besteht und nur in jenen Fällen anzunehmen ist, in denen es aus einer vertraglichen Vereinbarung ausnahmsweise abgeleitet werden kann.[312] Dies könnte insb dann der Fall sein, wenn durch die Nichtausübung bestimmter Arbeiten bzw die Nichtzuweisung angemessener Arbeit besonders schutzwürdige Interessen des betroffenen AN verletzt werden, zB dann, wenn die Fähigkeiten eines Gefäßchirurgen dadurch in besonderem Maße verkümmern würden,[313] ein Pilot deswegen berufsrechtliche Berechtigungen (Pilotenschein) verlieren würde oder der Marktwert eines Berufsfußballers wesentlich sinken und sein Fortkommen als Folge davon erheblich

---

308 Zum Thema: OGH 12.2.1992, 9 ObA 247/91, ZAS 1992/21 (*Holzer/Reissner*); OGH 13.4.1988, 9 ObA 52/88, ZAS 1989/19 (*Schäffl*); krit *Tomandl*, ZAS 1982, 15; *ders*, ZAS 2008/16, 105 ff.

309 Vgl *Koziol/Welser*, Bürgerliches Recht II[12] 56.

310 Vgl OGH 6. 4. 1954, 4 Ob 21/54; OGH 30. 3. 1982, 4 Ob 26/82. Der AG darf dem AN auch den Zugang zu den Geschäftsräumen verbieten, vgl OGH 19. 1. 1954, 4 Ob 219/53. Siehe aber § 18 TAG, §§ 9, 18 BAG, die Klagbarkeit des Anspruchs ist allerdings auch hier umstritten.

311 So *Strasser*, ÖJZ 1954, 60 ff; *Schwarz*, Die Beschäftigungspflicht im Arbeitsverhältnis, in FS Floretta (1983) 415 ff; *Floretta/Spielbüchler/Strasser*, Arbeitsrecht I[4] 301 f; etwas eingeschränkt: *Mayer-Maly/Marhold*, Arbeitsrecht I (1987) 147; jeweils im Rahmen einer Interessenabwägung: *Resch*, RdA 1991, 424. Die Autoren stützen sich dabei auf die Fürsorgepflicht des AG und die Persönlichkeitsrechte des AN, auf dem Arbeitsrecht (angeblich) immanente Wertungen sowie konkludente vertragliche Vereinbarungen.

312 Vgl bereits *Adler/Höller* in Klang, ABGB V[2] 247. Vgl zB auch *Risak*, RdM 2006/117. Zur Frage iZm Berufsballern s OGH 1.2.2007, 9 ObA 121/06v, ZAS 2008/12 (*Thomas*); *Laimer*, ecolex 2007, 418.

313 Vgl OGH 13.11.1996, 9 ObA 2263/96a, ASoK 1997, 197.

beeinträchtigt wäre.[314] In derartigen Ausnahmefällen kann sich durchaus aus der Fürsorgepflicht des AG ein Recht auf Beschäftigung ergeben, denn die konkrete Zuweisung von Arbeitsaufgaben ist eine organisatorische Maßnahme, bei der der AG nach Treu und Glauben zu handeln hat; bei einer ansonsten drohenden erheblichen Beeinträchtigung seines beruflichen Fortkommens wird ein AN wohl berechtigt davon ausgehen dürfen (dh erwarten dürfen), dass ihm ein nach Treu und Glauben handelnder AG im Rahmen des Zumutbaren angemessene Arbeit anbietet.[315]

Seiner eigenen (Arbeits-)Pflicht ist der AN jedenfalls nachgekommen, wenn er seine Dienste dem AG anbietet, dieser sie jedoch ablehnt. Nimmt er sie aber an, schuldet er (lediglich) sorgfältige Arbeitsverrichtung in einer Intensität, die er ohne Gesundheitsschädigung auf Dauer erbringen kann; auszugehen ist dabei von „seiner subjektiven Arbeitsfähigkeit unter Berücksichtigung des betrieblichen Umfeldes".[316] Kommt der AG seinen (nicht nur geringfügigen und nicht strittigen) Verpflichtungen aus dem Arbeitsvertrag nicht nach, ist der AN berechtigt, seine Arbeitsleistung zurückzuhalten, um Druck auszuüben.[317]

Einvernehmlich kann die Arbeitspflicht jederzeit ruhend gestellt werden; man spricht von Karenzierungen, wenn vereinbart wird, dass auch die Entgeltpflicht des AG ruht. Das Arbeitsverhältnis wird dabei nicht beendet, weswegen der AN nach der Rsp keinen Anspruch auf Arbeitslosengeld hat.[318] Davon zu unterscheiden sind sog Aussetzungsvereinbarungen (zT auch Unterbrechungen genannt), die das Arbeitsverhältnis tatsächlich beenden sollen, jedoch mit Vereinbarungen der erneuten Einstellung des AN zu einem späteren Zeitpunkt einhergehen (sog Wiedereinstellungszusage).[319]

bb Art, Ort und Umfang der Beschäftigung

Der AN hat die vereinbarten Dienste grds in eigener Person zu leisten; es ist seiner AN-Eigenschaft jedoch nicht abträglich, sich fallweise vertreten lassen zu können, zB wenn der AG sich vorbehält, die vom

314 Vgl *Resch*, RdA 1991, 424.

315 Im Falle einer überlassenen Arbeitskraft besteht ein „Abhilfeanspruch" gegenüber dem Überlasser, s *Pacic*, ecolex 2009, 1075.

316 *Schrammel*, Arbeitsrecht II[7] 108 f. Entgeltkürzungen bei Minderleistungen sind unzulässig, doch wären solche ein Rechtfertigungsgrund für Kündigungen.

317 Zum Thema: *Fischer*, ZAS 1987, 109 ff; *Jabornegg*, Zurückbehaltungsrecht und Einrede des nicht erfüllten Vertrages (1982) 191 ff.

318 VwGH 29.11.1984, 83/08/0083; VwGH 20.10.1992, 92/08/0047.

319 Zum Thema: *Pacic* in ZellHB Rz 14.01 ff, 28.01 ff.

AN gewählte Vertretungsperson abzulehnen oder wenn eine solche Person schon im Vertrag bestimmt ist.[320]

Welche Dienste zu leisten sind, ergibt sich primär aus dem Arbeitsvertrag. Je allgemeiner die Dienstpflicht darin umschrieben ist, desto größer ist der dem AG zukommende Spielraum für Konkretisierungen mittels Weisung.[321] Doch selbst wenn der Fachbereich, in dem der AN eingesetzt werden soll, festgelegt ist und sich aus der Zuweisung des konkreten Arbeitsplatzes idR weitere Hinweise auf die Arbeitspflicht ergeben, bleiben diese sehr oft ziemlich unbestimmt.[322] Die Jud räumt deswegen den Verkehrssitten besondere Bedeutung bei.[323] Diesen zufolge ist zB ein Angestellter nicht verpflichtet, Arbeitertätigkeiten zu verrichten, gehört Kochen nicht zum Betätigungsfeld einer Bedienerin, muss eine Verkäuferin nicht Auslagen, Portal und Gehsteig reinigen, wohingegen zB ein Mechanikerlehrling gelegentlich durchaus zum Polieren von Autos herangezogen werden kann.[324] Subsidiär sind (der Ortsgebrauch und) die den Umständen nach angemessenen Dienste zu leisten.[325]

Der (zeitliche) Umfang der Arbeitspflicht und der Arbeitsort ergeben sich idR aus dem Arbeitsvertrag; hin und wieder ergeben sich beide aber auch schon aus den (berufsbedingten) Sacherfordernissen (zB die Skipiste, auf der ein Skilehrer Unterricht erteilt). Fraglich ist, ob und wie eine solche, gleichsam aus der Natur der Tätigkeit folgende Bindung oder auch eine daraus folgende Freiheit bei der Abwägung der Argumente, die für und gegen die persönliche Abhängigkeit des Dienstleistenden sprechen, zu berücksichtigen ist.[326] Am ehesten ist wie folgt zu verfahren: Zunächst sind alle Argumente, die für oder gegen die persönliche Abhängigkeit sprechen, gleichermaßen zu berücksichtigen, also auch solche, die sich (nur) aus der Natur der Sache ergeben (wie zB die örtliche Bindung eines Hochschullehrers an die Unterrichtsräume in der Hochschule). Kann jedoch kein Über-

---

320 Beachte § 1153 ABGB. Vgl *Krejci* in Rummel[3] § 1153 Rz 1.

321 RIS-Justiz: RS0029787.

322 Vgl *Mayer-Maly*, Österreichisches Arbeitsrecht (1970) 67.

323 RIS-Justiz: RS0106031.

324 OGH 21.10.1958, 4 Ob 107/58; OGH 22.9.1970, 4 Ob 71/70, ZAS 1972/215 (*Migsch*); OGH 4.11.1965, 4 Ob 129/65; LG Wien 44 Cg 44/75, Arb 9384; OGH 14.9.1995, 8 ObA 280/95, RdW 1996, 330.

325 § 6 Abs 1 AngG, § 1153 letzter Satz ABGB. Ob sich eine bestimmte Verpflichtung im Wege der Auslegung (aus dem vereinbarten Einsatzbereich, in erster Linie aus der Berufsbezeichnung) ergibt oder aufgrund der Ortsüblichkeit bzw Angemessenheit folgt, kann sehr schwer einzuordnen sein; vgl *Löschnigg* und Löschnigg, AngG I[8] § 6 Rz 59.

326 Zum Thema: M. *Reiner*, JBl 132, 549.

wiegen ausgemacht werden, dh scheinen die Argumente gleich schwer zu wiegen (Zweifelsfall), müssen sie (mit dem Ziel ihrer Umgewichtung) erneut zu einander in Beziehung gesetzt und einer weitergehenden Wertung zugeführt werden. Das Gewicht solcher Argumente, die aus der Natur der Tätigkeit folgen, schwindet dabei oder anders gewendet: Berufsspezifika, dh Gegebenheiten, die sowohl bei selbstständig Erwerbstätigen als auch bei AN aufgrund der konkreten Sacherfordernisse gleichermaßen vorhanden oder nicht vorhanden sind, sind im Zweifel auszublenden. Der Grund dafür wurzelt in der Überlegung, dass die Fremdbestimmtheit des AN auf eine vertragliche Vereinbarung zurückzuführen ist und sich die Frage, wie weitreichend die Parteien eine Bindung ausgestalten wollten, idR stärker in jenen Umständen widerspiegelt, die sie in weiterem Maße vertraglich beeinflussen können und die nicht aus den beiderseitig anerkannten Notwendigkeiten folgen.[327]

Nachträgliche faktische Veränderungen der Rahmenbedingungen können uU ein neues Licht auf das ursprünglich Vereinbarte werfen; das ist zu beachten.[328] Dadurch wird der vertraglich vorgegebene Rahmen der jeweils geschuldeten Dienste allerdings nicht verändert, dh die Arbeitspflicht des AN ist nicht als solche schon dynamisch zu verstehen.[329] Änderungen geschuldeter Dienste können sich aber bei Änderung der Umstände aus einer idR konkludenten Vertragsänderung, aus übergeordneten Normen (zB aufgrund relativer Beschäftigungsverbote nach dem MSchG), aus der Treue- und der Fürsorgepflicht, aus denen uU ergänzende Vertragspflichten erwachsen können, weiters aus einer eventuell gebotenen ergänzenden Vertragsauslegung oder aus den in der allg zivilrechtlichen Lit entwickelten Grundsätzen zum Wegfall der Geschäftsgrundlage ergeben.[330]

Ergänzend sei angemerkt, dass in der Rsp und wohl auch allg in der Praxis besonders die schlüssige Abänderung bestehender Dienstpflichten eine wichtige Rolle spielt. Aus der bloßen Betrauung des AN mit einem Teil der ursprünglich geschuldeten Dienste kann man mangels Schlüssigkeit auch dann keine nachträgliche vertragliche Einengung des Weisungsrechts des AG und damit seiner Versetzungsmöglichkeiten erblicken, wenn das über längere Zeit erfolgt.[331] Auch eine

327 Im Detail: *Pacic*, Methoden 303 ff.

328 OGH 13.1.1987, 14 Ob 198/86, ZAS 1987, 130 (*Tomandl*) = DRdA 1989, 395 (*Apathy*) = JBl 1987, 468; OGH 12.9.1996, 8 ObA 2108/96, DRdA 1997, 379 (B. *Schwarz*).

329 AA hingegen: *Schrammel*, Arbeitsrecht II[7] 103 f.

330 *Rebhahn/Kietaibl* in ZellKomm[2] § 1153 ABGB Rz 15.

331 OGH 27.8.1997, 9 ObA 227/97s; OGH 24.3.1959, 4 Ob 6/59; OGH 24.9.2004, 8 ObA 81/04a; vgl *Pfeil* in Schwimann[3] § 1153 Rz 21.

Beförderung bedeutet nicht per se eine Einengung der Dienstpflicht auf den neu übernommenen Aufgabenbereich, sondern idR sogar eine Ausdehnung der ursprünglichen Dienstpflicht.[332]

bc Versetzung und Versetzungsschutz

Je allgemeiner die Dienstpflicht im Vertrag umschrieben ist, desto größer ist für den AG der Spielraum für ihre Konkretisierung mit Weisungen und damit für sog direktoriale Versetzungen.[333] Abseits dieses Konkretisierungsspielraumes und in Ermangelung eines vertraglichen Versetzungsvorbehaltes spricht man von einer vertragsändernden Versetzung, die nur im Falle einer (zumindest konkludenten) Zustimmung des betroffenen AN rechtswirksam angeordnet werden kann.[334] Als Versetzung ist dabei jede dauernde Einreihung auf einen anderen Arbeitsplatz zu verstehen, wobei der Begriff Arbeitsplatz nicht nur räumlich, sondern auch funktional zu verstehen ist, sodass man darunter insb auch jegliche wesentliche Änderungen der Arbeitsaufgaben versteht.[335] Es können überdies ua Änderungen der Arbeitseinteilung in zeitlicher Hinsicht darunter fallen, zB bei einem Wechsel eines grds nur Tagdienst leistenden AN in den Nachtdienst.

Ist eine Versetzung auf arbeitsvertraglicher Ebene zulässig, so muss davon losgelöst auch auf betriebsverfassungsrechtlicher Ebene geprüft werden, ob sie nach § 101 ArbVG zulässig ist (Zwei-Ebenen-Theorie). Dieser Bestimmung nach ist dem Betriebsrat jede (voraussichtlich min 13 Wochen) dauernde Einreihung eines AN auf einen anderen Arbeitsplatz mitzuteilen. Sofern mit einer solchen Versetzung eine Verschlechterung der Entgelt- oder der sonstigen Arbeitsbedingungen einhergeht, bedarf sie zu ihrer Rechtswirksamkeit der Zustimmung des Betriebsrates. Verweigert er sie, ist der AG angehal-

---

332 OGH 29.5.1979, 4 Ob 122/78, RdA 1980/5, 136 (*Spielbüchler*); OGH 30.9.1992, 9 ObA 208/92. Über beabsichtigte Beförderungen ist der Betriebsrat zu informieren; darunter ist eine Anhebung der Verwendung im Betrieb zu verstehen, die mit einer Entgelterhöhung verbunden ist, s § 104 ArbVG.

333 RIS-Justiz: RS0029787.

334 In einem Rechtssatz (RS0021252) des OGH heißt es: „Eine Versetzungsweisung des Arbeitgebers, die eine vertragsändernde Versetzung bedeutet, ist rechtswidrig, außer es läge ein Sachverhalt vor, der die Treuepflicht des Arbeitnehmers auslöst." Dies stellt aber keine Ausweitung des Weisungsrechts dar, denn die Treuepflicht vermag ergänzende vertragliche Pflichten zu begründen, weswegen sich Weisungen im Rahmen des vertraglich Zulässigen bewegen würden.

335 Vgl *Kietaibl*, ZAS 2005/11.

ten, sich an das Gericht zu wenden; das Gericht kann die Zustimmung des Betriebsrates ersetzen, wenn die Versetzung sachlich gerechtfertigt ist.

c Entgeltpflicht des Arbeitgebers

ca Begriff und Formen des Entgelts

Entgelt ist jede Leistung eines AG an einen AN, die er ihm (als Gegenleistung) für seine Dienste in persönlicher Abhängigkeit gewährt.[336] Maßgeblich ist nicht die Bezeichnung, sondern die Funktion der Leistung.[337] Dazu zählen neben dem laufenden Entgelt (Gehalt bzw Lohn), das nach festgelegten, aber nicht langen Zeiträumen (idR ein Monat) bemessen ist, unabhängig von ihrer Häufigkeit oder Regelmäßigkeit zahlreiche andere, ordentliche oder außerordentliche Bezüge, selbst wenn sie variabel sind, zB Sonderzahlungen (Remunerationen, man sagt auch: 13. und 14. Gehalt oder Weihnachts- und Urlaubsgeld),[338] verschiedene Zulagen, Zuwendungen und Prämien, Überstundenentlohnungen oder freiwillige Leistungen, die den AN für erbrachte Leistungen belohnen oder als Motivation für die Zukunft dienen sollen.[339] Auch Leistungen dritter Personen für den AG sind Entgelt, andere Leistungen Dritter hingegen grds nicht, es sei denn, sie wären dem AN nicht bloß aus Gelegenheit seines Arbeitsverhältnisses zugekommen, sondern der AG zB einen Einfluss auf die Erwerbsgelegenheit nimmt und einen Vertrauenstatbestand schafft, etwa indem er ein Minimum an Trinkgeld garantiert oder einen Verteilungsschlüssel für Bedienungszuschläge festlegt.[340]

Von Geldentgelt spricht man bei Bargeldzahlungen, Überweisungen und bei geldgleichen Zahlungsmitteln; bei bargeldloser Entgeltzahlung trägt der AG die mit der Überweisung verbundenen Kosten,

---

336 Vgl *Krejci* in Rummel[3] § 1152 ABGB Rz 9.

337 RIS-Justiz: RS0027965.

338 Hinzuweisen ist darauf, dass auf Sonderzahlungen grds nur Anspruch besteht, wenn sie einzel- oder kollektivvertraglich vorgesehen sind; in Österreich sehen die KollV in aller Regel derartige Zahlungsverpflichtungen des AG vor. Beachte aber § 8a Abs 2 VBG, § 9 Abs 2 Hausgehilfen- und HausangestelltenG, § 16 LAG. Nach § 16 AngG gebührt dem AN bei Beendigung des Arbeitsverhältnisses vor Fälligkeit der allenfalls gebührenden Sonderzahlung(en) ein aliquoter Anteil.

339 RIS-Justiz: RS0027975; RS0058482; s *Rebhahn* in Kletečka/Schauer, ABGB-ON[1.01] § 1152 Rz 21 ff.

340 RIS-Justiz: RS0029316. Zum Thema: *Schrammel*, ZAS 2003/10.

der AN hingegen die Kosten für die Kontoführung.[341] Eine andere Entgeltform ist das Naturalentgelt, zB in Form von Einkaufsgutscheinen, der Möglichkeit, Betriebsmittel des AG für private Zwecke zu verwenden, oder als Wohnung. Bei Wohnungen unterscheidet man übrigens zwischen Dienstwohnungen, die der (sinnvollen) Erfüllung der Arbeitspflicht des AN dienen, Naturalwohnungen, die Entgelt in Form von Naturallohn darstellen, und schließlich Werkswohnungen, die dem AN vom AG gegen Zahlung eines auf den Lohn anrechenbaren Zinses zur Verfügung gestellt werden; sie unterliegen nicht dem MRG.[342] Zu beachten ist, dass der AN nicht gedrängt werden darf, anstelle des vereinbarten Geldlohnes Naturalien zu beziehen, auch soll er nicht dazu verpflichtet werden, Bedarfsgegenstände aus gewissen Verkaufsstätten (des AG) beziehen zu müssen.[343] Sollte der AG insolvent werden, gewährt das Insolvenz-Entgeltsicherungsgesetz Ansprüche auf Insolvenz-Entgelt gegen den Insolvenz-Entgelt-Fonds, wobei diese binnen sechs Monaten nach Insolvenzeröffnung bei der Insolvenz-Entgelt-Fonds-Service GmbH schriftlich geltend zu machen sind; falls der jeweils gesicherte Anspruch nach insolvenzrechtlichen Vorschriften angemeldet werden kann, besteht ein Anspruch auf das Insolvenz-Entgelt grds nur dann, wenn er tatsächlich als Forderung in einem solchen Insolvenzverfahren angemeldet worden ist.[344]

Zeitlohn liegt bei Berechnung des Entgelts nach Zeitperioden (zB Monaten oder Stunden) vor, wohingegen sich die Höhe des Entgelts beim Leistungslohn nach dem jeweils vereinbarten Leistungs- oder Arbeitserfolg richtet (ohne, dass dies schon etwas darüber aussagt, ob der Leistende die Erzielung bestimmter Ergebnisse schuldet; klassisch: Akkordlohn[345]) und beim Erfolgslohn vom wirtschaftlichen Er-

341 Vgl OGH 6.5.1987, 14 ObA 501/87.

342 § 1 Abs 2 Z 2 MRG. IZm der Räumung der Wohnung beachte § 24 AngG, §§ 21, 23 GAngG und § 19 LAG.

343 Man spricht idZ vom Truckverbot und gesetzlichem Barzahlungsgebot, s § 78 GewO 1859, § 8 Abs 1 KJBG. Vgl *Schrammel*, Arbeitsrecht II^{7} 88 f. Dem Entgeltschutz dienen auch Beschränkungen finanzieller Verpflichtungen gegenüber AG, die im Kautionsschutzgesetz geregelt sind, der Pfändungsschutz im Rahmen des Exekutionsrechts sowie gewisse Verfügungs- und Aufrechnungsbeschränkungen.

344 Beachte die §§ 1, 3a Abs 1, 6, 11 Abs 1 und 13 Abs 1 IESG. Beachte auch § 25 Insolvenzordnung (IO), wonach der AN innerhalb bestimmter Fristen vorzeitig austreten kann – wobei die Eröffnung des Insolvenzverfahrens als wichtiger Grund zählt – und der Insolvenzverwalter uU das Arbeitsverhältnis lösen darf; der AN kann den Ersatz des verursachten Schadens in einem solchen Fall als Insolvenzforderung verlangen.

345 Beim Geldakkord erhält der AN pro Arbeitseinheit (zB ein herzustellendes Stück) einen bestimmten Geldbetrag (Akkordsatz), während ihm

folg einer Tätigkeit des AN oder etwa des Unternehmens abhängt, zB bei Gewinnbeteiligungen.

Eine Mischform zwischen Leistungs- und Erfolgslohn sind insb Provisionen, zumal sie sowohl vom Ergebnis der eigenen Arbeit als auch von der nicht beeinflussbaren Geschäfts- und Marktlage abhängen; idR handelt es sich um eine Beteiligung des AN am Wert der von ihm vermittelten Geschäfte.[346] Prämien und Boni werden idR als Zuschläge für die Erreichung bestimmter Ziele (Erfolge) bzw für Sonderleistungen gewährt; angeknüpft wird dabei häufig an die Quantität bzw die Qualität (zB Genauigkeit) der Leistung oder ein bestimmtes Verhalten des AN bei der Leistungserbringung (zB kundenfreundliches Auftreten).

Über Systeme der Gewinnbeteiligung und die Einführung von leistungs- und erfolgsbezogenen Prämien und Entgelten (beachte: nicht für einzelne AN) kann eine fakultative Betriebsvereinbarung abgeschlossen werden, sofern nicht schon ein notwendiger Mitbestimmungstatbestand vorliegt: Ein solcher liegt bei der Einführung und Regelung von Akkord-, Stück- und Gedinglöhnen sowie akkordähnlichen Prämien und Entgelten (mit Ausnahme der Heimarbeitsentgelte) vor, wenn darüber noch keine Regelung durch KollV oder Satzung besteht und die genannten Entlohnungssysteme auf statistischen Verfahren, Datenerfassungs- und Kleinstzeitverfahren oder ähnlichen Entgeltfindungsmethoden beruhen; hierfür ist vom Betriebsinhaber die Zustimmung des Betriebsrates einzuholen, was auch für die Regelung der maßgeblichen Grundsätze (dh der Systeme und Methoden) für die Ermittlung und Berechnung dieser Entgelte gilt.[347] Ergänzend ist festgelegt, dass die Zustimmung des Betriebsrates auch dann erforderlich ist, wenn über Entgelte, deren generelle Einführung und Regelung der notwendigen Mitbestimmung unterliegt, die aber nicht generell eingeführt werden können, sondern stattdessen für einzelne AN oder einzelne Arbeiten vorgesehen werden sollen, zwischen dem

---

beim Zeitakkord dafür eine bestimmte Zeitmenge (Vorgabezeit) gutgeschrieben wird; für diese Normalleistung wird ein Geldbetrag festgesetzt (Richtsatz, der aus dem kollv Entgelt zuzüglich eines Auf- bzw Zuschlags ermittelt wird). Vgl *Spielbüchler/Grillberger*, Arbeitsrecht I[4] 229.

346 Regelungen zur Provisionsentlohnung enthalten die §§ 10-13 AngG, doch sind sie, mit Ausnahme der §§ 10 Abs 5 und 12 leg cit, dispositiv. So gebührt den AN zB im Zweifel auch für Geschäfte die Provision, die ohne seine unmittelbare Mitwirkung zwischen der ihm zugewiesenen Kundschaft und dem AG zustande kommen (sog Direktgeschäfte) und erhält er die volle Provision, wenn die Ausführung eines von ihm vermittelten Geschäfts infolge des Verhaltens seines AG unterbleibt, ohne dass ein wichtiger Grund vorläge, s § 11 Abs 1 und 3 AngG.

347 §§ 96 Abs 1 Z 4 und 97 Abs 1 Z 16 ArbVG.

Betriebsinhaber und dem betroffenen AN keine Einigung zustande kommt.[348]

Vom Entgelt zu unterscheiden ist insb der Aufwandersatz, der lediglich einen durch das Arbeitsverhältnis verursachten (Mehr-)Aufwand ausgleichen soll.[349] Auch hier kommt es nicht auf die Bezeichnung, sondern auf die Funktion an; so ist bei Zulagen zu hinterfragen, ob damit ein bestimmter Aufwand abgedeckt werden soll oder sie zB als Vergütung (Gegenleistung) für eine mit der Arbeit verbundene, spezifische, Gefahr, Erschwernis oder Unannehmlichkeit gedacht ist. Mit Schmutzzulagen könnte zB bezweckt sein, erhöhten Reinigungsaufwand zu entschädigen oder die Erschwernis oder Unannehmlichkeit bei Arbeiten zu vergüten, bei denen jemand Schmutz besonders ausgesetzt ist. Zu beachten ist, dass überhöhte Aufwandersätze im Ausmaß der Überhöhung als Entgelt gelten (zB bei regelmäßigem Ersatz von Bahnfahrten erster Klasse, wenn der AN bei Dienstfahrten stets nur in der zweiten Klasse fährt); wird (zB bei Reisekosten) pauschal abgerechnet, kommt es darauf an, ob die tatsächlichen Ausgaben im Durchschnitt im Wesentlichen der Summe der Pauschale entsprechen, dh dass Pauschalersätze nicht unrealistisch hoch sein dürfen.[350]

Nicht zum Entgelt zählen auch die Vorteile, die ein AN aus einer betrieblichen Wohlfahrtseinrichtung erhält; solche Einrichtungen – sie setzen ein „auf Dauer angelegtes, mit einer gewissen Organisation ausgestattetes Substrat aus sachlichen und/oder finanziellen Mitteln“[351] voraus – wären zB Werksbusse, Personalkantinen und Betriebskindergärten.[352] Der BR hat das Recht, an der Verwaltung solcher Einrichtungen teilzunehmen, wobei Art und Umfang der Teilnahme durch BetrV zu regeln sind; kommt keine Einigung zustande, entscheidet auf Antrag eines der Streitteile die Schlichtungsstelle.[353] Die Errichtung, Ausgestaltung und Auflösung dieser Einrichtungen können durch fakultative BetrV geregelt werden. Gegen die Auflösung der Einrichtungen können sich die einzelnen AN nicht zur Wehr setzen, doch kann sie der BR binnen vier Wochen vor Gericht anfechten, wenn sie den in der BetrV vorgesehenen Auflösungsgründen widerspricht oder – falls eine BetrV über die Auflösungsgründe nicht be-

348 § 100 ArbVG. Dadurch wird die fehlende Zustimmung des AN nicht ersetzt, vielmehr soll nur die Verhandlungsposition des AN durch das Hinzuziehen des Betriebsrates gestärkt werden, s *Marhold/Friedrich*, Österreichisches Arbeitsrecht[2] 141.

349 RIS-Justiz: RS0058475, RS0058528.

350 *Pacic* in ZellHB Rz 33.01 ff.

351 *Eypeltauer*, RdA 1986, 102 ff.

352 *Pacic* in ZellHB Rz 33.01 ff.

353 § 95 ArbVG.

steht – der Betriebsratsfond oder die AN zum Errichtungs- und Erhaltungsaufwand erheblich beigetragen haben und die Auflösung unter Abwägung der Interessen des Betriebes und der AN ungerechtfertigt ist. Denkbar ist allerdings, dass zwischen dem AG und den einzelnen AN im Wege schlüssiger Vereinbarung uU ein von der Einrichtung als solche (zB Werkskantine) trennbarer Individualanspruch (zB auf verbilligtes Essen) entsteht, sofern der AN auf einen entsprechenden Verpflichtungswillen des AG vertrauen durfte; diesfalls könnte eine Auflösung der Einrichtung einen in Frage kommenden vertraglichen (Ersatz-)Anspruch (zB auf Essensgutscheine) begründen.[354]

Zuletzt sei noch auf sog entgeltferne Leistungen hingewiesen, von denen idR vor allem dann die Rede ist, wenn sie der AG nur erbringt, um die sozialen oder kulturellen Interessen seiner AN zu fördern (zB vergünstigte Theaterkarten). Bei derartigen Leistungen meint die Rsp, dass auch bei häufigerer Gewährung keine Betriebsübung entstehen könne, dh dass der AN nicht darauf vertrauen darf, dass sich der AG bei derartigen Leistungen für die Zukunft binden will.[355]

cb Höhe und Fälligkeit des Entgelts

Die Höhe des Entgelts ist Sache der einzelvertraglichen Gestaltung, wiewohl Mindestentgelte in KollV, Satzungen und Lehrlingsentschädigungen zu beachten sind. Ist im Vertrag kein Entgelt bestimmt und auch keine unentgeltliche Tätigkeit vereinbart, gilt gem § 1152 ABGB angemessenes (grds ortsübliches) Entgelt als bedungen.[356] Entgeltvereinbarungen beziehen sich iZw auf das Bruttoentgelt, von dem noch AN-Beiträge und Lohnsteuer abzuführen sind.[357] Wird ein höheres als das kollv Mindestentgelt vereinbart, können durch sog Aufsaugklauseln nach der Rsp künftige kollv Erhöhungen der Ist-Löhne (also der tatsächlich bezahlten Löhne) vorweggenommen werden, wenn sich dieser Vorausverzicht auf künftige Lohnerhöhungen auf überschaubare Zeiträume bezieht und überdies in einem angemessenen Verhältnis zur jeweiligen Überzahlung über dem Mindestent-

354 Zum Thema: *Jabornegg* in Strasser/Jabornegg/Resch, ArbVG § 95 Rz 97 ff; OGH 22.10.1997, 9 ObA 105/97z.

355 RIS-Justiz: RS0018033.

356 Auch im Anwendungsbereich eines KollV (der ein Mindestentgelt regelt) wird § 1152 ABGB nicht verdrängt, sodass der AN theoretisch ein höheres ortsübliches Entgelt begehren könnte (das ist in der Lit allerdings str und dürfte wohl überwiegend anders gesehen werden), doch führt die Vertragsauslegung in solchen Fällen in aller Regel zum Schluss, dass das kollektivvertraglich festgelegte Entgelt maßgeblich sein soll.

357 OGH 11.6.1997, 9 ObA 185/97i, RdA 1998/20 (*Gerlach*).

gelt steht.[358] Zulässig sind auch Pauschalierungen des Entgelts (All-in-Vereinbarung) oder Entgeltteilen (zB Überstundenpauschale), doch dürfen dabei unabdingbare Ansprüche des AN nicht beschränkt werden; ist zB eine Überstundenpauschale im Durchschnitt eines längeren Beobachtungszeitraumes (idR ein Jahr) geringer als die zwingend zustehende Überstundenvergütung, hat der AN trotz Pauschale einen Nachverrechnungsanspruch.[359]

Eine gewisse Flexibilität zur erleichterten Anpassung des Entgelts bzw Teilen davon an geänderte Verhältnisse versuchen sich AG häufig dadurch zu sichern, dass sie Änderungs- oder Widerrufsvorbehalte anbringen. Diese können jedoch nach der Rsp nur nach billigem Ermessen ausgeübt werden, doch ist das str.[360] In jedem Fall folgt aus der Fürsorgepflicht, dass derartige Vorbehalte nach Treu und Glauben auszuüben sind. Bei freiwilligen Zuwendungen des AG kann dieser auch einen Einmaligkeits- oder Unverbindlichkeits- bzw Freiwilligkeitsvorbehalt erklären, um Betriebsübungen vorzubeugen.[361]

Art und Weise der Abrechnung und Zeit und Ort der Auszahlung der Bezüge sind grds vertraglich vereinbar, können aber auch Gegenstand einer fakultativ-erzwingbaren BetrV sein.[362] Die diesbezüglichen gesetzlichen Regelungen für Arbeiter, wonach das Entgelt prinzipiell nach Leistung der Dienste zu entrichten ist, sind disponibel.[363] Bei Angestellten hat die Zahlung spätestens am 15. und am Monatsletzten in annähernd gleichen Beträgen zu erfolgen, wiewohl auch nur die Zahlung zum Monatsende vereinbart werden darf.[364] Jedenfalls wird das bereits verdiente Entgelt bei Beendigung des Arbeitsverhältnisses fällig.[365] Bei bargeldloser Zahlung ist darauf zu achten, dass das Geld bei Fälligkeit am Konto des AN für ihn verfügbar ist. Überweist der AG übrigens irrtümlich zu viel Geld, kann er es nach stRsp

358 OGH 18.5.1999, 8 ObA 173/98v, ZAS 1999/19 (*Aigner*). Nach wohl hA ist die kollv Erhöhung der tatsächlichen, über den Mindestlöhnen liegenden Löhne dann zulässig, wenn die Arbeitsvertragsparteien davon wieder (auch zu Lasten des AN) abgehen können (natürlich nur bis zum kollv Mindestentgelt); man spricht hier von schlichten Ist-Lohn-Klauseln. Für unzulässig befunden werden hingegen qualifizierte Ist-Lohn-Klauseln, die die tatsächlich erhöhten Ist-Löhne als neue Mindestlöhnen garantieren. Krit dazu zB *Marhold/Friedrich*, Österreichisches Arbeitsrecht[2] 468 ff.

359 RIS-Justiz: RS0051623; RS0051519.

360 Zum Thema: *Welser*, RdA 1991, 1; *Kietaibl*, ASoK 2008, 370.

361 Zum Thema: *Risak*, ZAS 2006/25;

362 § 97 Abs 1 Z 3 ArbVG.

363 § 1154 ABGB; grds wöchentliche Entlohnung nach § 77 GewO 1859.

364 §§ 15, 40 AngG.

365 § 1154 Abs 3 ABGB.

nicht mehr zurückfordern, wenn es der AN gutgläubig verbraucht hat, wobei die Redlichkeit des AN vermutet wird; str ist lediglich, ob das nur für Leistungen mit Unterhaltscharakter gilt, dh für solche Leistungen, die wirtschaftlich die Funktion haben, den Lebensunterhalt des AN zu decken, was idR auf das laufendes Entgelt zutrifft.[366]

Forderungen auf Entgelt, Auslagenersatz und Rückzahlung von Vorschüssen verjähren nach drei Jahren.[367] Ansprüche wegen vorzeitiger Beendigung müssen bei sonstigem Ausschluss binnen sechs Monaten geltend gemacht werden.[368] In KollV (aber auch in Arbeitsverträgen) sind (insb für Überstunden) idR kürzere Verjährungs- und Verfallsfristen vorgesehen, was zulässig ist, solange dadurch die Geltendmachung der betroffenen Ansprüche nicht ohne sachlichen Grund übermäßig erschwert wird;[369] zur außergerichtlichen Geltendmachung sind nach der Rsp idR drei Monate ausreichend.[370]

cc Verzicht auf Entgelt

Prinzipiell spricht nichts dagegen, dass der AN auf (Entgelt-)Ansprüche aus dem Arbeitsverhältnis verzichtet, solange dadurch nicht in unabdingbare Ansprüche eingegriffen wird. Falls sich der Verzicht auf unabdingbare Ansprüche bezieht, ist er nach hA vor dessen Fälligkeit unwirksam und nach der Rsp und wohl auch der überwiegenden L überdies auch danach, solange das Arbeitsverhältnis aufrecht ist, weil (widerleglich) vermutet wird, dass der AN ihn idR nur aufgrund eines vom AG ausgeübten wirtschaftlichen Drucks abgibt, zumeist wohl aus Sorge um seinen Arbeitsplatz.[371] In der Lit stößt diese Drucktheorie allerdings nicht nur auf Zustimmung; es überzeugt nämlich nicht, dass ein unverzichtbarer Anspruch nach dem Ende des Beschäftigungsverhältnisses verzichtbar wird und der wirtschaftliche Druck nur bei unabdingbaren Ansprüchen zur Unwirksamkeit des Verzichts führt.[372]

---

366 *Schrammel*, Arbeitsrecht II[7] 94 f.
367 § 1486 Z 5 ABGB.
368 § 1162d ABGB, § 34 AngG.
369 R. *Madl* in Kletečka/Schauer, ABGB-ON 1.01 § 1486 Rz 18.
370 OGH 21.10.1986, 14 Ob 167-169/86, RdA 1989/12 (*Pfeil*); OGH 22.2.1983, 4 Ob 94/82, RdA 1987/9 (*Holzner*).
371 Zum Thema: *Marhold/Friedrich*, Österreichisches Arbeitsrecht[2] 180 ff.
372 Zum Teil wird vertreten, dass eine Drohung mit einer Kündigung als rechtmäßiger Handlung im Hinblick auf den verfolgten Zweck zwar ein adäquates Mittel sein mag, um eine verschlechternde Vertragsänderung zu bewirken (sog Änderungskündigung), nicht aber, um den Verzicht auf entstandene Ansprüche herbeizuführen; dies mache den Verzicht nach § 870 ABGB anfechtbar. Vgl *Köck*, ZAS 1986, 73.

Ein anderer Lösungsansatz wäre, in Analogie zu § 1435 ABGB, die Rückforderbarkeit der Leistung, auf die der AN verzichtet hat, dann zuzulassen, wenn dem Verzicht ein gemeinsamer Zweck zugrunde gelegt wurde und sich dieser nachträglich als verfehlt herausstellt, zB die Abstandnahme von der Kündigung, die dann doch ausgesprochen wird, oder etwa auch eine erhoffte Beförderung, die unterblieben ist; man müsste zB im Einzelfall prüfen, ob etwa insofern ein wirtschaftlicher Druck für den AN bestanden hat, als aufgrund von wirtschaftlichen Schwierigkeiten über Kündigungen im Betrieb laut nachgedacht wurde, sodass dem AG klar sein musste, dass der AN den Verzicht in Erwartung einer Gegenleistung abgegeben hat.[373]

d Entgeltfortzahlungspflichten des Arbeitgebers

da Allgemeines

Erbringt der AN keine Arbeitsleistung (bzw bietet er sie dem AG nicht zumindest an) steht ihm grds auch kein (laufendes) Entgelt zu.[374] Dieser Grundsatz ist (aus sozialen Gründen) vielfach durchbrochen; die gesetzgebende Autorität ist nach einer politischen Abwägung der typischen Interessen der Arbeitsvertragsparteien zu einer differenzierten Lösung der Frage gekommen, wann und wie lange dem AN das Entgelt von seinem AG fortzuzahlen ist, wenn und obwohl er keine Arbeit leistet bzw leisten konnte.[375]

IdR sind Entgeltfortzahlungsansprüche unabdingbar und folgen dem (fiktiven) Entgeltausfallprinzip, demzufolge dem AN das an Entgelt zu gewähren ist, was er erhalten hätte, wenn er gearbeitet hätte; man spricht auch vom regelmäßigen Entgelt, wozu aber zB auch die Vergütung von Überstunden gehört, wenn diese bereits angeordnet waren oder sie der AN regelmäßig geleistet hat, sodass man davon ausgehen kann, dass er sie auch geleistet hätte, wenn er gearbeitet hätte. Das regelmäßige Entgelt kann zT durch generalkollektivvertragliche Regelung konkretisiert werden.[376] Für der Höhe nach schwankendes Leistungsentgelt ist grds der Durchschnitt der letzten

---

373 Zur Begründung dieses Ansatzes: *Pacic*, JAP 2009/2010, 17; *Pacic*, Methoden 247 ff.

374 OGH 28.5.1997, 9 ObA 64/97w.

375 Den Anliegen der EFZ-Bestimmungen laufen sog Anwesenheitsprämien entgegen, die dem AN nur dann zustehen, wenn er seine Arbeit tatsächlich (über gewisse) Zeit erbringt; sie sind unzulässig, s OGH 30.6.2005, 8 ObA 72/04b.

376 § 3 Abs 5 EFZG, § 6 Abs 5 UrlG, § 9 Abs 4 ARG.

13 Wochen maßgeblich, bei Provisionen ist aber zB idR ein Jahresdurchschnitt zu berechnen.[377]

In der Folge wird auf den Entgeltanspruch des AN bei Nichtzustandekommen der angebotenen Dienste nach § 1155 ABGB, bei Dienstverhinderung infolge Erkrankung oder Unfall, aus sonstigen persönlichen Gründen und aufgrund der Inanspruchnahme einer Pflegefreistellung eingegangen. Der (Erholungs-)Urlaub wird zuletzt behandelt.

db Gründe in der Arbeitgebersphäre

Nach der (bis zur Sittenwidrigkeit abdingbaren) allg Regelung des § 1155 ABGB gebührt dem AN auch für Dienstleistungen, die nicht zustande gekommen sind, das Entgelt, wenn er zur Leistung bereit war und durch Umstände, die auf Seite des AG liegen (dh seiner Risikosphäre zuzurechnen sind), daran gehindert war, zB aufgrund von Lieferengpässen, Maschinenausfall oder schlicht Verweigerung der Beschäftigung durch den AG, weil ihm die Beschäftigung des AN im Moment wirtschaftlich nicht sinnvoll erscheint.[378] Die Leistungsbekundung des AN erfolgt durch Real- oder Verbalangebot; besteht jedoch kein Zweifel daran, dass ihn der AG nicht beschäftigen will, entfällt diese Pflicht. AN, die streiken,[379] sind nicht leistungsbereit und haben daher keinen Anspruch auf Entgeltfortzahlung (EFZ); die Streikteilnahme stellt nach hA in Österreich – auch wenn der Streik als kollektive Maßnahme an sich rechtmäßig sein sollte – idR einen Vertragsbruch dar,[380] der den AG nicht nur zu einer Kündigung, sondern sogar zu einer Entlassung berechtigen könnte.[381] Dabei wird aber verkannt, dass sich im Lichte jüngeren Rsp des EGMR aus Art 11 EMRK in vertretbarer Weise ein

377 Vgl *Schrammel*, Arbeitsrecht II[7] 145 f.

378 Vgl zB OGH 23.6.1981, 4 Ob 18/81, ZAS 1983, 63 (*Schrammel*).

379 Hinweis: Als sog Arbeitskampf gilt in der Lit die von einer Partei des Arbeitslebens durch kollektive Maßnahmen vorgenommene Störung des Arbeitsfriedens, sei es als planmäßige Arbeitsniederlegung (Streik) oder etwa als Ausschluss von der Arbeit (Aussperrung). Vieles iZm den Arbeitskämpfen ist seit langem str, zB die Rechtmäßigkeit von wilden (nicht gewerkschaftlich unterstützten) Streiks oder zB Sympathiestreiks, bei denen man sich gegen einen Gegner wendet, der das Geforderte rechtlich gar nicht erfüllen kann, s dazu zB *Mayer-Maly*, Arbeitsrecht (1970) 200 ff.

380 *Löschnigg*, Arbeitsrecht[11] 459 Rz 6/599. Einen Trend zum Überdenken der sog Trennungsthese – die rechtliche Bewertung der koll Maßnahme erfolgt getrennt von jener auf arbeitsvertraglicher Ebene – zu Gunsten einer Einheitstheorie ortet aber zB *Krömer*, ZAS 2012/37.

381 § 27 Z 4 AngG, § 82 lit f GewO 1859. Hinweis: Es gibt in Österreich kein gesetzlich geregeltes Streikrecht; der Staat verhält sich angeblich neutral.

Recht auf Streik – dem Grunde nach – ableiten lässt.[382] Einschlägige Entlassungsgründe sind daher aufgrund der mittelbaren Drittwirkung von Grundrechten nun dahingehend zu konkretisieren, dass sie einer Entlassung wegen der Streikteilnahme (idR) im Wege stehen.[383]

Str ist, wie die Eingrenzung von Umständen aus der Sphäre des AG zu erfolgen hat: Die sog lokalisierende Theorie stellt darauf ab, dass (und ob) die Ursache der Dienstverhinderung aus dem betrieblichen Bereich des AG stammt, während die sog Einflussthese (auch: Zurechnungstheorie) jene Zurechnungen von Umständen zur Sphäre des AG wieder ausschließen will, deren Ursache von ihm nicht beherrschbar war; die Jud legt sich nicht fest und bildet stattdessen Fallgruppen (zB Zufuhr von Rohstoffen, Energieprobleme usw).[384] In jedem Fall ist hier ein Werturteil zu fällen, inwieweit der Umstand dem allg oder spezifischen Betriebsrisiko des AG zuzurechnen ist. Kein Betriebs-, sondern ein Lebensrisiko, das abseits der Risikoverteilung zwischen den Arbeitsvertragsparteien eher der Allgemeinheit zuzurechnen ist, die davon betroffen ist, sind idR Fälle höherer Gewalt mit weit reichenden Folgen (insb bei Erdbeben, Überschwemmungen uä; man spricht von allg Kalamität).[385] Übrigens: Nicht streikende AN erhalten EFZ, wenn der AG sie wegen des Streiks nicht beschäftigen kann (oder bei einer Aussperrung seinerseits: nicht will), sofern sie tatsächlich arbeitsbereit sind.[386]

Steht fest, dass dem AN Entgelt nach § 1155 ABGB gebührt, so muss er sich aber anrechnen lassen, was er infolge Unterbleibens der Dienstleistung erspart (wie zB Fahrt- oder Verpflegungskosten) oder durch anderweitige Verwendung erworben oder (bei zumutbaren Erwerbsgelegenheiten) zu erwerben absichtlich versäumt hat, es sei denn der AG hätte die Anrechnung rechtsmissbräuchlich begehrt, nachdem er ihn willkürlich (idR also: grundlos) vom Dienst freigestellt hat.[387]

---

382 *Risak*, Grundrechte auf kollektive Aktion, in Rebhahn, Grundrechte statt Arbeitsrecht? (2012), 93 ff.

383 So zB schon *Risak*, juridikum 2012, 23 (29 f), der darüber hinaus auch eine Kündigung wegen Streikteilnahme für unzulässig hält und sie aufgrund eines verpönten Motives gem § 105 Abs 3 lit a und b ArbVG für anfechtbar erklärt. Lit b scheint einschlägig, jedoch nur bei Streiks, die gewerkschaftlich organisiert sind.

384 *Rebhahn/Ettmayer* in Kletečka/Schauer, ABGB-ON[1.00] § 1155 Rz 20 f.

385 Dazu zählen aber zB auch Seuchen, Krieg und Revolutionen, vgl *Krejci* in Rummel[3] § 1155 Rz 17 f.

386 Das ist str (dagegen wird zT mit dem Solidaritätsgedanken und dem Nutzen des AN vom Erfolg des Streiks argumentiert), s zB *Rebhahn/Ettmayer* in Kletečka/Schauer, ABGB-ON1.00 § 1155 Rz 24.

387 OGH 30.1.1997, 8 ObA 2046/96, ZAS 1997/19 (*Risak*).

dc Krankheits- und Unglücksfälle

Ist ein AN nach seinem Dienstantritt durch Krankheit oder Unglücksfall an der Arbeit verhindert und hat er die Verhinderung nicht verschuldet oder höchstens leicht fahrlässig herbeigeführt, behält er für eine gewisse Zeit seinen Anspruch auf Entgelt gegenüber seinem AG; handelt es sich um eine Berufskrankheit oder einen Arbeitsunfall iSd Unfallversicherungsrechts, stehen ihm längere Ansprüche zu. Im Detail gibt es Unterschiede in der Rechtslage für Arbeiter und Angestellte. Für beide gilt aber, dass die Krankheit (der Unglücksfall) ihre Arbeitsunfähigkeit nach sich ziehen muss, die schon dann anzunehmen ist, wenn der Betroffene die geschuldeten Dienste nicht ohne Gefahr der Verschlimmerung des (Gesundheits-)Zustandes erbringen kann.[388] Die Verhinderung ist dem AG unverzüglich anzuzeigen und auf dessen Verlangen ist auch eine ärztliche Bestätigung über die Erkrankung vorzulegen.[389] Ist der AN damit säumig, verliert er für die Dauer der Säumnis seinen Entgeltfortzahlungsanspruch.[390] Der AN hat sich überdies tunlichst so zu verhalten, dass seine Arbeitsfähigkeit bald wieder hergestellt wird; handelt er den Anordnungen des Arztes oder allg üblichen Verhaltensweisen betont und offenkundig zuwider, setzt er idR einen Entlassungsgrund.[391]

Der Grundanspruch auf Entgeltfortzahlung (EFZ) im Krankheitsfalls beträgt für Arbeiter und für Angestellte sechs Wochen in voller Höhe – dieser Teil des EFZ-Anspruchs erhöht sich mit steigendem Dienstalter: acht Wochen nach fünf Dienstjahren, 10 nach 15 Jahren und 12 nach 25 Jahren – und anschließend vier Wochen in halber Höhe.[392]

---

388 Kuraufenthalte, die aus Gründen der Erhaltung, Besserung oder Wiederherstellung der Arbeitsfähigkeit vom SV-Träger bewilligt wurden, sind gleichgestellt, s § 1154 Abs 4 ABGB, § 2 Abs 2 EFZ (analog).

389 Die Rsp verlangt ein Verlangen im Einzelfall und lässt eine generelle Festlegung der Vorlagepflicht im Arbeitsvertrag nicht ausreichen. Übrigens: Die ärztliche Beurteilung hat die Vermutung der Richtigkeit für sich; zu alledem: OGH 15.6.1988, 9 ObA 122/88, RdA 1990/42 (*Rebhahn*).

390 § 4 Abs 1 EFZG, § 8 Abs 8 AngG.

391 OGH 16.5.2002, 8 ObA 100/02t; OGH 7.4.1987, 14 ObA 38/87. Detektivkosten, die zur Aufdeckung eines solchen Verhalten notwendig waren, stellen bei Verschulden des AN einen ersatzfähigen Schaden des AG dar: OGH 17.2.1981, 4 Ob 67, 68/80. Zum Thema Detektiv(kosten): B. *Hainz*, ZAS 2012/24. Übrigens: Entgegen der zT in der Lit vertreten Ansicht ist der Größenschluss, dass es zulässig wäre, den AN nicht zu entlassen, sondern ihm nur die EFZ zu verweigern, verfehlt. Vgl zB *Rebhahn/ Ettmayer* in Kletečka/Schauer, ABGB-ON[1.00] § 1154b Rz 28.

392 Beachte § 8 Abs 1 und 2 AngG, § 2 Abs 1 und 5 EFZG, § 1154b Abs 1 bis 3 ABGB.

Bei Arbeitsunfällen und Berufskrankheiten erhöht sich der Grundanspruch bei Angestellten auch bei einer Dienstzeit unter fünf Jahren auf acht Wochen EFZ in voller (und dann vier Wochen in halber) Höhe; solche Fälle sind bei Angestellten nicht anders zu behandeln als gewöhnliche Krankheits- bzw Unglücksfälle, vielmehr ist gesetzlich nur sichergestellt, dass der AN beim Grundanspruch jedenfalls zumindest acht Wochen volle EFZ erhält. Bei Arbeitern begründen Dienstverhinderungen aufgrund von Arbeitsunfällen oder Berufskrankheiten dagegen einen vom Grundanspruch losgelösten, eigenen EFZ-Anspruch für die Dauer von acht (nach 15 Dienstjahren: 10) Wochen.

Der Grundanspruch steht Arbeitern pro Arbeitsjahr zu, entsteht also erst im folgenden Arbeitsjahr neu;[393] bis dahin müssen die Arbeiter bei jeder Erkrankung vom Grundanspruch zehren, bis dieser aufgebraucht ist (dann steht ihnen zwar vom AG nichts mehr zu, doch besteht idR Anspruch auf Krankengeld gegenüber dem KV-Träger). Der gesondert zu betrachtende Anspruch bei Arbeitsunfällen und Berufskrankheiten steht Arbeitern hingegen pro (Anlass-)Fall zu, dh egal wie viele Arbeitsunfälle der Arbeiter pro Jahr erleidet, stets stehen ihm acht bzw 10 Wochen EFZ pro Fall in voller Entgelthöhe zu.

Bei Angestellten kommt es – anders als bei Arbeitern – nicht auf das Jahr an. Vielmehr steht ihnen der Grundanspruch bei jeder sog Ersterkrankung in voller Länge zu. Die erste Erkrankung im Dienstverhältnis ist eine Ersterkrankung. Jede Erkrankung, die innerhalb von sechs Monaten nach Wiederantritt des Dienstes auf die Ersterkrankung folgt, wird hingegen – unabhängig davon, ob sie etwas mit der ersten zu tun hat oder nicht – als Folgeerkrankung bezeichnet. Sobald die sechs Monate abgelaufen sind, ist die nächstfolgende Erkrankung wieder eine Ersterkrankung, die den Grundanspruch neu entstehen lässt.

Im Falle einer Folgeerkrankung können Angestellte zunächst noch auf ihren Grundanspruch greifen, wenn sie diesen nicht vollständig aufgebraucht haben. Ist dieser schon vollständig konsumiert, steht ihnen allerdings noch ein weiterer Anspruch in selber Länge, jedoch in halber Höhe zu. Schöpft jemand bei einer Folgeerkrankung noch den Rest seines Grundanspruchs aus und greift dann auf den soeben genannten (Folge-)Anspruch, steht ihm aber die EFZ höchstens so lange zu, wie sein Grundanspruch lang ist.

393 Die Rsp vertritt (nunmehr), dass dem Arbeiter bei Überschreiten der Jahresgrenze während des Krankenstandes auch der neue Anspruch zu Gute kommt, s OGH 28.1.1999, 8 ObA 163/98y, ZAS 1999/18 (*Pernkopf*).

Der EFZ-Anspruch eines Angestellten mit weniger als fünf Dienstjahren wäre demnach folgender: Sechs (bei einem Arbeitsunfall: acht) Wochen volles Entgelt und vier Wochen halbes Entgelt bei Ersterkrankung. Wird er innerhalb eines halben Jahres nach Wiederantritt des Dienstes wieder krank, stehen ihm sechs Wochen halbes und vier Wochen Viertel-Entgelt zu. Nach Ablauf des halben Jahres entsteht wieder der Grundanspruch in voller Höhe.[394]

Festzuhalten bleibt iZm der EFZ im Krankheitsfall noch, dass der AG die EFZ in gesetzlich vorgesehener Dauer und Höhe auch dann zu leisten hat, wenn das Arbeitsverhältnis während des Krankenstandes eines AN endet, sofern es durch Kündigung von Seiten des AG, unberechtigte Entlassung oder gerechtfertigten Austritt endet.[395] Sollte ein AN während seines (Erholungs-)Urlaubs erkranken bzw verunglücken, ohne dies vorsätzlich, grob fahrlässig oder während einer dem Erholungszweck widersprechenden Erwerbstätigkeit verursacht zu haben, werden die auf Werktage fallenden Tage der Erkrankung (an denen er dadurch arbeitsunfähig war), nicht als Urlaubs-, sondern als Krankenstandstage gewertet. Hierfür muss er aber den AG nach der dafür erforderlichen min dreitägigen Krankheitsdauer unverzüglich informieren und ihm bei Dienstantritt ein ärztliches Zeugnis oder eine Bestätigung des zuständigen KV-Trägers über Beginn, Dauer und Ursache der Arbeitsunfähigkeit vorlegen.[396]

dd Sonstige persönliche Gründe und Pflegefreistellung

Der AN behält seinen Anspruch auf Entgelt (auch) dann, wenn er durch andere (als Krankheits- oder Unglücksfälle) wichtige, seine Person betreffende Gründe ohne sein Verschulden während einer verhältnismäßig kurzen Zeit an der Leistung seines Dienstes verhindert wird.[397] Anders als für Angestellte ist diese Regelung für Arbeiter kollektivvertragsdispositiv, weswegen KollV für sie häufig sowohl die wichtigen persönlichen Gründe als auch die Dauer der EFZ dafür abschließend regeln. Für Angestellte ist die Frage, welche Gründe als wichtige persönliche Dienstverhinderungsgründe in Frage kommen und wie lange denn verhältnismäßig kurz ist, folglich praxisrelevanter. Grds hängt die Dauer der EFZ vom jeweiligen Verhinderungsgrund ab, doch wird im Regelfall der Zeitraum von einer Woche nicht über-

---

394 Vgl *Holzer* in Marhold/Burgstaller/Preyer, AngG-Kommentar § 8 AngG Rz 33.

395 § 9 Abs 1 AngG, § 5 EFZG.

396 § 5 UrlG; beachte Abs 3 leg cit bzgl Erkrankungen im Ausland.

397 § 8 Abs 3 AngG, § 1154b Abs 5 ABGB.

schritten werden dürfen. Als Gründe kommen für die Rsp solche in Betracht, die den AN entweder durch ihre unmittelbare Einwirkung an der Arbeitsleistung hindern oder aber nach Recht, Sitte oder Herkommen wichtig genug erscheinen, um ihn davon abzuhalten.[398] Dazu können familiäre Gründe wie Hochzeiten, Geburten und Todesfälle naher Angehöriger ebenso zählen wie zB Gerichtstermine, ungewöhnliche Verkehrsstörungen auf dem Weg zur Arbeit, denen der AN nicht anderweitig oder durch bessere Vorsorge ausweichen kann, oder die Teilnahme an gewissen Veranstaltungen von hinreichender Bedeutung aufgrund religiöser Pflichten.[399]

Ungeachtet der Möglichkeit, einen EFZ-Anspruch auch auf sonstige wichtige persönlichen Dienstverhinderungsgründe zu stützen, wird dem AN in § 16 UrlG ein Anspruch auf EFZ auch dann eingeräumt, wenn er an der Dienstleistung

- wegen der notwendigen Pflege eines im gemeinsamen Haushalt lebenden nahen Angehörigen oder
- wegen der notwendigen Betreuung eines Kindes infolge eines Ausfalls der ständigen Betreuungsperson aus einem der in § 15d Abs 2 Z 1 bis 5 MSchG genannten Gründen oder
- wegen der Begleitung (s)eines unter 10-jährigen erkrankten Kindes bei einem stationären Aufenthalt in einer Heil- und Pflegeanstalt

nachweislich verhindert ist; dieser Anspruch besteht bis zum Höchstausmaß der regelmäßigen wöchentlichen Arbeitszeit innerhalb eines Arbeitsjahres.[400] Davon profitieren primär Arbeiter, weil deren EFZ-Ansprüche aus sonstigen wichtigen persönlichen Gründen (anders als bei Angestellten) nicht zwingend ausgestaltet und idR in KollV abschließend geregelt sind.

Darüber hinaus besteht ein Anspruch auf Freistellung für eine weitere Woche, wenn der AN den erstgenannten Pflege- bzw Betreuungsfreistellungsanspruch verbraucht hat und (nicht gleich anschließend, dh ohne Unterbrechung, sondern als neuer Fall) ein im gemeinsamen Haushalt lebendes, unter 12-jähriges, Kind erkrankt ist und gepflegt werden muss. Sind beide Ansprüche schon verbraucht, kann der AN aus ebendiesem Grund – ausnahmsweise ohne Vereinbarung mit seinem AG – Urlaub antreten.

---

398 RIS-Justiz: RS0021438.

399 Vgl zB *Löschnigg*, Arbeitsrecht[11] 478 Rz 6/656 f.

400 Beachte § 16 UrlG. Zum Verhältnis verschiedener EFZ-Ansprüche zueinander: *Naderhirn*, ZAS 2007/18.

de (Erholungs-)Urlaub

Urlaub ist eine bezahlte Freistellung von der Arbeitspflicht auf bestimmte Zeit, grds zu Erholungszwecken, doch dient er als Maßnahme zur Umverteilung der Arbeit auch arbeitsmarktpolitischen Zielen.[401] Geregelt ist er im UrlG sowohl für Arbeiter als auch für Angestellte.[402] Dieses sichert AN einen unabdingbaren bezahlten – nicht in Geld ablösbaren – Urlaub im Ausmaß von 30 Werktagen (dh 25 Arbeitstagen bei einer Fünf-Tage-Woche bzw fünf Wochen) pro Arbeitsjahr; nach 25 Dienstjahren sind es 36 Werktage (also: sechs Wochen), auf die der AN Anspruch hat.[403] Der Anspruch entsteht in den ersten sechs Monaten des ersten Arbeitsjahres im Verhältnis zur zurückgelegten Dienstzeit, nach sechs Monaten entsteht der Urlaub in voller Höhe; ab dem zweiten Arbeitsjahr entsteht er schon mit Beginn des Jahres in voller Höhe.[404] Eine Umstellung des Urlaubsjahres vom Arbeits- auf das Kalenderjahr kann in den Grenzen des § 2 Abs 4 UrlG durch KollV und BetrV oder in Betrieben ohne BR durch schriftliche Einzelvereinbarung erfolgen. Der Urlaubsanspruch wird durch Zeiten, in denen kein Anspruch auf Entgelt besteht, nicht gekürzt, sofern gesetzlich nicht anderes bestimmt wird (so aber bei Mutterschaftskarenz und Präsenz- bzw Zivildienst).[405] Bei auf Initiative des AN oder in seinem überwiegenden Interesse vertraglich vereinbarten Karenzierungen kann allerdings die Herausrechnung dieser Zeiten vereinbart werden.[406]

Der Zeitpunkt des Urlaubsantritts ist unter Berücksichtigung der Erfordernisse des Betriebes und der Erholungsmöglichkeiten des AN (iZw unter Beachtung der Fürsorgepflicht des AG) zwischen den Arbeitsvertragsparteien zu vereinbaren.[407] Kommt keine Einigung zustande, kann diese Interessenabwägung vom Gericht mit einer Klage gegen den jeweils anderen begehrt werden. Falls im Betreib ein BR errichtet ist, kann der AN den Urlaub zu dem von ihm gewünschten Zeitpunkt antreten, wenn der Urlaub min 12 Werktage betragen soll, er den

---

401 *Schrammel*, Arbeitsrecht II[7] 165 ff.

402 Zu den Ausnahmen s § 1 Abs 2 UrlG.

403 §§ 2 Abs 1, 7, 12 UrlG. Unmittelbar vorangegangene Dienstzeiten beim selben AG und grds auch solche mit einer drei Monate nicht übersteigenden Unterbrechung werden angerechnet, ebenso wie (Hoch-)Schulzeiten und fremde Vordienstzeiten bis zu einem Höchstausmaß, s §§ 2 Abs 3 und 3 UrlG. Zum Zusatzurlaub bei Nachtschwerarbeit: § 10a UrlG.

404 § 2 Abs 2 UrlG.

405 § 2 Abs 2 letzter Satz UrlG, § 15f MSchG, § 9 APSG.

406 Dies folgt aus einer historisch-teleologischen Betrachtung; zum Thema: *Lind-Leitner*, ecolex 1997, 953.

407 § 4 Abs 1 UrlG.

gewünschten Zeitpunkt dem AG zumindest drei Monate vorher bekanntgegeben hat und auch unter Beteiligung des BR keine Einigung zustande gekommen ist; das geht aber dann nicht, wenn der AG frühestens acht und spätestens sechs Wochen vor dem beabsichtigten Urlaubsantritt (eine negative Feststellungs-)Klage dagegen eingebracht hat.[408] Der Urlaub sollte möglichst bis zum Ende des Urlaubsjahres verbraucht werden, doch verjährt er erst nach Ablauf von zwei Jahren, ab dem Ende des Urlaubsjahres, in dem er entstanden ist.[409] Eine Teilung des Urlaubes auf Betreiben des AG ist nur einmal möglich, sofern ein Teil min sechs Werktage beträgt; auf Wunsch des AN ist ein häufigerer (auch tageweiser) (Kurz-)Urlaub möglich.[410] Das Urlaubsentgelt ist dem AN bei Antritt des Urlaubs für die ganze Urlaubsdauer im Voraus zu zahlen.[411]

Ist bei Beendigung des Arbeitsverhältnisses noch Urlaub aus vergangenen Urlaubsjahren offen, steht dem AN dafür eine Ersatzleistung in Höhe des dafür gebührenden Urlaubsentgelts zu. Hat der AN jedoch Urlaub aus dem laufenden Jahr noch nicht verbraucht, steht ihm als Ersatzleistung nur ein der tatsächlichen Dauer des Arbeitsverhältnisses in diesem Urlaubsjahr entsprechender (aliquoter) Anspruch zu, (wenn er ihn noch nicht verbraucht hat,) es sei denn, er wäre ohne wichtigen Grund vorzeitig ausgetreten.[412] Urlaubsentgelt für einen allenfalls über das aliquote Ausmaß hinaus verbrauchten Urlaub ist nicht rückzuerstatten, es sei denn, das Arbeitsverhältnis endet durch unberechtigten vorzeitigen Austritt oder verschuldete Entlassung.

e Arbeitsumstände, -umfeld und -bedingungen

ea Allgemeines

Ein Teil der arbeitsrechtlichen Normen ist öffentlich-rechtlicher Natur und hat vor allem den Zweck, zentrale, schützenswerte Güter der AN, in erster Linie: Leben, Gesundheit und Sittlichkeit, zu schützen. Man rechnet sie in der L systematisch einem eigenen Teilbereich des Arbeitsrechts zu: Dem Arbeitnehmerschutzrecht, das durch verwal-

408 § 4 Abs 4 UrlG.

409 § 4 Abs 5 UrlG.

410 Zu diesem Ergebnis gelangt man im Wege historisch-teleologischer Auslegung des § 4 Abs 3 UrlG.

411 § 6 Abs 6 UrlG; dies ist eine spezielle Fälligkeitsregel.

412 § 10 UrlG.

tungsstrafrechtliche Sanktionsnormen gekennzeichnet ist.[413] In der L heißt es zT, diese (aber zT heißt es auch: sowie andere, dem AN-Schutz dienende) öffentlich-rechtlichen Regelungen würden die Fürsorgepflicht des AG konkretisieren, sodass bei deren Verletzung auch eine Verletzung der Fürsorgepflicht angenommen werden könne.[414] Die Überschneidung öffentlich-rechtlicher und privatrechtlicher Pflichten der Arbeitsvertragsparteien sollte jedoch nicht zu ihrer pauschalen Gleichsetzung, Über- oder Unterordnung oder zur Annahme einer einseitigen Verstärkung der jeweils anderen bzw gegenseitigen Verstärkung verleiten. Hier scheint die Fürsorgepflicht als auf die bona fides rückführbares allgemeines Rechtsprinzip, das den AG bei organisatorischen Maßnahmen zum Vorgehen nach Treu- und Glauben anhält und die berechtigte Erwartungshaltung des AN in diesem Zusammenhang schützt, die sich insb am geltenden Recht und dh insb an einschlägigen Rechtsvorschriften zu orientieren hat, manchmal mit der Fürsorgepflicht als (bloß) sozialpolitisches Schlagwort (, das den sozialen Schutzgedanken repräsentiert,) vermengt zu werden.

Gegliedert wird das AN-Schutzrecht für gewöhnlich in den Gefahrenschutz (auch: technischer AN-Schutz, insb im ASchG), den Verwendungsschutz (insb im KJBG und MSchG) und den Arbeitszeitschutz (insb im AZG und ARG). Da es in diesem Kapitel aber allg um die Arbeitsumstände und -bedingungen geht und der AN auch ein diskriminierungs- und belästigungsfreies Arbeitsumfeld erwarten darf, wird auch kurz auf Gleichbehandlungspflichten eingegangen.

eb Gesundheits- und Gefahrenschutz

Aus der Fürsorgepflicht des AG folgt ganz allg, dass der AG Dienstleistungen so zu regeln und bzgl der von ihm beizustellenden Räume und Gerätschaften dafür zu sorgen hat, dass das Leben und die Gesundheit des AN, soweit es nach der Natur der Dienstleistung möglich ist, geschützt werden.[415] Im Detail regelt aber das ArbeitnehmerInnenschutzgesetz (ASchG), dass er und welche Maßnahmen er zum Schutze des Lebens, der Gesundheit und der Sittlichkeit der AN sowie zur Verhütung arbeitsbedingter (physischer und psychischer) Gefahren,

413 Verwaltungsstrafrechtlich verantwortlich ist der AG; bei juristischen Personen sind es die zur Vertretung nach außen befugten Organe, die jedoch bei Bestellung verantwortlicher Beauftragter (auch aus dem Kreis leitender Angestellter) eingeschränkt haften. Beachte § 9 VStG und § 23 ArbIG.

414 Zum Thema: *Löschnigg*, Arbeitsrecht[11] 391 f Rz 6/356 ff; *Schwarz*, Öffentliches und privates Recht in der arbeitsrechtlichen Systembildung (1973).

415 § 1157 ABGB.

zur Information, Unterweisung und Bereitstellung einer geeigneten Organisation und erforderlicher Mittel zu treffen hat.[416] Darin wird er auch zur regelmäßigen Evaluierung betrieblicher Gefahren verpflichtet.[417] Spezielle Vorschriften gibt es zu Arbeitsstätten und Baustellen (ua die Verpflichtung, sanitäre Vorkehrungen zu treffen und für den Nichtraucherschutz zu sorgen),[418] Arbeitsmitteln und Arbeitsstoffen,[419] der Gesundheitsüberwachung[420] und zu Arbeitsvorgängen sowie zu Arbeitsplätzen (zB für Bildschirmarbeitsplätze).[421] Innerbetrieblich hat zum einen der BR Befugnisse zur Überwachung der Einhaltung der Vorschriften und zT Mitwirkungsrechte.[422] Zum anderen sieht das ASchG die Einrichtung von Präventivdiensten vor; so sind (interne oder externe) Sicherheitsfachkräfte zu bestellen.[423] Werden im Betrieb regelmäßig mehr als 10 AN beschäftigt, sind aus der Belegschaft (mit Zustimmung des BR) Sicherheitsvertrauenspersonen zu bestellen.[424]

Zur außerbetrieblichen Kontrolle sind (regionale) Arbeitsinspektorate berufen; die Arbeitsinspektion ist die zur Wahrnehmung des gesetzlichen Schutzes der AN – betont sei, dass sich ihr Aufgabenbereich auch auf den Arbeitszeitschutz bezieht – und zur Beratung der AG und AN bei der Durchführung des AN-Schutzes berufene Behörde.[425] Sie sind zB ua berechtigt, Betriebsstätten und Arbeitsstellen zu betreten und zu besichtigen, bei festgestellten Übertretungen (nach vorheriger Aufforderung des AG zur Herstellung des vorschriftsmäßigen Zustandes) Anzeigen an Verwaltungsstrafbehörden zu erstatten oder in Fällen unmittelbar drohender Gefahr für Leben bzw Gesundheit sogar die Schließung der Betriebsstätten bzw der Arbeitsstelle oder die Stilllegung von Maschinen zu verfügen.[426]

---

416 Eingehend: *Stärker* in Mazal/Risak, Das Arbeitsrecht, Kap IX.

417 § 4 ASchG. Zum Thema: *Stärker*, ecolex 1996, 690; R. *Novak*, ASoK 1997, 306.

418 §§ 19 ff ASchG.

419 §§ 33 ff, 40 ff ASchG.

420 §§ 49 ff ASchG.

421 §§ 60 ff ASchG.

422 §§ 89 Z 3, 92a ArbVG.

423 §§ 73 ff ASchG.

424 Zur Bestellung und zu den Aufgaben s §§ 10 f ASchG.

425 § 3 Abs 1 ArbIG.

426 §§ 4 ff, 10 Abs 3 ArbIG.

ec Verwendungsschutz; Schwangeren- und Elternschutz

Der Gesetzgeber schränkt zT die Verwendung (den Einsatz) bestimmter AN (in einer bestimmten Art und Weise) zu dessen Schutz ein. Ein bedeutendes Bsp ist die Beschränkung des Einsatzes von Kindern und Jugendlichen im KJBG. Ganz allg normiert § 6 ASchG, dass der AG bei der Übertragung von Aufgaben an AN deren Eignung in Bezug auf Sicherheit und Gesundheit zu berücksichtigen hat, insb hat er auf Konstitution und Körperkräfte, Alter und Qualifikation Rücksicht zu nehmen. Praktisch am relevantesten sind aber wohl die speziellen Regelungen zum Schutz Schwangerer und (stillender) Mütter nach dem Mutterschutzgesetz (MSchG). Ergänzend dazu ist das Väter-Karenzgesetz (VKG) zu beachten.

Vom absoluten Beschäftigungsverbot während der letzten acht Wochen vor und der ersten acht Wochen nach der Entbindung (Schutzfrist) einer Frau war bereits die Rede. Daneben sind im MSchG auch relative Beschäftigungsverbote (insb bzgl schwerer körperlicher Arbeiten) zu Gunsten werdender und stillender Mütter (bzw Frauen nach der Entbindung) normiert.[427] Hinzuweisen ist überdies auf das Verbot der Nachtarbeit (20:00 bis 06:00 Uhr), der Sonn-, Feiertags- und Überstundenarbeit.[428]

Im Anschluss an die Schutzfrist können Mütter oder alternativ auch Väter auf ihr Verlangen eine (min zweimonatige) Karenz (dh eine unbezahlte Freistellung von der Arbeitspflicht) bis zum Ablauf des zweiten Lebensjahres des Kindes in Anspruch nehmen, sofern sie mit dem Kind im gemeinsamen Haushalt leben.[429] Die Karenz darf zweimal zwischen den Elternteilen geteilt werden, wobei sie aus Anlass des ersten Wechsels ein Monat überlappend in Karenz gehen können; dadurch wird aber die Gesamt(anspruchs)dauer kürzer. Beginn und Dauer der Karenz sind dem AG bis zum Ende der Schutzfrist und etwaige Verlängerungen spätestens drei Monate nach Auslaufen der zunächst begehrten Karenz bekannt zu geben. Im Einvernehmen mit

---

427 §§ 4, 4a, 5 Abs 3 MSchG. Werdenden und stillenden Müttern ist die Möglichkeit zum Hinlegen und Ausruhen zu eröffnen, letzteren ist überdies die erforderliche Zeit zum Stillen ihrer Kinder zu gewähren, s §§ 8a f, sowie 14 MSchG

428 §§ 6 bis 8 MSchG.

429 §§ 15 ff MSchG, §§ 2 ff VKG. Zum Karenzanspruch von Adoptiv- und Pflegeeltern s § 15c MSchG, § 5 VKG. Zur Karenz bei Verhinderung des anderen Elternteils durch ein unvorhersehbares und unabwendbares Ereignis (insb schwere Erkrankung) für eine nicht nur verhältnismäßig kurze Zeit s § 15d MSchG, § 6 VKG. Die Karenz wird grds nicht für dienstzeitabhängige Ansprüche angerechnet; beachte eine Ausnahme für die erste Karenz, im Detail: § 15f MSchG, § 7c VKG.

dem AG können drei Karenzmonate auch bis zum siebenten Lebensjahr oder aus Anlass eines späteren Schuleintritts des Kindes verbraucht werden. Während der Karenz ist es arbeitsrechtlich gestattet, eine geringfügige Beschäftigung auszuüben. Bei entsprechender Vereinbarung mit dem AG ist für höchstens 13 Wochen (bei einer Karenz, die sich nicht über das ganze Jahr erstreckt: nur im aliquoten Ausmaß) auch eine Beschäftigung über der Geringfügigkeitsgrenze (nach ASVG) zulässig.[430] Die Rechtsfolgen der Missachtung dieser Grenzen sind str;[431] die Auswirkungen auf das während einer Karenz idR bezogene Kinderbetreuungsgeld aufgrund des Überschreitens der Zuverdienstgrenze sind davon losgelöst zu beurteilen.

Mütter und Väter haben ungeachtet ihres Karenzanspruchs die Möglichkeit stattdessen auf Teilzeitbeschäftigung (oder auch nur auf die Änderung der Lage ihrer Arbeitszeit) bis zum siebenten Lebensjahr oder einem späteren Schuleintritt des Kindes zu bestehen, wenn ihr Dienstverhältnis zum Antrittszeitpunkt min drei (ununterbrochene) Jahre gedauert hat und im Betrieb, in dem sie tätig sind, mehr als 20 AN beschäftigt sind.[432] Diese (min zweimonatige) Teilzeitbeschäftigung kann für jedes Kind nur einmal in Anspruch genommen werden, wobei sich der andere Elternteil nicht zugleich in Karenz befinden darf. Beginn, Dauer, Ausmaß und Lage der Teilzeitarbeit sind dem AG zu vereinbaren; dabei hat (im Ernstfall vor Gericht) eine Interessenabwägung zu erfolgen.[433] Falls kein Anspruch auf Teilzeitbeschäftigung besteht, kann sie dennoch bis zum vierten Lebensjahr des Kindes mit dem AG vereinbart werden; hierbei ist jedoch der AN genötigt, bei

---

430 § 15e MSchG, § 7b VKG.

431 Zum Thema: *Egermann*, ZAS 2004/37; *Wolfsgruber*, ecolex 2007, 621. Am ehesten ist davon auszugehen, dass bei einem Verstoß gegen die in § 15e MSchG gesetzten Grenzen weder die Karenz beendet wird, noch der besondere Bestandschutz der ANin wegfällt; der Gesetzgeber hat in keiner Weise zu erkennen gegeben, dass dies die Folge sein soll. Er stellt lediglich klar, dass eine Verletzung der Dienstpflicht bei solchen Beschäftigungen im Rahmen der genannten Grenzen keine Auswirkungen auf das karenzierte Verhältnis hat. Bei derartigen Beschäftigungen bleibt nämlich das karenzierte Dienstverhältnis unberührt; ein Kündigung nach § 10 Abs 4 MSchG bleibt dem AG unbenommen. Man könnte überdies nur eine teleologische Extension des § 12 MSchG insoweit erwägen, dass die fristüberschreitende Beschäftigung bei einem Dritten bei Unzumutbarkeit der Aufrechterhaltung des Arbeitsverhältnisses zur Entlassung berechtigen würde.

432 §§ 15h ff MSchG, §§ 8 ff VKG. Beachte § 15j KSchG. In Betrieben mit weniger als 20 AN kann eine BetrV einen Anspruch auf Teilzeitbeschäftigung begründen.

433 Zum Verfahren: § 15k MSchG, § 8c VKG.

Scheitern einer Einigung die Initiative zu ergreifen und zu klagen.[434]

Obwohl dies weder mit dem Verwendungs- noch mit dem Elternschutz etwas zu tun hat, sei in diesem Zusammenhang noch erwähnt, dass AN die Möglichkeit haben, sich zur Sterbebegleitung bestimmter nahestehender Personen oder zur Begleitung schwerstkranker Kinder (für drei bzw fünf Monate; eine Verlängerung ist möglich) karenzieren zu lassen, ihre Arbeitszeit herabsetzen zu lassen oder sie anders zu verteilen (sog Familienhospizkarenz). AG und AN können – sofern das Arbeitsverhältnis min drei Monate gedauert hat – auch eine sog Pflegekarenz oder -teilzeit vereinbaren.[435]

ed Arbeitszeitrechtlicher Rahmen

Arbeitszeit ist die Zeit vom Beginn bis zum Ende der Arbeit ohne Ruhepausen.[436] Beträgt die Gesamtdauer der täglichen Arbeitszeit mehr als sechs Stunden, ist sie durch eine unbezahlte Pause von min einer halben Stunde zu unterbrechen; im Interesse des AN oder aus betrieblichen Gründen können auch zwei Pausen von jeweils 15 Minuten oder drei von je 10 Minuten gewährt werden.[437] Nach der Beendigung seiner Tagesarbeitszeit steht dem AN eine tägliche Ruhezeit von zumindest 11 Stunden zu.[438] Pro Woche sind einem AN 36 Stunden Ruhezeit zu gewähren, in welche der Sonntag (Wochenendruhe) zu fallen hat und die grds bis am Samstag um 13:00 Uhr beginnen muss; bei einer Arbeitszeiteinteilung am Sonntag ist diese ununterbrochene Ruhezeit, die einen ganzen Tag zu erfassen hat, an anderen Tagen dieser Woche (Wochenruhe), bei Beschäftigung während der (gewöhnlichen) (end-)wöchentlichen Ruhezeit in der folgenden Arbeitswoche (Ersatzruhe, die auf seine Wochenarbeitszeit anzurechnen ist), zu gewähren.[439] Darüber hinaus sind AN an gesetzlichen Feiertagen vom Dienst freizustellen und behalten ihren Anspruch auf Entgelt, falls sie an diesen Tagen normalerweise gearbeitet hätten, wenn nicht Feiertag wäre.[440]

Selbst bei Einhaltung der gesetzlich geforderten Ruhezeiten darf der AN nicht nach Belieben beschäftigt werden, sondern sind Arbeitszeitgrenzen einzuhalten. Das Grundarbeitszeitmodell, von dem

434 Zum Verfahren: § 15l MSchG, § 8d VKG.

435 Im Detail: §§ 14a bis 15a AVRAG, § 29 AlVG, §§ 21e ff BPGG.

436 § 2 Abs 1 Z 1 AZG. Wegzeiten zur und von der Arbeit zählen nicht zur Arbeitszeit.

437 § 11 Abs 1 AZG; beachte aber auch die Abs 2 bis 10 leg cit.

438 § 12 Abs 1 AZG; davon gibt es jedoch Ausnahme- bzw Verkürzungsmöglichkeiten.

439 §§ 3, 4, 6 ARG. Beachte aber die Ausnahmen in den §§ 10 ff AZG.

440 §§ 7 f ARG. Beachte aber die Ausnahmen in den §§ 10 ff AZG.

der Gesetzgeber im AZG ausgeht,[441] ist jenes der Normalarbeitszeit: Acht Stunden täglich und 40 Stunden wöchentlich. Wird die tägliche oder die wöchentliche Normalarbeitszeit überschritten, liegt Überstundenarbeit vor, für die dem AN – bei entsprechender Anordnung durch den AG oder zumindest dessen Duldung – ein (Entgelt-)Zuschlag von 50 % oder eine Abgeltung durch Zeitausgleich gebührt, wobei der 50 %-ige Zuschlag auch beim Zeitausgleich zu berücksichtigen (oder gesondert auszuzahlen) ist.[442] Die Höchstgrenzen der Arbeitszeit sind in jedem Fall zu beachten; diese liegen grds bei 10 Stunden täglich und 50 Stunden wöchentlich.[443] Abgesehen davon sind weitere Beschränkungen zu beachten: Überstunden sind nur zulässig, wenn ein erhöhter Arbeitsbedarf vorliegt, wobei wöchentlich nicht mehr als zehn geleistet werden dürfen: Fünf Überstunden sind das normale Kontingent an zulässigen Überstunden pro Woche (bei erhöhtem Arbeitsbedarf); diese können mit bis zu fünf weiteren Stunden aus einem weiteren Kontingent angereichert werden, das pro Kalenderjahr 60 Überstunden beinhaltet. Davon kann man so lange zehren, bis sie im aktuellen Kalenderjahr aufgebraucht sind, sodass nur noch jene fünf Stunden aus dem ersten Kontingent pro Woche bleiben, die nicht überschritten werden dürfen.[444]

Die Lage der Normalarbeitszeit ist zu vereinbaren, sofern sie nicht bereits durch Normen kollektiver Rechtsgestaltung festgesetzt ist. Der AG kann sie nur dann ändern, wenn dem keine vertragliche Vereinbarung entgegensteht, dies sachlich gerechtfertigt ist, dem AN min zwei Wochen vorher mitgeteilt wird und der Einteilung des AG auch keine berücksichtigungswürdigen Interessen des AN entgegenstehen.[445] Räumt der AG dem AN insofern Zeitsouveränität ein, als er es ihm überlässt, Beginn und Ende der täglichen Normalarbeitszeit oder auch das Ausmaß der täglichen Arbeit innerhalb (der Höchstarbeits-

---

441 Das AZG gilt für AN, die das 18. Lebensjahr vollendet haben; davor ist das KJBG zu beachten. Ausgenommen sind nach § 1 Abs 2 AZG zB AN von Gebietskörperschaften und leitende Angestellte. Für AN in Krankenanstalten sieht das KA-AZG Sonderregelungen vor.

442 §§ 3, 6, 10 AZG. Ob Geld oder Zeitausgleich zu gewähren ist, richtet sich nach der Vereinbarung. Im Zweifel gebührt eine Geldleistung. Gebührt aber Zeitausgleich und wird dieser nicht innerhalb eines halben Jahres gewährt, kann der AN den Zeitpunkt des Verbrauchs bei vierwöchiger Vorankündigungsfrist grds selbst bestimmen: § 19f Abs 2 und 3 AZG.

443 § 9 Abs 1 AZG; beachte die Erweiterungen in den Abs 2 und 3 leg cit.

444 Beachte § 7 AZG. Zur Vornahme von Vor- und Abschlussarbeiten darf außerdem die tägliche Arbeitszeit um eine halbe Stunde (max 10 Stunden täglich) überschritten werden: § 8 AZG.

445 § 19c AZG.

zeitgrenzen und) eines vereinbarten zeitlichen (Gleitzeit-)Rahmens selbst zu bestimmen (sog Gleitzeit), – auch wenn eine Block- oder Kernzeit vereinbart wird, an welcher der AN jedenfalls anwesend sein muss, – kommt ihm das insofern zu Gute, als der AN bis zu 10 Stunden täglich arbeiten kann, ohne dass Überstunden(-zuschläge) anfallen.[446] Die wöchentliche Arbeitszeit darf dabei innerhalb der jeweils durch BetrV oder in Betrieben ohne BR durch schriftliche (Gleitzeit-) Vereinbarung festgelegten Gleitzeitperiode 40 Stunden nicht überschreiten, außer das ebenfalls vereinbarte Höchstmaß an Übertragungsmöglichkeiten von Zeitguthaben (oder auch: Schulden) in die nächste Periode ist noch nicht erreicht.[447]

Um Überstunden(-zuschläge) zu vermeiden und zugleich den betrieblichen Erfordernissen der AG gerecht zu werden, sieht das AZG einige Möglichkeiten vor, vom Grundmodell der Normalarbeitszeit abzuweichen (flexible Arbeitszeitmodelle).[448] So kann durch BetrV (bei Fehlen eines BR: schriftlichen Vertrag) eine Vier-Tage-Woche mit bis zu 10 (Normalarbeits-)Stunden (und uU 2 weiteren Überstunden) täglich zugelassen werden.[449] Ebenso kann die Normalarbeitszeit pro Tag bis zu neun Stunden betragen, wenn als Ausgleich Freitag-Frühschluss vereinbart wird.[450] Überdies kann der KollV zulassen, dass in einzelnen Wochen eines Durchrechnungszeitraums von bis zu einem Jahr die Normalarbeitszeit bei einem Durchrechnungszeitraum von bis zu acht Wochen 50 Stunden, darüber hinaus: höchstens 48 Stunden, ausgedehnt wird, sofern sie innerhalb dieses Zeitraums im Durchschnitt 40 Stunden nicht überschreitet. Übrigens: Der KollV kann die gesetzliche Normalarbeitszeit auch verringern und statt 40 Stunden zB 38,5 Stunden pro Woche vorsehen.

Liegt die vertraglich vereinbarte Wochenarbeitszeit unterhalb der gesetzlichen oder durch kollektive Rechtsgestaltung verringerten Normalarbeitszeit (diese wird auch Vollzeitarbeit genannt), spricht der Gesetzgeber von Teilzeitarbeit; bei (Mehr-)Arbeit über das vereinbarte (Teilzeit-)Arbeitszeitausmaß hinaus gebührt den AN grds ein Mehrarbeitszuschlag iHv 25 %, sofern die Mehrarbeitsstunden nicht innerhalb eines Kalendervierteljahres oder eines anderen festgelegten Zeitraums von drei Monaten, in dem sie angefallen sind, durch Zeit-

446 § 4b AZG.

447 § 4b Abs 2 AZG. Die Vereinbarung hat überdies die Dauer und die Lage der fiktiven Normalarbeitszeit zu bestimmen.

448 Beachte § 4 AZG zur „anderen" Verteilung der Normalarbeitszeit. Zur Schichtarbeit: § 4a AZG. Zur Dekadenarbeit: § 4c AZG.

449 § 4 Abs 8 AZG.

450 § 4 Abs 2 AZG.

ausgleich im Verhältnis 1:1 ausgeglichen werden.[451] Fallen bei Voll- oder Teilzeitarbeit Zeiten geringerer Arbeitsintensität an, wie bei Arbeitsbereitschaft oder bei Reisezeiten, zählen sie dennoch zur Arbeitszeit, rechtfertigen aber uU eine Überschreitung der Höchstgrenzen der Arbeitszeit bzw eine Kürzung der täglichen Ruhezeit.[452] Nicht zur Arbeitszeit zählen Zeiten der Rufbereitschaft, die zwar mit Zeiten der Arbeitsbereitschaft gemeinsam haben, dass sich der AN zur Arbeitsaufnahme im Bedarfsfall bereitzuhalten hat, sich von diesen jedoch dadurch unterscheiden, dass sich der AN nicht an einem von seinem AG bestimmten Ort aufhalten muss, wie zB ein Apotheker während des Nachtdienstes, sondern seinen Aufenthaltsort (innerhalb einer bestimmten Reichweite) selbst wählen kann (zB ein Arzt, der zu Hause ausschlafen kann und lediglich per Telefon erreichbar sein muss, damit er den Dienst im Falle eines dringenden Operationsbedarfs aufnehmen kann). Für Rufbereitschaftsdienste gibt es aber dennoch arbeitszeitrechtliche Vorschriften, die zu beachten sind, insb darf Rufbereitschaft grds nur an 10 Tagen pro Monat vereinbart werden.[453] Für Reise- und Bereitschaftszeiten dürfen geringere Löhne vereinbart werden.[454]

Das Arbeitszeitrecht ist als solches durch weitestgehend öffentlich-rechtliche Normen gekennzeichnet, deren Verletzung verwaltungsstrafbewehrt ist. Ob sie eingehalten werden, kontrollieren die Arbeitsinspektorate. Der AG hat deswegen Aufzeichnungen über die geleisteten Arbeitsstunden zu führen; wenn vereinbart ist, dass der AN die Arbeitszeitaufzeichnungen selbst führen soll, muss der AG sie zumindest kontrollieren.[455]

ee Diskriminierungsfreies Umfeld

Jeder Mitgliedstaat der EU hat die Anwendung des Grundsatzes des gleichen Entgelts für Männer und Frauen bei gleicher oder gleichwertiger Arbeit sicherzustellen.[456] Die EU bekennt sich ausdrücklich zur Gleichheit von Männern und Frauen.[457] In Umsetzung unionsrecht-

451 Beachte § 19d AZG vollständig.

452 § 20b AZG stellt das für passive Reisezeiten, während welcher der AN keine aktiven Arbeitsleistungen zu erbringen hat, klar. Für aktive Reisezeiten gelten dagegen die gewöhnlichen Arbeitszeitregeln.

453 § 20a AZG, § 6a ARG.

454 Vgl *Wolf* in Mazal/Risak (10. Lfg), XI Rz 23, 26, 30.

455 Auch bei einer sog Vertrauensarbeitszeit muss der AG einen Blick auf die Arbeitszeitaufzeichnungen seiner AN werfen, s *Risak*, ecolex 2005, 888.

456 Art 157 AEUV.

457 Art 2 EUV.

licher Vorgaben ist nach dem GlBG neben der unmittelbaren oder auch nur mittelbaren (dh scheinbar an neutrale Kriterien anknüpfenden, jedoch für Personen mit bestimmten Merkmalen in besonderer Weise benachteiligend wirkenden)[458] Diskriminierung aufgrund des Geschlechts aber auch jene aufgrund der ethnischen Zugehörigkeit, des Alters, der Religion oder Weltanschauung und der sexuellen Orientierung verboten. Dies gilt nicht nur bei der Begründung des Arbeitsverhältnisses und den Arbeitsbedingungen während des aufrechten Arbeitsverhältnisses, insb bei der Festsetzung des Entgelts, der Gewährung freiwilliger (Sozial-)Leistungen, Bildungsmaßnahmen, und Beförderungen, sondern auch bei der Beendigung des Arbeitsverhältnisses. Als Sanktionen kommen insb (Schaden-)Ersatzansprüche (so zB bei sexueller Belästigung: min 1000 €) in Betracht; geht es um diskriminierende Kündigungen, können diese (binnen 14 Tagen) angefochten werden.[459]

Diskriminierungsverbote gibt es abseits des GlBG insb auch zu Gunsten von AN mit Behinderungen.[460] Für BR-Mitglieder gilt ein Benachteiligungsverbot;[461] auch Teilzeitbeschäftigte oder AN mit befristeten Arbeitsverträgen dürfen nicht ohne sachliche Rechtfertigung benachteiligt werden.[462] Im Betriebspensionsrecht besteht ein ausdrücklich normiertes Gleichbehandlungsgebot.[463] Nach hM muss der

---

458 Bei mittelbaren Diskriminierungen gibt es Erleichterungen bei den Rechtfertigungen, vgl bsp *Rebhahn*, JBl 1993, 681 ff.

459 Vgl bsp *Steinlechner*, taxlex 2008, 437; *Gerhartl*, ecolex 2011, 939. Zu Problemen bei Mehrfachdiskriminierung: *Windisch-Graetz*, RdA 2005, 238. Ausführlich zu den Gleichbehandlungspflichten: *Sturm/Körber*, Gleichbehandlung, in Mazal/Risak, Das Arbeitsrecht (8. Lfg) VIII.

460 §§ 7a ff BEinstG.

461 § 115 Abs 3 ArbVG.

462 § 19d Abs 6 AZG, § 2b Abs 1 AVRAG. Auch AN, die bei ernster und unmittelbarer Gefahr für Leben und Gesundheit den Gefahrenbereich verlassen, dürfen deswegen nicht benachteiligt werden. Gleiches gilt, wenn sie (bei Nichterreichen der eigentlich zuständigen Personen, ohne grob fahrlässig zu handeln,) selbst Maßnahmen zur Abwehr der Gefahr treffen. Werden sie deswegen gekündigt oder entlassen, können sie die Kündigung bzw Entlassung binnen einer Woche (nach Zugang) gerichtlich anfechten: § 8 AVRAG.

463 § 18 BPG. IZm Betriebspensionen, auf die in diesem Buch nicht eingegangen wird, seien als allg Hinweis nur die Arten von Leistungszusagen nach § 2 BPG erwähnt: Direkte Leistungszusagen an AN und deren Hinterbliebene; Zahlung von Prämien für eine zu Gunsten der AN und deren Hinterbliebene abgeschlossene Lebensversicherung; Beitragszahlungen an eine Pensionskasse oder eine betriebliche Kollektivversicherung. Zentrale Themen im BPG sind ua unverfallbare Anwartschaf-

AG überdies stets einen allg arbeitsrechtlichen Gleichbehandlungsgrundsatz beachten, der es ihm verbietet, einen oder einzelne AN ohne sachliche Gründe schlechter als andere AN zu behandeln; dieses Minderheitsschutzrecht, das der Bevorzugung einzelner AN und insb Stichtagsregelungen (zB dahingehend, dass ab dem 1.6.2017 neu eintretenden AN eine bisher allen AN gewährte Zulage nicht mehr gewährt wird) nicht entgegensteht, spielt ua bei Betriebsübungen eine bedeutende Rolle.[464] Seine dogmatische Grundlage ist zwar str, doch lässt er sich noch am ehesten mit der Fürsorgepflicht erklären, bei deren Konkretisierung (als einem auf die bona fides rückführbaren allg Rechtsgrundsatz) hier der dem verfassungsrechtlichen Gleichheitssatz zu entnehmende Sachlichkeitsgrundsatz mittelbare (Dritt-)Wirkung entfaltet.[465]

Nicht unerwähnt bleiben sollen iZm Gleichbehandlungsfragen auch die insb bei grenzüberschreitenden Entsendungen nach Österreich eine Rolle spielenden Vorschriften der §§ 7 ff AVRAG. Vorab sei jedoch darauf hingewiesen, dass bei Auslandsberührung die sog ROM I-VO maßgeblich ist, die zwar eine Wahl des anwendbaren Rechts zulässt, die für den AN allerdings nicht zum Verlust jenes Schutzes führen kann, der ihm durch Vorschriften des Rechts gewährt wird, das mangels einer Rechtswahl anzuwenden gewesen wäre.[466] Für Arbeitsverträge ist grds das Recht jenes Staates maßgeblich, in dem der AN für gewöhnlich seine Arbeit verrichtet;[467] dabei bleibt es auch dann, wenn er vorübergehend in einen anderen Staat entsandt wird.

In den §§ 7 bis 7b AVRAG regelt der österreichische Gesetzgeber Ansprüche von in Österreich tätigen AN gegen ausländische AG.

---

ten und die (Einstellung,) Aussetzung oder Einschränkung von (Beitrags-)Leistungen; s zum Thema: *Schima*, Betriebspension, in Mazal/Risak, Das Arbeitsrecht (8. Lfg) VII; *Drs* (Hrsg), Handbuch Betriebspensionsrecht (2013).

464 Zum Thema: *Binder*, RdA 1983, 156 f; *Mayer-Maly*, RdA 1980, 261 ff; RIS-Justiz: RS0060204.

465 *Pacic*, Methoden 120 f.

466 Art 8 der VO (EG) Nr. 593/2008 des Europäischen Parlaments und des Rates vom 17. Juni 2008 über das auf vertragliche Schuldverhältnisse anzuwendende Recht.

467 Beachte Art 8 der ROM I-VO in seiner Gesamtheit; Im Zweifel gilt das Recht des Staates, in dem sich die Niederlassung befindet, die den AN eingestellt hat. Weist der Vertrag eine engere Verbindung als zum Recht des nach den genannten Regeln ermittelten Staates, ist das Recht dieses Staates anzuwenden. Achtung: Zwingende (öffentlich-rechtliche) Eingriffsnormen des Aufenthaltsstaates bleiben unberührt und müssen beachtet werden. Zum Thema: G. *Burger*, ZAS 2012/2; C. *Rudolf*, ÖJZ 2011/17.

Beschäftigt ein AG ohne Sitz in Österreich, der nicht Mitglied einer kollektivvertragsfähigen Körperschaft in Österreich ist, einen AN mit gewöhnlichem Aufenthalt im Inland, hat dieser AN zwingend Anspruch auf zumindest jenes (gesetzliche oder) kollv Entgelt, das am Arbeitsort vergleichbaren AN von vergleichbaren AG gebührt. Dies gilt auch für AN, die von einem AG ohne Sitz in einem Mitgliedstaat des EWR für Arbeiten im Rahmen einer Arbeitskräfteüberlassung oder zur Erbringung einer fortgesetzten Arbeitsleistung nach Österreich entsandt werden; ihnen steht darüber hinaus auch bezahlter Urlaub nach § 2 UrlG zu und sie haben Anspruch auf Einhaltung kollektivvertraglich festgelegter Arbeitszeitregelungen.[468] Das Gleiche gilt für AN, die von AG mit Sitz in einem anderen Mitgliedstaat des EWR zur Erbringung einer fortgesetzten Arbeitsleistung nach Österreich entsandt werden; überdies sind für sie Aufzeichnungen iSd RL 91/533/EWG (Dienstzettel) bereitzuhalten. Dadurch soll Lohndumping vermieden werden.[469]

f Schadenshaftung

Die Haftung des AN nach allg Zivilrecht für bei Erbringung der Dienstleistung schuldhaft verursachte Schäden im Vermögen seines AG oder Dritter könnte in vielen Fällen zu unbilligen Ergebnissen führen, wenn man sich vor Augen führt, dass er oftmals mit fremden Betriebsmitteln von großem Wert arbeitet, während er selbst womöglich kein besonders hohes Einkommen hat und sich die Arbeit als solche uU durch gesteigerte Schadensgeneigtheit auszeichnet, ohne dass er beim Arbeitsablauf freie Hand hat. Derartige Überlegungen veranlassten die gesetzgebende Autorität zur Beschränkung der Haftung von Arbeitnehmerinnen und Arbeitnehmern im Dienstnehmerhaftpflichtgesetz (DHG).[470]

Hat ein AN seinem AG bei Erbringung der Dienstleistung (zwar) schuldhaft, aber nicht vorsätzlich, einen Schaden zugefügt, kann das Gericht aus Gründen der Billigkeit den Ersatz mäßigen oder, sofern dem AN nur leichte Fahrlässigkeit vorzuwerfen ist, auch ganz erlassen.[471] Bei der Entscheidung über die Höhe der Ersatzpflicht hat der Richter nicht nur auf das Ausmaß des Verschuldens des AN, sondern zB auch auf das Ausmaß der mit der ausgeübten Tätigkeit verbundenen

468 Zum sog Montageprivileg s § 7a Abs 4, aber auch: § 7b Abs 2 AVRAG.
469 Beachte auch § 7b Abs 3 bis 9 AVRAG, sowie §§ 8 Abs 1 und 14c Z 2 AuslBG.
470 Beachte § 1 DHG zum Geltungsbereich dieses Gesetzes.
471 § 2 Abs 1 DHG.

Verantwortung, den Grad der Ausbildung des AN und die Bedingungen Bedacht zu nehmen, unter denen die Arbeit zu leisten war.[472] Für eine entschuldbare Fehlleistung haftet der AN gar nicht.[473] Im Übrigen erlöschen (nur) auf leichter Fahrlässigkeit beruhende Ersatzansprüche schon dann, wenn sie nicht binnen sechs Monaten gerichtlich geltend gemacht werden.[474]

Hat der AN bei Erbringung der Dienstleistung (schuldhaft) einen Dritten (also nicht seinen AG) geschädigt und hat (auch) sein AG dem Dritten für diesen Schaden einzustehen (insb aufgrund der Gehilfenhaftung nach §§ 1313a, 1315 ABGB), so kann sich derjenige der beiden Arbeitsvertragsparteien (dh der AG oder der AN), der dem Dritten den Schaden im Einverständnis mit dem anderen oder aufgrund eines rechtskräftigen Urteils ersetzt hat, beim jeweils anderen regressieren. Dieser Regressanspruch im Innenverhältnis zwischen AG und AN ist dann nach den gleichen Regeln zu bemessen, wie der Ersatzanspruch des AG bei einer direkten Schädigung durch den AN (s oben).[475]

Vom DHG ungeregelt ist sowohl der Fall, dass der AN bei Erbringung der Dienstleistung einen Dritten schädigt, sein AG für den Schaden aber nicht haftet (insb weil er in keinem Vertragsverhältnis zum Dritten steht und der Schädiger in diesem Fall mangels habitueller Untüchtigkeit nicht als sein Besorgungsgehilfe iSd § 1315 ABGB anzusehen ist), als auch der Fall, dass der AN im Interesse des AG sein Privatvermögen einbringt und dieses bei Erbringung der Arbeit dann beschädigt. Die Rsp und mit ihr die wohl hL befürwortet in beiden Fällen eine analoge Anwendung des § 1014 ABGB, wonach der Gewaltgeber (Auftraggeber) verbunden ist, dem Gewalthaber (Auftragnehmer) allen zur Besorgung des (ihm aufgetragenen) Geschäfts notwendigen und nützlichen Aufwand zu ersetzen und den durch sein

---

472 § 2 Abs 2 DHG zählt die wichtigsten Umstände demonstrativ auf.

473 § 2 Abs 3 DHG. Eine solche liegt nach der Rsp zB vor, wenn einem 15-jährigen Friseurlehrling nach dreimonatiger Lehrzeit eine hochgezogene Trockenhaube durch etwas zu starken Druck beim Beiseiteschieben umkippt, s OGH 23.10.1962, 4 Ob 120/62.

474 § 6 DHG. Nach § 7 Abs 1 leg cit ist eine Aufrechnung von Ansprüchen gegen den AN während des aufrechten Dienstverhältnisses nur zulässig, wenn er nicht binnen 14 Tagen ab Zugang der Aufrechnungserklärung widerspricht.

475 §§ 3 Abs 2 und 3, sowie 4 Abs 2 und 3 DHG. Die Ersatzleistung ist dem anderen unverzüglich mitzuteilen und ihm im Falle der Klage der Streit zu verkünden. Wenn das nicht geschieht, kann einem der andere alle gegen den Dritten unausgeführt gebliebenen Einwendungen entgegensetzen: §§ 3 Abs 1 und 4, 4 Abs 1 und 4 DHG.

Verschulden entstandenen oder mit der Erfüllung des Auftrags verbundenen Schaden zu vergüten.[476] Das Risiko des Tätigwerdens des AN sei in diesen Fällen seinem AG zuzurechnen, weswegen der AN von ihm – unter sinngemäßer Anwendung der Mäßigungskriterien nach dem DHG – den Ersatz für den dem Dritten geleisteten Schadenersatz oder für die Beseitigung des ihm selbst entstandenen Schadens verlangen dürfe (Risikohaftung). Direkt anwendbar ist § 1014 ABGB für Arbeitsverträge nur dann, wenn mit der Arbeitsleistung eine Geschäftsbesorgung verbunden ist.[477]

Diese (in der Lit durchaus str) Lösung ist dogmatisch nicht überzeugend, weil die Bedachtnahme auf den historischen Handlungskontext des Gesetzgebers erkennen lässt, dass hier die Analogiebasis fehlt, zumal zum einen keineswegs überzeugend nachgewiesen wurde, dass § 1014 ABGB tatsächlich als Ausdruck eines allgemeinen (Risikohaftungs-)Prinzips vom Gesetzgeber gedacht war und zum anderen verkannt wird, dass sich der Gesetzgeber bei der Nichterstreckung dieser Regelung auf das Arbeitsverhältnis seines Handelns bewusst war.[478] Ein Rückgriff auf die Fürsorgepflicht des AG und eine teleologische Extension des DHG führen bei den Eigenschäden (dh bei der Beschädigung des für den AG eingesetzten privaten Eigentums des AN) aber ohnehin zu einer Ersatzpflicht des AG; bei den vom DHG nicht erfassten Drittschäden ist jedoch kein Regress des AN beim AG möglich, weil der Gesetzgeber die Drittschadensproblematik abschließend geregelt hat und somit keine (planwidrige) Lücke vorliegt, die man mittels Analogie schließen könnte.[479]

g Betriebsübergang und Umstrukturierungen

Geht ein Unternehmen, ein Betrieb oder ein Betriebsteil von einem Inhaber auf einen anderen über, so tritt letzterer als AG mit allen Rechten und Pflichten in die im Zeitpunkt des Übergangs bestehenden Arbeitsverhältnisse ein.[480] Dadurch sollen – in Umsetzung der

476 RIS-Justiz: RS0019522. Gehaftet wird nur für arbeitsadäquate Schäden (man spricht im Zusammenhang damit von der Betriebsgefahr), s *Strasser* in Rummel[3] §§ 1014, 1015 Rz 10.

477 § 1151 Abs 2 ABGB.

478 Zum historischen Werdegang: *Tomandl*, ZAS 1991, 37 ff.

479 Eingehend zum Thema: *Pacic*, Methoden 169 ff.

480 § 3 Abs 1 AVRAG. Dies Rechtsfolge gilt nach Abs 2 leg cit jedoch nicht im Fall eines Sanierungsverfahrens ohne Eigenverwaltung oder eines Konkursverfahrens (des Veräußerers). Zur Informationspflicht iZm Betriebsübergängen: § 3a AVRAG.

Betriebsübergangs-RL[481] – die Ansprüche betroffener AN geschützt werden. Als Betriebs(teil)übergang gilt nur der Übergang einer ihre Identität bewahrenden wirtschaftlichen Einheit, wobei die wirtschaftliche Einheit im Sinne einer organisierten Zusammenfassung von Ressourcen zur Verfolgung einer wirtschaftlichen Haupt- oder Nebentätigkeit aufgefasst wird. Ob es zum Übergang einer solchen Einheit gekommen ist und der neue Inhaber auch neuer AG der dem betroffenen Betrieb(steil) (nach organisatorischen und funktionalen Gesichtspunkten) zugeordneten AN wird, deren Verträge mit allen Rechten und Pflichten auf ihn übergehen, wird vor allem anhand folgender Kriterien geprüft: Übernahme materieller (zB Maschinen) und/oder immaterieller (zB Know-how) Betriebsmittel, Übernahme des nach Zahl und Sachkunde wesentlichen Teils des Personals, Übergang der Kundschaft, sowie Grad der Ähnlichkeit zwischen der vor und nach dem Übergang verrichteten Tätigkeiten.[482] Auf die (rechtliche) Art der Übertragung der wirtschaftlichen Einheit (zB durch Kauf, Verpachtung, Tausch, uU sogar Auftragsneuvergabe) kommt es nicht an; ändern sich aber nur die Beteiligungen an einer Gesellschaft (die als solche weiterhin AG bleibt) oder kommt es bloß zu einer reinen Funktionsnachfolge im Sinne einer Übertragung lediglich der Tätigkeit (, ohne damit einhergehende Übertragung materieller bzw immaterieller Betriebsmittel oder der Übernahme eines bedeutenden Teils der Belegschaft,) ist der Anwendungsbereich des Betriebsübergangsrechts hingegen noch nicht eröffnet.[483]

Gegen den automatischen (ex lege) Eintritt des Neuinhabers als AG mit allen Rechten und Pflichten in die zum Zeitpunkt des Betriebsübergangs von diesem betroffenen Arbeitsverträge, kann sich der AN grds nicht wehren; es gibt kein allg Widerspruchsrecht.[484] Wenn der Erwerber jedoch den kollektivvertraglichen Bestandschutz oder die betriebliche Pensionszusage nicht übernimmt, kann der betroffene AN dem Betriebsübergang innerhalb eines Monats (ab Ablehnung) mit der Rechtswirkung widersprechen, dass sein Arbeitsverhältnis zum alten AG unverändert aufrecht bleibt.[485] Unterliegt der Erwerber

---

481 RL 77/187/EG vom 14.2.1977, idF der RL 2001/23/EG vom 12.3.2011.

482 Zum Thema: *Jöst* in Mazal/Risak (7 Lfg), XIV Rz 17 ff.

483 *Marhold/Friedrich*, Österreichisches Arbeitsrecht[2] 280 ff.

484 RIS-Justiz: RS0126635. Zum Thema: *Gahleitner*, ASoK 1997, 343. Die Rsp schließt den Widerspruch bei in Bezug auf die gesetzlich geregelten Gründe gleichwertigen Gründen, auf die der Gesetzgeber nicht Bedacht genommen hat, nicht aus; so etwa uU dann, wenn ein Mitglied des BR sein Mandat verlieren würde, s OGH 23.5.1997, 8 ObA 105/97t, RdA 1998/8 (krit *Runggaldier*).

485 § 3 Abs 4 AVRAG; beachte diesbezüglich auch die §§ 4 f leg cit.

einem anderen KollV, darf der Wechsel jedenfalls (aber nur) nicht zu einer Schmälerung des dem AN vor Betriebsübergang für die regelmäßige Arbeitsleistung in der Normalarbeitszeit gebührenden Entgelts führen.[486] Unterliegt der Erwerber keinem KollV, unterliegt er fortan dem KollV, der im Betrieb(steil) galt, der auf ihn übergegangen ist; falls ein solcher Betrieb(steil) jedoch erneut auf einen neuen Erwerber übergeht, der keinem KollV unterliegt, so hat er die vor diesem neuerlichen Betriebsübergang kollektivvertraglich vorgesehenen Arbeitsbedingungen nur bis zur Kündigung oder bis zum Ablauf ebendieses KollV oder bis zur Anwendung eines anderen KollV aufrechtzuerhalten, wobei die darin geregelten Arbeitsbedingungen nach einem Jahr auch zu Lasten des AN einzelvertraglich geändert werden dürfen.[487] Werden durch den nach Betriebsübergang anzuwendenden KollV oder die dann anzuwendenden BetrV die Arbeitsbedingungen wesentlich verschlechtert, kann der AN innerhalb eines Monats ab dem Erkennen(müssen) der Verschlechterung das Arbeitsverhältnis unter Einhaltung (nur) der gesetzlichen oder kollv Fristen und Termine lösen, wobei die Kündigung insofern privilegiert ist, als sie wie eine Kündigung von Seiten des AG wirkt.[488]

Kündigungen von AN (sei es vor oder nach dem Betriebsübergang), deren tragender Grund der Betriebsübergang ist, werden von der Rsp als nach § 879 Abs 1 ABGB (relativ) nichtig (zu Gunsten des AN) behandelt; sie laufen nämlich den mit dem normierten ex lege Übergang verknüpften unabdingbaren Rechten betroffener AN zuwider.[489] Von einer solchen Kündigung betroffene AN können den Fort-

---

486 § 4 Abs 2 AVRAG. Es kommt zu einem statischen Festschreiben dieses Entgelts, das fortan an den Ist-Lohn-Erhöhungen (nur) des Erwerber-KollV teilnimmt.

487 § 4 Abs 1 AVRAG kommt – auch wenn dies str ist – nur in jenem engen Bereich zur Anwendung, in dem § 8 Z 2 ArbVG keine Anwendung findet, s *Schwarz/Löschnigg*, ÖJZ 1994, 217 ff. *Schrammel*, Arbeitsrecht II[7] 216, hebt hierbei jene Fälle hervor, in denen der übertragene Betrieb(steil) mit Betrieben bzw Betriebsteilen des Erwerbers verschmolzen wird und dadurch seine organisatorische Selbstständigkeit verliert.

488 § 3 Abs 5 AVRAG; Abs 6 leg cit eröffnet die Möglichkeit vorab auf Feststellung der wesentlichen Verschlechterung der Arbeitsbedingungen zu klagen.

489 Liegen die Kündigung oder etwa deren Beendigungswirkung in zeitlicher Nähe zum Betriebsübergang, treffen den Veräußerer bzw Erwerber nach der Rsp die Behauptungs- und die Beweislast, dass die Kündigung nicht allein aufgrund des Übergangs erfolgte: RIS-Justiz: RS0108456; RS0102122. Unbenommen bleibt dem AG aber die Kündigung aus anderen (zB Verhaltens-)Gründen, wobei die Rsp darauf abstellt, ob die

bestand des Arbeitsverhältnisses innerhalb einer angemessenen Frist gerichtlich feststellen lassen. Wird das Vertragsverhältnis zwischen AN und dem früheren Betriebsinhaber beendet und nach Betriebsübergang ein neuer Vertrag zum neuen Inhaber begründet, oder soll der AN zwar beim alten Betriebsinhaber verbleiben, nach dem Betriebsübergang jedoch an den neuen Betriebsinhaber überlassen werden, so ist dies nur zulässig, wenn eine solche Vorgehensweise für den AN (insgesamt) nicht ungünstiger ist als der gesetzlich angeordnete ex lege Übergang.[490]

Sofern andere gesetzliche Regelungen oder Gläubigerschutzbestimmungen für den AN nichts Günstigeres bestimmen, haften für Verpflichtungen aus einem Arbeitsverhältnis zum ehemaligen Inhaber (Veräußerer) des Betriebes, die vor dem Zeitpunkt des Betriebsübergangs begründet wurden, der Veräußerer und der Erwerber zur ungeteilten Hand, wobei hinsichtlich der Haftung des Erwerbers § 1409 ABGB anzuwenden ist.[491] Für Abfertigungsansprüche, die nach dem Betriebsübergang entstehen, haftet der Veräußerer noch fünf Jahre nach dem Betriebsübergang mit jenem Betrag, der dem fiktiven Abfertigungsanspruch im Zeitpunkt des Übergangs entspricht. Für Ansprüche auf eine Betriebspension aus einem Leistungsfall nach dem Betriebsübergang haftet der Veräußerer auch fünf Jahre nach dem Betriebsübergang und nur mit jenem Betrag, der den im Zeitpunkt des Übergangs bestehenden Pensionsanwartschaften entspricht.[492]

Hinzuweisen bleibt noch auf die Auswirkungen von Betriebsübergängen und Umstrukturierungsmaßnahmen auf die Belegschaftsorgane und die im Betrieb bestehenden Betriebsvereinbarungen.[493] Der bloße Inhaberwechsel lässt an sich die Identität des Betriebes unberührt, weswegen auch der dortige BR bestehen bleibt und die BetrV in Geltung bleiben. Kommt es zu einer Verselbstständigung von Betriebsteilen (dh werden sie zu einem neuen Betrieb), bleiben BetrV auch davon unberührt; der bisherige BR bleibt bis zur dortigen Neuwahl eines BR, längstens aber für vier Monate, für die AN der ver-

---

Kündigung auch ohne Betriebsübergang erfolgt wäre, s RIS-Justiz: RS0108457.

490 Vgl *Pacic* in ZellHB Rz 21.10 ff.

491 § 6 AVRAG. Nach hA gilt die Haftungserleichterung des § 1409 ABGB nur für jene Altschulden, die nicht aufgrund des ex lege Eintritts auf den Erwerber übergegangen sind, vgl OGH 17.11.1999, 9 ObA 213/99k, RdA 2000/59 (*Wagnest*).

492 § 6 Abs 2 AVRAG, der auch für andere Fälle künftiger Erfüllung der vom Veräußerer eingegangenen Verbindlichkeiten eine Analogiebasis bilden könnte.

493 §§ 31 Abs 4 bis 7, 62b f ArbVG.

selbstständigten Betriebsteile (weiterhin) zuständig. Verschmelzen zwei bestehende Betriebe zu einem neuen Betrieb (Zusammenschluss durch Neubildung), bilden die BR beider Betriebe bis zur Neuwahl eines BR, längstens jedoch für ein Jahr, einen einheitlichen BR; die bisher geltenden BetrV bleiben nur für die zuvor schon erfassten AN in Geltung (sog personenbezogene Restgeltung). Nimmt ein Betrieb einen anderen Betrieb auf, ohne dabei seine Identität zu verlieren, ist fortan der BR des aufnehmenden Betriebes auch für die AN des aufgenommenen Betriebes zuständig. Es gelten auch grds nur mehr die BetrV des aufnehmenden Betriebes, doch bleiben für die AN des aufgenommenen Betriebes jene BetrV unberührt, die Angelegenheiten betreffen, die in keiner BetrV des aufnehmenden Betriebes geregelt sind (man spricht von lückenfüllender, personenbezogener Restgeltung).

h Arbeitskräfteüberlassung

Immer öfter schließen AG Arbeitsverträge mit AN, die sie gar nicht selbst zu beschäftigen gedenken; die AN sollen stattdessen als sog Leiharbeitskräfte von ihrem AG auf Grundlage eines Dienstverschaffungsvertrages (gegen Entgelt) zur Arbeitsleistung an Dritte überlassen werden. Diese Beschäftiger setzen sie dann für betriebseigene Aufgaben ein. Im Durchschnitt gab es in den Jahren 2013/14 65.327 überlassene Arbeitskräfte.[494] Den rechtlichen Rahmen hierfür stellt das Arbeitskräfteüberlassungsgesetz dar.[495] Der Gesetzgeber des AÜG bezweckt damit den Schutz der überlassenen Arbeitskräfte und zugleich die Vermeidung arbeitsmarktpolitisch nachteiliger Entwicklungen.[496] Für jede Überlassung von Arbeitskräften gilt, dass keine Arbeitskraft ohne ihre ausdrückliche Zustimmung überlassen werden darf. Die Vereinbarung zwischen dem Überlasser als AG und der Arbeitskraft hat die in § 11 Abs 1 AÜG aufgezählten Bedingungen (zB

---

494 Ergebnisse der Erhebung Statistik zur Arbeitskräfteüberlassung für den Zeitraum 1.7.2013 bis 30.6.2014, durchgeführt von der Bundesanstalt Statistik Österreich (www.sozialministerium.at).

495 Beachte § 1 AÜG zum Geltungsbereich. Für die Beurteilung, ob eine Überlassung von Arbeitskräften vorliegt, ist nach § 4 Abs 1 AÜG eine wirtschaftliche Betrachtungsweise geboten. Zulässig ist übrigens auch die Subüberlassung; s dazu und zu den Rechtsfolgen: OGH 9.7.2008, 9 ObA 91/07h, ZAS 2011/7 (*Pacic*); *Pacic*, ecolex 2008, 555. Zur sog atypischen Überlassung über mehrere Jahre hindurch s OGH 3.12.2003, 9 ObA 113/03p; *Pacic*, Methoden 146 ff.

496 § 2 AÜG.

die vorgesehene Verwendung) zwingend festzulegen; Abs 2 leg cit nennt dagegen verbotene Vereinbarungen und Bedingungen (zB solche, die den Anspruch auf Entgelt auf die Dauer der Beschäftigung im Betrieb des Beschäftigers einschränken und dadurch das Risiko fehlender Überlassungsmöglichkeiten auf den AN überwälzen). Obwohl der AN in keiner vertraglichen Beziehung zum Beschäftiger steht, treffen auch diesen Fürsorgepflichten und gilt er als AG iSd Arbeitnehmerschutz- und Gleichbehandlungsvorschriften sowie der Diskriminierungsverbote, die für vergleichbare AN des Beschäftigers gelten.[497] Außerdem gilt das DHG auch zwischen dem Beschäftiger und der überlassenen Arbeitskraft.[498] Was das Entgelt bzw dessen Höhe betrifft, so hat die Arbeitskraft gegenüber dem Überlasser Anspruch auf ein angemessenes, ortsübliches Entgelt, das min einmal monatlich auszuzahlen ist, wobei Normen der kollektiven Rechtsgestaltung, denen der Überlasser unterworfen ist, unberührt bleiben.[499] Bei der Beurteilung der Angemessenheit ist für die Dauer der Überlassung auf das im Betrieb des Beschäftigers vergleichbaren AN für vergleichbare Tätigkeiten zu zahlende kollv oder gesetzlich festgelegte Entgelt sowie grds auf sonstige verbindliche Bestimmungen allg Art (uU auch auf freie BetrV) Bedacht zu nehmen.[500]

---

497 §§ 6, 6a AÜG. Beachte § 6a Abs 4 AÜG.

498 § 7 AÜG.

499 § 10 Abs 1 AÜG. Für Arbeiter/innen ist zu beachten, dass es für sie einen KollV für das Gewerbe der Arbeitskräfteüberlassung gibt. Zum Thema: *Adametz*, ASoK 2002, 66. Beachte die Abs 3 und 6 des § 10 AÜG bzgl Arbeitszeit, Urlaub und Zugang zu betrieblichen Wohlfahrtseinrichtungen.

500 Vgl *Schörghofer*, ZAS 2012, 336. Zu erwähnen ist, dass der Beschäftiger für die der Arbeitskraft für die Beschäftigung in seinem Betrieb zustehenden Entgeltansprüche als Bürge haftet; hat er seine Pflichten dem Überlasser gegenüber erfüllt, haftet er nur noch als Ausfallbürge; s im Detail: § 14 AÜG. Zu den Verpflichtungen des Überlassers gegenüber dem Beschäftiger s übrigens: *Rauch*, ASoK 2005, 103.

4 Beendigung und Bestandschutz

a Beendigung

aa Allgemeines

Das Arbeitsverhältnis endet mit Ablauf der Zeit, für die es eingegangen wurde.[501] Der Ablauf des befristeten Arbeitsverhältnisses wird lediglich durch die Meldung einer Schwangerschaft gehemmt: Meldet eine AN ihre Schwangerschaft, so läuft ihr Arbeitsverhältnis nach Ablauf der vereinbarten Zeit nicht aus, sondern wird bis zum Beginn des Beschäftigungsverbotes verlängert, außer die Befristung war gesetzlich vorgesehen oder aus sachlichen Gründen gerechtfertigt, zB wenn das Dienstverhältnis für die Dauer der Vertretung an der Arbeitsleistung verhinderter AN abgeschlossen wurde [502]

Ist das Arbeitsverhältnis ohne Zeitbestimmung (dh unbefristet) begründet worden, kann es durch (einseitige) Kündigung von Seiten des AG oder des AN gelöst werden, wobei idR Kündigungsfristen und -termine einzuhalten sind. Für eine Kündigung bedarf es grds keines Grundes, doch kann sie uU – vor allem dann, wenn sie aus ganz bestimmten, von der Rechtsordnung missbilligten Gründen erfolgt ist – angefochten werden. Liegen (zT gesetzlich ausdrücklich aufgezählte) wichtige Gründe für die Beendigung vor, kann das Arbeitsverhältnis sogar mit sofortiger Wirkung (fristlos) beendet werden; man nennt das (zumeist) Entlassung durch den AG oder Austritt des AN. Darauf wird hier in der Folge eingegangen, sodann wird der Kündigungs- und Entlassungsschutz (mancher) AN beleuchtet. Nicht erneut aufgegriffen wird die bereits erwähnte Endigung des Arbeitsverhältnisses durch Eintritt einer auflösenden Bedingung oder während der Probezeit.[503] Hingewiesen sei noch darauf, dass das Arbeitsverhältnis auch mit dem Tod des AN, grds aber nicht mit dem Tod des AG endet, es sei denn, dies wäre nach dem (hypothetischen) Parteiwillen als ge-

---

501 § 1158 Abs 1 ABGB.

502 § 10a MSchG.

503 Nicht unerwähnt bleiben sollte auch die Möglichkeit, uU (zB wenn ein Entlassungs- oder Austrittsgrund vorliegen würde oder ein Angestellter unter der ausdrücklichen Bedingungen aufgenommen wurde, dass er den Dienst genau an einem bestimmten Tag antritt, dies jedoch nicht passiert) bereits vor Antritt des Dienstes vom Vertrag zurückzutreten; beachte § 30 AngG. Vgl § 30 GAngG, § 35 TAG, § 11 LAG.

wollt zu betrachten, zB wenn der AN ausschließlich zur Pflege einer bestimmten Person angestellt war.[504] Wenn die Parteien Einvernehmen erzielen (können), steht es ihnen übrigens frei, sich (grds formlos) jederzeit (ohne an Fristen, Termine oder Gründe gebunden zu sein) darauf zu verständigen, ihr Arbeitsverhältnis enden zu lassen (sog Aufhebungsvertrag; einvernehmliche Auflösung).[505]

Bei Beendigung des Arbeitsverhältnisses ist der AG verpflichtet, dem AN auf sein Verlangen ein schriftliches (Dienst-)Zeugnis über die Dauer und die Art der Dienstleistung auszustellen, das zwar vollständig und objektiv richtig zu sein hat, aber keine Bewertung der Arbeitsleistung enthalten muss (schlichtes Zeugnis). Eintragungen und Anmerkungen darin, durch die dem AN die Erlangung einer neuen Stelle erschwert wird, sind – selbst wenn es nur um die Erwähnung der Art der Beendigung geht – unzulässig; nach der Rsp gilt das auch für nachteilige mündliche Auskünfte über ehemalige AN (an deren potenzielle neue AG).[506] Der AG ist auch – wobei es einige Ausnahmen gibt – verpflichtet, eine Auflösungsabgabe (2015: 118,- €) zum Ende arbeitslosenversicherungspflichtiger (freier) Dienstverhältnisse zu entrichten (§ 2b AMPFG).

ab Kündigung

In der überwiegenden Zahl der Fälle wird das Arbeitsverhältnis durch Kündigung aufgelöst; das ist eine einseitige, empfangsbedürftige Willenserklärung, die auf die Beendigung des (idR unbefristeten) Arbeitsverhältnisses gerichtet ist, und dem Vertragspartner zugehen, dh derart in seinen Machtbereich gelangen muss, dass mit ihrer Kenntnisnahme für gewöhnlich gerechnet werden kann. Es kann nur jeweils das ganze (Arbeits-)Vertragsverhältnis gekündigt werden; liegt jedoch

504 § 14 Ab 2 lit b BAG legt fest, dass das Lehrverhältnis mit dem Tod des Lehrberechtigten endet, wenn kein Ausbilder vorhanden ist, außer dieser wird ohne unnötigen Aufschub bestellt. Übrigens: Dauernde Unmöglichkeit der Leistung führt grds nicht zur Auflösung des Arbeitsvertrages; beachte aber § 29 TAG, §§ 14 Abs 2 lit c und d BAG, § 132 Z 3 und Z 7 LAG und vgl § 10 JournG.

505 Um leichtfertige Einverständniserklärungen zur einvernehmlichen Auflösung (insb zu Lasten eines besonderen Bestandschutzes) zu vermeiden, sind uU Formvorschriften (grds Schriftform, zT auch Belehrungsbescheinigung) zu beachten: Beachte § 10 Abs 7 MSchG. Vgl § 7 Abs 3 VKG, § 15 Abs 2 BAG, §§ 16, 20 Abs 4 APSG, § 102 Abs 3 LAG.

506 § 1163 ABGB, § 39 AngG. Vgl RIS-Justiz: RS0123204; RS0104541; RS0029978. Zum Thema: *Gerhartl*, ASoK 2008, 413; *Celar*, ASoK 2006, 7; *Stärker*, ASoK 2008, 406; *Schrank*, ZAS 2009/25.

eine Zusatzvereinbarung mit einer gewissen Eigenständigkeit vor, die gesondert entlohnt wird, sodass man von einem gesonderten Rechtsverhältnis sprechen kann, kann diese(s) mit einer auf nur auf diese(s) bezogenen (Teil-)Kündigung beendet werden.[507] Wird die Kündigung unter der Bedingung ausgesprochen, dass der Vertragspartner einer begehrten Vertragsänderung nicht binnen einer bestimmten Frist zustimmt, spricht man von einer (nach hA rechtlich zulässigen) Änderungskündigung.[508] Prinzipiell bedarf die Kündigung keiner Begründung,[509] doch darf sie nicht gegen die guten Sitten iSd § 879 Abs 1 ABGB verstoßen und wird die Begründungsfreiheit durch die Bestandschutzregelungen eingeschränkt (dazu später).

Zwischen dem Zugang der Kündigungserklärung und dem tatsächlichen Ende des Arbeitsvertrages, das idR nicht frei wählbar ist (Kündigungstermine), müssen gewisse Mindestfristen (Kündigungsfristen) eingehalten werden; eine Kündigung, die ohne Nennung des Kündigungstermins ausgesprochen wird, gilt als solche zum nächstmöglichen Termin. Die Länge der einzuhaltenden Kündigungsfristen und die zulässigen Kündigungstermine sind in verschiedenen Gesetzen für die jeweils von ihrem Anwendungsbereich erfassten Gruppen uneinheitlich geregelt. Im ABGB wird dabei zwischen höheren und anderen Diensten sowie nach der Art der Entlohnung unterschieden; jedenfalls ist darin aber festgelegt, dass die Fristen für beide Parteien gleich sein müssen.[510] Das AngG sieht hingegen für den AN kürzere Fristen (ein Monat zum Monatsletzten) als für AG vor, der eine Frist von min sechs Wochen einzuhalten hat, die mit steigendem Dienstalter des AN länger wird – nach zwei Dienstjahren sind es zwei Monate, nach fünf Jahren drei, nach 15 vier und nach 25 Jahren fünf Monate –, und nur zum Quartalsende ausgesprochen werden kann; allerdings kann die Zulässigkeit der Kündigung zum 15. oder Monatsletzten vereinbart werden.[511] Die Frist für den AN kann bis zu einem halben Jahr vertraglich ausgedehnt werden, doch darf die Frist für den AG nicht kürzer sein. Die GewO 1859 sieht nur eine dispositive 14-tägige Frist für beide Parteien vor.[512] Will der AG eine größere Anzahl AN kündigen,

507 Vgl OGH 14.9.1988, 9 ObA 164/88; OGH 31.8.2005, 9 ObA 119/05y; zum Thema: *Welser*, RdA 1991, 1 ff.

508 OGH 12.2.1998, 8 ObA 35/98z, SZ 71/25; OGH 22.2.2011, 8 ObA 57/10f; RIS-Justiz: RS0028310, RS0028059.

509 Anders ist dies nach § 32 Abs 1 VBG bei Vertragsbediensteten nach dem ersten Dienstjahr.

510 §§ 1159 ff ABGB.

511 § 20 AngG.

512 § 77 GewO 1859. Beachte auch § 17 GAngG, § 25 TAG, § 4 JournG, § 33 VBG, § 13 HausgG, § 8 BEinstG und § 28 LAG.

muss er min 30 Tage zuvor die zuständige regionale Geschäftsstelle des AMS darüber in Kenntnis setzen, damit es rechtzeitig mit (Förderungs-)Maßnahmen reagieren kann (Frühwarnsystem bei Massenkündigungen).[513]

Bei Kündigung durch den AG ist dem AN während der Kündigungsfrist auf sein Verlangen wöchentlich min 1/5 der regelmäßigen wöchentlichen Arbeitszeit ohne Schmälerung des Entgelts freizugeben.[514] Dieser Anspruch besteht nicht, wenn der AN Anspruch auf Pension aus der gesetzlichen Pensionsversicherung hat. Obwohl die dem AN einzuräumende Freizeit während der Kündigungsfrist in der Lit als „Postensuchtage" bezeichnet wird, muss sie nicht zur Postensuche verwendet werden. Die konkrete Lage und Dauer der Freizeit ist nach Abwägung der Interessen der Arbeitsvertragsparteien zu vereinbaren. Ob der AN Anspruch auf Postensuchtage bei einvernehmlicher Auflösung oder bei Auslaufen einer Befristung hat, ist zwar str, doch führen teleologische Erwägungen zum Schluss, dass ein solcher Anspruch bei einer einvernehmlichen Auflösung dann besteht, wenn diese klar im Interesse des AG gelegen ist und der AN die Zustimmung faktisch nicht verwehren kann (zB bei saisonaler Beschäftigung), und im Falle einer Befristung dann, wenn der AG sie zur Bedingung des Vertragsabschlusses gemacht hat, es sei denn er hat dem AN seine Nichtverlängerungsabsicht klar und wiederholt zur Kenntnis gebracht.[515] KollV dürfen (für den AN) Günstigeres wie auch Nachteiligeres vorsehen.[516]

ac Entlassung und Austritt

Aus wichtigen Grund kann das Arbeitsverhältnis (als Dauerschuldverhältnis) von beiden Arbeitsvertragsparteien mit sofortiger Wirkung aufgelöst werden, sofern die Aufrechterhaltung des Vertrages nicht (bei Dauertatbeständen: nicht länger), nicht einmal für die Dauer der Kündigungsfrist, zumutbar ist und die Auflösung ohne schuldhafte Verzögerung geschieht.[517] Der Auflösungsgrund muss dem Vertragspartner nicht mitgeteilt werden, sondern kann auch später (vor Ge-

---

513 Im Detail: § 45a AMFG.

514 § 22 AngG, § 1160 ABGB.

515 Zur Begründung: *Pacic*, ASoK 2007, 458.

516 § 22 Abs 4 AngG, § 1160 Abs 4 ABGB.

517 *Tomandl*, Arbeitsrecht I[7] 234 f. Kommt der AG dem AN (zB aus sozialen Gründen) entgegen, indem er ihn nicht fristlos, sondern mit einer verkürzten Frist entlässt, handelt es sich dennoch um eine Entlassung, sofern dem AN erkennbar ist, dass sich der AG dabei auf einen Entlassungsgrund stützt.

richt) nachgeschoben werden; von Bedeutung ist nur, ob um Zeitpunkt der Entlassung ein wichtiger Grund vorhanden war. Was als wichtiger Grund anzusehen ist, wird im ABGB nicht näher konkretisiert, wohingegen die §§ 26, 27 AngG demonstrativ und die §§ 82, 82a GewO 1859 abschließend (taxativ) Gründe aufzählen, die zur Entlassung bzw zum Austritt berechtigen.[518] Gründe zur vorzeitigen Auflösung setzen idR Verschulden des Vertragspartners voraus, doch gibt es auch solche, die verschuldensunabhängig sind. Zur Entlassung ist der AG zB dann berechtigt, wenn sich ein Angestellter einer solchen Handlung schuldig macht, die ihn des Vertrauens des AG (in seine dienstliche Korrektheit) unwürdig erscheinen lässt, zB wenn er durch sein Verhalten die Geschäftsbeziehungen zu einem wichtigen Kunden so sehr stört, dass dieser seinem AG deswegen alle Aufträge entziehen könnte. Einen Entlassungsgrund setzt ein Angestellter auch dann, wenn er ohne einen rechtmäßigen Hinderungsgrund (wie zB Krankheit) während einer den Umständen nach erheblichen Zeit (zB für einen ganzen Tag) die Dienstleistung unterlässt oder sich beharrlich weigert, sich gerechtfertigten Anordnungen seines AG zu fügen. Ein Arbeiter kann zB ebenso entlassen werden, wenn er die Arbeit unbefugt verlassen hat oder beharrlich seine Pflichten vernachlässigt, aber zB auch dann, wenn er der Trunksucht verfällt und wiederholt fruchtlos verwarnt wurde. Der AN kann zB seinen Austritt erklären, wenn ihm der AG sein Entgelt ungebührlich vorenthält. Die (dauernde) Dienstunfähigkeit, dh der Wegfall der Voraussetzungen zur künftigen Erbringung der jeweils geschuldeten Tätigkeit für einen erheblichen Zeitraum (zB Führerscheinentzug bei einem Kraftfahrer oder voraussichtlicher krankheitsbedingter Ausfall, ohne dass absehbar wäre, ob und wann der AN wieder gesunden wird), berechtigen sowohl den AG als auch den AN zur Vertragsauflösung.

Angestellte dürfen ohne Bewilligung ihres AG weder ein selbstständiges kaufmännisches Unternehmen betreiben, noch im Geschäftszweig des AG für eigene oder fremde Rechnung Handelsgeschäfte machen.[519] Verstöße gegen dieses Konkurrenzverbot bilden einen

518 § 1162 ABGB. Beachte §§ 26 f AngG und §§ 82 f GewO 1859. Beachte auch § 15 Abs 3 BAG, § 20 HausbG, § 33 LAG, § 31 TAG, § 12 Abs 2 MSchG, § 7 Abs 3 VKG, § 122 ArbVG. Der völlige Ausschluss der Auflösung aus wichtigem Grund ist sittenwidrig; unzulässig ist auch die Vereinbarung weiterer wichtigen Gründen, die objektiv nicht als solche gesehen werden können.

519 § 7 AngG. Übertritt der AN diese Vorschrift, kann der AG Ersatz des verursachten Schadens fordern oder statt dessen verlangen, dass die für Rechnung des AN gemachten Geschäfte als für seine Rechnung geschlossen angesehen werden. Bzgl der für fremde Rechnung geschlos-

Entlassungsgrund.[520] Ein Arbeiter kann entlassen werden, wenn er ohne Einwilligung des AG ein der Verwendung bei diesem abträgliches Nebengeschäft betreibt bzw einer abträglichen – weil zB die Arbeitsfähigkeit beeinträchtigenden – Nebentätigkeit nachgeht.[521] Dieses Verbot wird in der Lit zumeist – zusammen mit dem Verbot der Geschenkannahme (dh der Annahme unberechtigter Vorteile von Dritten in seiner Tätigkeit ohne Wissen und Willen seines AG), der Verschwiegenheitspflicht (hinsichtlich Geschäfts- und Betriebsgeheimnissen) und der Pflicht zur Anzeige ihm uU bekannt gewordener drohender Schäden oder Störungen im Betrieb – als Ausfluss der Treuepflicht des AN gewertet und in diesem Zusammenhang diskutiert.[522]

ad Fehlerhafte Beendigung

Trifft einen der Vertragspartner ein Verschulden an der vorzeitigen Auflösung, muss er dem schuldlosen Teil Schadenersatz leisten;[523] trifft aber beide Teile ein Verschulden an der vorzeitigen Lösung, hat der Richter nach freiem Ermessen zu entscheiden, ob und in welcher Höhe ein Ersatz gebührt.[524] Bei einer vom AG ausgesprochenen unberechtigten Entlassung oder einem von ihm verschuldeten berechtigten Austritt des AN behält dieser jedenfalls seine vertragsgemäßen Ansprüche auf das Entgelt für den Zeitraum, der bis zur Beendigung des Dienstverhältnisses durch Ablauf der Vertragszeit oder durch eine ordnungsgemäße Kündigung hätte verstreichen müssen (dh er behält seine Entgeltansprüche für die Dauer der fiktiven Kündigungsfrist, die der AG einzuhalten hätte, wenn er ihn ordnungsgemäß gekündigt hätte).[525] Auf diese sog Kündigungsentschädigung muss sich der AN allerdings anrechnen lassen, was er infolge des Unterbleibens der Dienstleistung erspart oder durch anderweitige Verwendung erworben oder zu erwerben absichtlich versäumt hat. Soweit dieser Zeitraum drei Monate nicht übersteigt, kann der AN jedoch das ganze, für diese Zeit gebührende, Entgelt ohne Abzug sofort fordern. Nach Auffassung der Rsp und großer Teile der L ist es überdies so, dass nicht nur eine unberechtigte vorzeitige Auflösung, sondern jegliche fehler-

---

senen Geschäfte kann der AG die Herausgabe der hierfür bezogenen Vergütung oder die Abtretung des Anspruchs auf Vergütung begehren. Zum vertraglichen Nebentätigkeitsverbot s *Heinz-Hofer* in ZellHB Rz 61.17 ff.

520 § 27 Z 3 AngG.

521 § 82 lit e GewO 1859.

522 Vgl *Marhold/Friedrich*, Österreichisches Arbeitsrecht^2 115 ff.

523 § 1162a ABGB, § 28 AngG.

524 § 1162c ABGB.

525 § 1162b ABGB, 29 AngG.

hafte Beendigung des Arbeitsverhältnisses – also auch eine vom AG zeitwidrig ausgesprochene Kündigung, wonach das Arbeitsverhältnis zB in zwei Wochen enden solle, obwohl er bsp eine Kündigungsfrist von min sechs Wochen zum Quartalsende einzuhalten hätte – dieses zum jeweils gewünschten Zeitpunkt beendet und lediglich (Schadenersatz-)Ansprüche des vertragstreuen Teils für jenen Zeitraum auslöst, der bei ordnungsgemäßer Beendigung hätte verstreichen müssen.[526] Sieht man von den Möglichkeiten ab, eine Kündigung bzw Entlassung im Rahmen des allgemeinen Bestandschutzes anzufechten und blendet man die Unwirksamkeit fehlerhafter Beendigungen im Rahmen eines besonderen Bestandschutzes bestimmter Personen(gruppen) aus, kann sich ein AN, den an der Beendigung kein Verschulden trifft, demzufolge nicht gegen eine fehlerhafte Beendigung des Arbeitsvertrages zur Wehr setzen, sondern lediglich Schadenersatz (in Form der Kündigungsentschädigung) fordern.[527]

Die gebotene historische Auslegung der einschlägigen Rechtsvorschriften zeigt jedoch, dass diese, soeben vorgestellte, Schadenersatztheorie nicht dem Willen des Gesetzgebers entspricht, der nämlich (in Wertungsharmonie mit dem allg Zivilrecht)[528] stets im Sinn hatte, dass dem vertragstreue Teil ein Wahlrecht zustehen soll, entweder nebst Schadenersatz Erfüllung zu verlangen oder aber die Beendigung des Vertragsverhältnisses hinzunehmen und nur Schadenersatz zu fordern.[529] Das wird ua auch daran deutlich, dass es in § 1162a ABGB sogar ausdrücklich heißt: „Wenn der Dienstnehmer ohne wichtigen Grund vorzeitig austritt, kann der Dienstgeber ent-

---

526 RIS-Justiz: RS0028223; *Neumayr* in Kletečka/Schauer, ABGB-ON$^{1.00}$ § 1162 Rz 40; vgl zB auch *Binder*, RdA 1980, 231.

527 Bei besonders Bestandgeschützten, die eine fehlerhafte Beendigung von Seiten des AG gegen sich wirken lassen (dh die Beendigung hinnehmen) und (stattdessen) Schadenersatzansprüche erheben, stellt sich die Frage, für welchen (mitunter sehr langen) Zeitraum ihnen Kündigungsentschädigung gebühren soll; die hA meint, dass bei BR-Mitgliedern der besondere Bestandschutz außer Betracht zu bleiben habe und begünstigte Behinderte im Falle eines Austritts für sechs Monate Anspruch auf Kündigungsentschädigung haben, wohingegen bei anderen (insb Müttern) die Dauer des besonderen Bestandschutzes berücksichtigt werden solle; vgl dazu: *Neumayr* in Kletečka/Schauer, ABGB-ON$^{1.00}$ § 1162b Rz 9.

528 §§ 918 ff ABGB.

529 Eingehend: *Tomandl*, Die fehlerhafte Beendigung des Arbeitsvertrages, in: Tomandl, Beendigung des Arbeitsvertrages (1986), 25 ff; *Pacic*, Methoden 260 ff; Ebenso: *Schrammel*, Arbeitsrecht II^{7} 248 ff. Zum Thema: *Marhold*, ZAS 1978, 6 ff; *Schrank*, Der Fortbestand des Arbeitsverhältnisses als Schutzobjekt der Rechtsordnung (1982) 361 ff.

weder dessen Wiedereintritt zur Dienstleistung nebst Schadenersatz oder Schadenersatz wegen Nichterfüllung des Vertrages verlangen." Davon unberührt bleibt die je nach Fallkonstellation uU nach den allg zivilrechtlichen Regeln mögliche Umdeutung der fehlerhaften Beendigung in eine fehlerfreie Beendigung, zB einer zeitwidrigen Kündigung in eine Kündigung unter Einhaltung der Kündigungsfristen und -termine.[530] Ein Beispiel: Ein AN setzt ein Verhalten, das objektiv betrachtet keinen Entlassungsgrund darstellt, doch hält es sein AG für so schwerwiegend, dass er ihn fristlos entlässt; der AN muss in so einem Fall davon ausgehen, dass der AG das Arbeitsverhältnis jedenfalls beenden möchte und sich für eine Kündigung entschieden hätte, wenn er gewusst hätte, dass die Entlassung nicht berechtigt ist. Hier sind die Voraussetzungen für die Konversion (Umdeutung) in eine Kündigung erfüllt. Ginge es hingegen um eine Entlassung wegen eines Diebstahlsvorwurfs, obwohl es nicht der entlassene AN war, der etwas aus dem Betrieb gestohlen hat, sondern ein anderer Mitarbeiter, so kann der AN nicht davon ausgehen, dass ihn der AG gekündigt hätte, wenn aufgeklärt worden wäre, dass er nichts mit dem Diebstahl zu tun hat; eine Umdeutung ist hier also nicht möglich, weswegen es bei der Unwirksamkeit der Entlassung bleibt und dem AN das Wahlrecht zusteht, entweder auf Vertragserfüllung zu bestehen oder seinerseits die Auflösung des Arbeitsverhältnisses zu akzeptieren und stattdessen nur Schadenersatz in Form der Kündigungsentschädigung zu fordern.

b Bestandschutz

ba Allgemeines

Da das Entgelt aus dem Arbeitsverhältnis für einen großen Teil der Bevölkerung mangels anderer Einkünfte ihrer Existenzsicherung (und die Arbeit letztlich auch der Selbstverwirklichung) dient, anerkennt die Rechtsordnung ein Interesse des AN am Fortbestand des Arbeitsverhältnisses und schützt ihn auf verschiede Art und Weise. Bei der Ausgestaltung dieses Bestandschutzes von AN musste der Gesetzgeber aber auch auf wirtschaftliche Interessen und soziale Bedürfnisse der AG, sowie auf öffentliche Interessen (Arbeitsmarktpolitik) Rücksicht nehmen. Das Ergebnis dieser gesetzgeberischen Interessenabwägung ist folgendes: Es gibt einen (kollektivrechtlich geprägten) allgemeinen Bestandschutz, der einem großen Teil der AN, aber keineswegs allen

530 Vgl RIS-Justiz: RS0118103.

AN, zu Gute kommt, überdies einen besonderen Bestandschutz, der die Beendigung der Arbeitsverhältnisses von besonders schutzwürdigen Personengruppen weiter erschwert, und schließlich einzelne zerstreute (zT unionsrechtlich geforderte) Kündigungsverbote, die den sog individuellen Kündigungsschutz ausmachen.[531]

bb Allgemeiner Bestandschutz

Der allg Kündigungsschutz ermöglicht dem AN die Anfechtung einer an sich gültigen Kündigung, um seinen Arbeitsplatz wieder zu erlangen. Gibt das Gericht der Anfechtungsklage statt, erklärt es die Kündigung rückwirkend für unwirksam. Das erstinstanzliche Urteil ist vorläufig vollstreckbar, sodass der AN sein Entgelt fordern kann, selbst wenn der AG dagegen Berufung erhebt; mit Rechtskraft des die Klage letztlich doch abweisenden Urteils kann der AG jedoch das inzwischen bezahlte Entgelt wieder zurückfordern, wenn er die Dienstleistung des AN nicht angenommen hat.[532] Ergänzend zum allg Kündigungsschutz ermöglicht der allg Entlassungsschutz dem AN ungerechtfertigte Entlassungen anzufechten, wenn er eine Kündigung anfechten hätte können: Ein ungerechtfertigt entlassener AN kann also vorbringen, dass er eine Kündigung, die der AG bei ordnungsgemäßer Beendigung hätte aussprechen müssen, erfolgreich anfechten hätte können. Die Kündigungsanfechtung wird bei Anfechtung der Entlassung fiktiv durchgeprüft.[533]

Der allg Kündigungsschutz ist nur in betriebsratspflichtigen Betrieben (dh in solchen ab fünf AN) und nur für AN iSd § 36 ArbVG anwendbar, dh zB nicht für jene leitenden Angestellte, denen maßgebender

531 Dieses ist dadurch gekennzeichnet, dass die Anfechtung allein dem AN zusteht und der Schutz nicht auf betriebsratspflichtige Betriebe beschränkt ist. Dazu zählen die Anfechtungsmöglichkeiten nach dem GlBG wegen diskriminierenden Beendigungen, jene für Behinderte (Achtung: hier ist nicht von „begünstigten" Behinderten die Rede, s §§ 7f, 7k BEinstG), die wegen ihrer Behinderung gekündigt werden, jene nach § 8 AVRAG wegen des Verlassenes des Gefahrenbereiches und jene nach § 15 Abs 1 AVRAG wegen der Inanspruchnahme von Rechten nach §§ 11 bis 14 AVRAG (zB einer Bildungskarenz), sowie jene nach den §§ 15n MSchG und 8f VKG bei einer Beendigung wegen der Inanspruchnahme einer Teilzeitbeschäftigung nach dem vierten Lebensjahr des Kindes (wenn nämlich kein besonderer Bestandschutz mehr besteht).

532 § 61 ASGG; OGH 1.12.1999, 9 ObA 283/99d, RdA 2000/51 (*Rebhahn*); vgl *Trost* in Strasser/Jabornegg/Resch, ArbVG § 105 Rz 338.

533 § 106 Abs 2 ArbVG.

Einfluss auf die Betriebsführung zusteht.[534] Der AG hat von jeder beabsichtigten Kündigung zunächst den BR zu verständigen, falls ein solcher gewählt ist. Der BR kann eine Beratung mit dem AG darüber verlangen und hat das Recht, innerhalb einer Woche Stellung dazu zu nehmen. Erst nachdem diese Frist abgelaufen ist oder der BR bereits seine Stellungnahme abgegeben hat, wozu auch die Stellungnahme, keine solche abzugeben zählt, darf der AG die Kündigung – unabhängig davon, wie der BR sich dazu geäußert hat – aussprechen. Hält der AG dieses Vorverfahren nicht ein, ist die Kündigung rechtsunwirksam.[535] Bei einer Entlassung des AN gibt es kein Vorverfahren, doch muss der AG den BR von jeder Entlassung unverzüglich verständigen; innerhalb von drei Arbeitstagen nach erfolgter Verständigung hat der BR das Recht Beratung zu verlangen und Stellung dazu nehmen.

Abhängig davon, wie die Stellungnahme des BR ausfällt, knüpft § 105 ArbVG daran unterschiedliche Rechtsfolgen. Der BR hat die Möglichkeit der Kündigung zu widersprechen, ihr zuzustimmen oder zu schweigen (indem er sich während der Frist zur Stellungnahme nicht dazu äußert; das nennt man auch: schlichter Widerspruch). Widerspricht der BR ausdrücklich, kann er auf Verlangen des AN binnen einer Woche nach der Verständigung über den Ausspruch der Kündigung diese bei Gericht anzufechten.[536] Kommt der BR dem Verlangen des AN nicht nach, kann dieser innerhalb von zwei Wochen nach Ablauf der genannten Frist selbst bei Gericht anfechten. Hat der BR zur Kündigung geschwiegen oder ihr zugestimmt, kann sie der AN selbst innerhalb von zwei Wochen nach Zugang anfechten.

Eine Anfechtung ist entweder wegen sog Sozialwidrigkeit oder wegen eines sog verpönten Motivs möglich. Hat der BR der Kündigung zugestimmt, dann ist jedoch nur eine Anfechtung wegen verpöntem Motiv möglich; die Anfechtung wegen Sozialwidrigkeit ist dann gesperrt (sog Sperrecht des BR).[537] Hat der BR der Kündigung ausdrücklich widersprochen, dann ist im Rahmen der Anfechtung wegen Sozialwidrigkeit ergänzend auch ein sog Sozialvergleich zulässig (dazu sogleich).

Verpönte Motive sind in § 105 Abs 3 Z 1 ArbVG taxativ aufgezählt. Nach lit i dieser Bestimmung ist eine Anfechtung der Kündigung insb

---

534 Für AN bestimmter älterer Jahrgänge hat der Gesetzgeber eine Anfechtung auch in nicht betriebsratspflichtigen Betrieben ermöglicht; beachte § 15 Abs 3 AVRAG. Aufgrund der Beschränkung auf die dort genannten Jahrgänge ist diese Bestimmung allerdings praktisch ohne Bedeutung.

535 § 105 Abs 1 und 2 ArbVG.

536 Für die Fristberechnung gelten nach § 169 ArbVG die §§ 32 f AVG.

537 *Trost* in Strasser/Jabornegg/Resch, ArbVG § 105 Rz 161. Für die Zustimmung des BR bedarf es einer Zwei-Drittel-Mehrheit.

dann möglich, wenn die Kündigung wegen der offenbar nicht unberechtigten Geltendmachung (vom AG in Frage gestellter) Ansprüche aus dem Arbeitsverhältnis durch den AN erfolgt ist. Da so etwas schwer zu beweisen ist, wird vom AN nur verlangt, das verpönte Motiv lediglich glaubhaft zu machen; die Anfechtungsklage ist jedoch abzuweisen, wenn es wahrscheinlicher ist, dass ein anderes, vom AG glaubhaft gemachtes Motiv, für die Kündigung ausschlaggebend war.

Die Anfechtung wegen Sozialwidrigkeit ist nach § 105 Abs 3 Z 2 ArbVG nur möglich, wenn der gekündigte AN seit min sechs Monaten im Betrieb oder im Unternehmen, dem der Betrieb angehört, beschäftigt ist, sofern die Kündigung bei einer Gesamtbetrachtung der zu erwartenden Situation des AN (zB aufgrund voraussichtlich sehr langer Arbeitslosigkeit, hohen finanziellen Verbindlichkeiten und geringer anderweitiger finanzieller Absicherung) wesentliche Interessen des AN beeinträchtigt, (ohne dass eine soziale Notlage vorausgesetzt würde,) es sei denn, der AG erbringt den Nachweis, dass die Kündigung

- subjektiv-betriebsbedingt ist, dh durch Umstände, die in der Person oder im Verhalten des AN gelegen sind und die Kündigung (nach Abwägung der beiderseitigen Interessen) als adäquate Maßnahme erscheinen lassen (zB oftmalige Unpünktlichkeit oder etwa häufige Kundenbeschwerden wegen seines sehr unfreundlichen Auftretens) begründet ist,[538] oder
- objektiv-betriebsbedingt ist, dh durch betriebliche Erfordernisse (insb technischer, organisatorischer oder wirtschaftlicher Art) begründet ist, die einer Weiterbeschäftigung des AN entgegenstehen. Überprüft wird dabei weder die Zweckmäßigkeit noch die objektive Richtigkeit der jeweils getroffenen Maßnahme, doch wird geschaut, ob sie geeignet ist, die vom AG verfolgten Ziele überhaupt zu erreichen.[539] Eine Kündigung ist nicht objektiv-betriebsbedingt, wenn der AG die Möglichkeit hätte, den AN noch an einer anderen freien Stelle im Betrieb – aus der Fürsorgepflicht kann auch folgen: im Unternehmen – zu beschäftigen, selbst wenn er ihm dafür eine zumutbare Ein- bzw Umschulungszeit einräumen müsste. Man spricht in der L von einer sozialen Gestaltungspflicht des AG: Erst wenn er alle zumutbaren Möglichkeiten ausgeschöpft hat, den AN zu behalten bzw ihn anderweitig einzusetzen, ist die Kündigung ultima ratio und damit nicht sozialwidrig.[540]

538 Beachte bzgl jener Umstände, die auf das höhere Lebensalter langjährig im Betrieb beschäftigter AN oder Nachtschwerarbeit zurückzuführen sind, § 105 Abs 3a und 3b ArbVG.

539 *Schrammel*, Arbeitsrecht II[7] 263 f.

540 Zum Thema: *Trost* in Strasser/Jabornegg/Resch, ArbVG § 105 Rz 312 ff.

Ob der AG auch einen anderen AN kündigen könnte, anstatt denjenigen, den er ausgewählt hat, wird im Rahmen der Anfechtung wegen Sozialwidrigkeit nur dann geprüft, wenn der AG die Kündigung des AN objektiv-betriebsbedingt rechtfertigt und der BR der Kündigung ausdrücklich widersprochen hat. Nur dann hat der anfechtende BR bzw AN das Recht, sich darauf zu berufen, dass ein Vergleich sozialer Gesichtspunkte für den Gekündigten eine größere soziale Härte als für andere (zu nennende) AN des gleichen Betriebes und derselben Tätigkeitssparte, deren Arbeit der Gekündigte zu leisten fähig und willens ist, ergibt (Sozialvergleich).[541] Hier wird das Bestreben des Gesetzgebers deutlich, auch bei notwendigen Kündigungen die sozialen Auswirkungen derselben zu bedenken und Härtefälle möglichst zu vermeiden. Allerdings bleibt dieses Modell sozialer Gerechtigkeit auf solche Betriebe beschränkt, in denen ein BR gewählt wurde; gibt es keinen BR, mangelt es an einem ausdrücklichen Widerspruch und damit an einer Grundvoraussetzung für den Sozialvergleich.

bc Besonderer Bestandschutz

Bestimmten AN-Gruppen gewährt der Gesetzgeber besonderen Schutz vor der Beendigung ihres Arbeitsverhältnisses. Wer besonderen Kündigungsschutz genießt, kann nur mit gerichtlicher Zustimmung (bei begünstigten Behinderten: mit Zustimmung des Behindertenausschusses[542]) gekündigt werden; wird diese nicht eingeholt, ist die Kündigung rechtsunwirksam. Die Prozessinitiative wird hier also dem AG auferlegt, denn der AN muss eine fehlerhafte Kündigung nicht erst anfechten. Die Kündigung besonders bestandgeschützter Personen bedarf eines Kündigungsgrundes; die Kündigungsgründe sind aber nicht einheitlich geregelt. Auch eine Entlassung bedarf einer gerichtlichen (behördlichen) Genehmigung. Überdies sind die in Frage kommenden Entlassungsgründe beim besonderen Entlassungsschutz (wiederum: je nach Gruppe verschieden) eingeschränkt. Besonderen Bestandschutz genießen vor allem:

- Betriebsratsmitglieder mit Annahme der Wahl bis drei Monate nach dem Erlöschen der Mitgliedschaft zum BR (sog Abkühlungsfrist).[543]

541 § 105 Abs 3c ArbVG.

542 Zur Zusammensetzung des Behindertenausschuss, der bei jeder Landesstelle des Bundesamtes für Soziales und Behindertenwesen zu errichten ist s § 12 BEinstG.

543 §§ 120 bis 122 ArbVG; beachte die sinngemäße Anwendung für Ersatzmitglieder und Mitglieder von Wahlvorständen und Wahlwerber nach § 120 Abs 4 ArbVG.

- (Werdende) Mütter mit Eintritt der Schwangerschaft bis vier Monate nach der Entbindung; bei Inanspruchnahme einer Karenz oder Teilzeitbeschäftigung nach dem MSchG endet der Schutz vier Wochen nach deren Ende, spätestens jedoch vier Wochen nach Ablauf des vierten Lebensjahres des Kindes.[544] Das gleiche gilt für Väter, die in Karenz gehen bzw Teilzeitbeschäftigung in Anspruch nehmen; der Schutz beginnt für sie jedoch ab Erklärung der Inanspruchnahme dieses Rechts, frühestens jedoch mit der Geburt des Kindes.[545] War dem AG die Schwangerschaft einer AN bei Ausspruch der Kündigung noch nicht bekannt, ist die Kündigung rechtsunwirksam (dh sie profitiert vom besonderen Schutz), wenn die AN ihm die Schwangerschaft binnen fünf Arbeitstagen nach Zugang mitsamt einer ärztlichen Bestätigung bekanntgibt.[546]
- Präsenz- und Zivildiener vom Zeitpunkt der Mitteilung über die Erlassung des Einberufungsbefehls, der allg Bekanntmachung der Einberufung oder der Zustellung des Zuweisungsbescheides bis grds einen Monat nach Beendigung des Präsenz- bzw Zivildienstes.[547]
- Begünstigte Behinderte (rückwirkend) mit dem Ersten des Monats, in dem der Antrag zur behördlichen Feststellung der Behinderung eingelangt ist, bis zum Ablauf des Monats, der auf die Zustellung des Bescheides folgt, mit dem der Wegfall der Voraussetzungen für die Begünstigteneigenschaft rechtskräftig ausgesprochen wird.[548] Die Zustimmung des Behindertenausschusses ist jedoch bei Dienstverhältnissen, die nach dem 31.12.2010 neu begründet wurden, dann nicht erforderlich, wenn es zum Zeitpunkt des Ausspruchs der Kündigung noch nicht länger als vier Jahre bestanden hat, außer die Begünstigteneigenschaft wird erst während des Arbeitsverhältnisses festgestellt; auch dann ist allerdings keine Zustimmung erforderlich, wenn die Kündigung während der ersten sechs Monate ausgesprochen wird, außer die Begünstigteneigenschaft wird wegen eines Arbeitsunfalls festgestellt.[549] Der besondere Bestandschutz bezieht sich bei begünstigten Behinderten interessanterweise nur auf die Kündigungen; einen besonderen Entlassungsschutz genießen sie nicht.[550]

---

544 §§ 10, 12, 15 Abs 4, 15n Abs 1 MSchG.
545 §§ 7, 8f VKG.
546 Im Detail: § 10 Abs 2 MSchG.
547 §§ 12 f APSG; beachte § 12 Abs 2 APSG im Falle einer Kündigung in Unkenntnis der Einberufung (Zuweisung).
548 §§ 8, 14 BEinstG.
549 §§ 8 Abs 6 lit b, 27 Abs 8 BEinstG.
550 RIS-Justiz: RS0108889.

c Ausgewählte Beendigungsansprüche

ca Allgemeines

Spezifische Ansprüche bei der Beendigung des Arbeitsverhältnisses sind ua das Dienstzeugnis, die Freizeit während der Kündigungsfrist (Postensuchtage), die Urlaubsersatzleistung, die Kündigungsentschädigung und die Betriebspension. Mit Ausnahme der Betriebspension, auf die nur hingewiesen wurde, ist auf die anderen Ansprüche bereits näher eingegangen worden. Wovon bisher aber noch nicht die Rede war, ist die Abfertigung (alt und neu), die Konkurrenzklausel (dh das nachvertragliche Konkurrenzverbot) und schließlich die Rückzahlung der Ausbildungskosten.

cb Abfertigung

Die Abfertigung ist eine Geldleistung, die dem AN aus Anlass der Beendigung des Arbeitsverhältnisses gebührt, sofern bestimmte Voraussetzungen erfüllt sind, insb eine bestimmte Mindestdauer des Arbeitsverhältnisses. Diese Geldleistung wird nach dem „alten" Abfertigungssystem, das noch für Arbeitsverhältnisse gilt, die bis Ende des Jahres 2002 begründet wurden, vom AG selbst ausbezahlt; die Höhe hängt zum einen von der Dauer des Arbeitsverhältnisses (min drei Jahre) und zum anderen von der Höhe des vom AN zuletzt bezogenen Entgelts ab. Für Angestellte sind die einschlägigen Regelungen in den §§ 23, 23a AngG und für Arbeiter im ArbAbfG, das jedoch auf das AngG verweist, zu finden.

Für alle seit dem 1.1.2003 begründeten Arbeitsverhältnisse gilt hingegen das System der Abfertigung „neu"; ein Anspruch besteht nunmehr gegenüber der Betrieblichen Vorsorgekasse (BV-Kasse). In das System der Abfertigung neu wurden seit dem Jahr 2008 auch freie Dienstnehmer iSd § 4 Abs 4 ASVG und Selbständige, die der Pflichtversicherung in der Krankenversicherung nach dem GSVG unterliegen, einbezogen.[551]

551 §§ 1, 49 BMSVG. Zu ihrer Beitragsleistung s § 52 leg cit und zum Anspruch auf die Leistung aus der Selbstständigenvorsorge sowie zu den Verfügungsmöglichkeiten s §§ 55, 58 BMSVG. Zum Thema: *Pacic*, RIW 8/2008, 503.

cba Abfertigung alt

Hat das Arbeitsverhältnis zumindest drei Jahre gedauert, wobei Vordienstzeiten beim selben AG im Falle nur kurzer Unterbrechungen angerechnet werden,[552] so gebührt dem AN bei Auflösung des Arbeitsverhältnisses eine Abfertigung.[553] Der Anspruch entfällt aber, falls der AN selbst kündigt, ohne wichtigen Grund austritt oder wenn ihn ein Verschulden an seiner Entlassung trifft.[554] Bemessen wird die Höhe der Abfertigung auf Grundlage des dem AN für den letzten Monat seines Dienstverhältnisses – wenn auch nur dem Grunde nach – gebührenden Entgelts. Sie beträgt nach drei Dienstjahren zwei Monatsentgelte, nach fünf Jahren drei, nach 10 Jahren vier, nach 15 Jahren sechs, nach 20 Jahren neun und nach 25 Jahren 12 Monatsentgelte.[555] Geht das Ende des Arbeitsverhältnisses jedoch mit einer Auflösung des Unternehmens einher, muss der AG die Abfertigung nicht oder nicht in voller Höhe gewähren, wenn sich seine persönliche Wirtschaftslage derart verschlechtert hat, dass ihm die Erfüllung dieser Verpflichtung zum Teil oder zur Gänze billigerweise nicht zugemutet werden kann.[556] Ist sie zu zahlen, wird die Abfertigung mit der Auflösung des Arbeitsverhältnisses fällig, sofern sie den Betrag des Dreifachen des Monatsentgelts nicht übersteigt; der Rest kann vom AG vom vierten Monat an in monatlichen im Voraus zahlbaren Teilbeträgen abgestattet werden.[557]

cbb Abfertigung neu

Nach dem neuen Abfertigungsmodell zahlt der AG monatlich – der erste Monat ist grds beitragsfrei – einen Beitrag iHv 1,53 % des Entgelts (iSd § 49 ASVG) an eine BV-Kasse; die Beiträge sind aber nicht direkt an diese zu leisten, sondern an den zuständigen KV-Träger abzuführen.[558] In Betrieben mit einem BR hat die Auswahl der BV-

552 OGH 23.10.1984, 4 Ob 123/83, ZAS 1985, 143.

553 § 23 Abs 1 AngG.

554 § 23 Abs 7 AngG. Beachte aber § 23a AngG, wonach bei Selbstkündigung uU doch ein Anspruch bestehen könnte: Alters-, Pensions- oder Elternabfertigung.

555 § 23 Abs 1 AngG. Bei Tod des AN haben nur seine gesetzlichen Erben, zu deren Erhaltung er verpflichtet war, Anspruch auf die Hälfte der Abfertigung (Abs 6 leg cit). Im Falle eines sog Mutter- bzw Vaterschaftsaustritts beachte die Abs 3, 4 und 4a des § 23a AngG.

556 § 23 Abs 2 AngG.

557 § 23 Abs 4 AngG; beachte jedoch § 23a Abs 2 AngG.

558 § 6 Abs 1 BMSVG. Im Falle der Inanspruchnahme der Altersteilzeit, des Solidaritätsprämienmodells oder Kurzarbeit beachte Abs 4 leg cit. Be-

Kasse durch BetrV zu erfolgen.[559] Sind die AN nicht durch einen BR vertreten, kann der AG die BV-Kasse selbst auswählen und muss dann alle AN binnen einer Woche schriftlich darüber informieren; erhebt dann binnen zwei Wochen min ein Drittel der AN schriftlich Einwände, muss der AG eine andere BV-Kasse vorschlagen. Auf Verlangen dieser AN kann die Gewerkschaft zu den weiteren Beratungen beigezogen werden; kommt dennoch binnen zwei Wochen keine Einigung zustande, kann die Schlichtungsstelle angerufen werden.[560]

Bei Beendigung des Arbeitsverhältnisses hat der AN einen min der Summe der einbezahlten Beiträge entsprechenden, ansonsten aber der Höhe nach vom Veranlagungserfolg der BV-Kasse abhängigen, Abfertigungsanspruch gegen die BV-Kasse; also: nicht gegen den AG. Voraussetzung dafür ist allerdings, dass das Arbeitsverhältnis nicht durch AN-Kündigung, verschuldete Entlassung oder unberechtigten Austritt des AN geendet hat und zumindest drei Einzahlungsjahre vorliegen.[561] Die geleisteten Beiträge gehen jedoch nicht verloren, wenn der AN die Voraussetzungen nicht erfüllt, um darüber verfügen zu dürfen; man kann auf sie zugreifen, sobald ein späteres Arbeitsverhältnis nicht verfügungsschädlich endet (oder man in Pension geht).[562]

Kann der Berechtigte über die Abfertigung verfügen, so kann er sie sich voll auszahlen lassen, den Betrag in die BV-Kasse des neuen AG übertragen oder in der bisherigen BV-Kasse weiterveranlagen oder sie auch zu bestimmten Formen der Veranlagung (zB an ein Versicherungsunternehmen) überweisen lassen.[563]

cc Rückersatz der Ausbildungskosten

Ausbildungskosten sind die vom AG tatsächlich aufgewendeten Kosten für jene erfolgreich absolvierte Ausbildung, die dem AN Spezialkenntnisse vermittelt, die dieser auch bei anderen AG verwenden kann; Kosten für die bloße Einschulung in die Eigenheiten der betrieblichen Tätigkeit zählen nicht dazu.[564] Hat der AG solche Kosten

achte überdies § 7 BMSVG zur Beitragsleistung in besonderen Fällen (zB Krankengeldbezug; s dazu: *Schrank*, ZAS 2003/3).

559 § 9 Abs 1 BMSVG.

560 § 9 Abs 2 BMSVG.

561 § 14 BMSVG.

562 § 14 Abs 3 und 4 BMSVG. Zum Tod des AN s Abs 5 leg cit.

563 Im Detail: § 17 BMSVG.

564 § 2d Abs 1 AVRAG. Hier ist der Rückersatz der Ausbildungskosten für nach dem 18.3.2006 abgeschlossene Vereinbarungen geregelt, s § 19 Abs 1 Z 18 AVRAG. Für davor vereinbarte Rückersatzverpflichtungen gelten die Grenzen der Sittenwidrigkeit nach § 879 Abs 1 ABGB; im

aufgewendet, ist er für gewöhnlich daran interessiert, dass der AN die bei der Ausbildung erworbenen Kenntnisse und Fähigkeiten (nur) in seinem Unternehmen einsetzt. Mit den AN, die von ihren AG finanzierte Ausbildungen absolvieren wollen, wird deswegen oft eine Vereinbarung getroffen, dass sie die Kosten dafür rückerstatten müssen, wenn das Arbeitsverhältnis aus einem von ihnen zu vertretenden Grund endet.[565]

Die Vereinbarung des Rückersatzes der Ausbildungskosten muss schriftlich erfolgen und darf nicht mit Minderjährigen ohne Zustimmung ihres gesetzlichen Vertreters geschlossen werden. Es besteht keine Rückersatzverpflichtung, wenn die Bindungsdauer – dh die Zeit, für die der AN zur Rückzahlung verpflichtet ist, wenn das Arbeitsverhältnis vor ihrem Auslaufen endet – gerechnet nach dem Ende der Ausbildung fünf Jahre, in besonderen Fällen (zB sehr hohe Kosten und sehr gute Verwertungsmöglichkeiten für den AN) acht Jahre (zB Pilotenschein), übersteigt und die Höhe der vereinbarten Rückerstattungsverpflichtung bis zum Ende der Bindungsdauer nicht aliquot abnimmt.[566]

Selbst wenn die Vereinbarung gültig zustande gekommen ist, kann der AG keinen Kostenersatz fordern, wenn das Arbeitsverhältnis während der Probezeit, durch unbegründete Entlassung oder auch durch Entlassung wegen dauernder Arbeitsunfähigkeit nach § 27 Z 2 AngG oder § 82 lit b GewO 1859, begründeten vorzeitigen Austritt oder Kündigung durch den AG endet, es sei denn der AN hat durch schuldhaftes Verhalten begründeten Anlass zur Kündigung gegeben.[567]

cd Nachvertragliches Konkurrenzverbot

Viele AG haben ein nachvollziehbares Interesse daran, dass ihre ehemaligen AN nach Beendigung des Arbeitsverhältnisses nicht in Kon-

---

Wesentlichen spiegelt die jetzige gesetzliche Regelung aber ohnedies die Jud zur alten Rechtslage wider, s ErlAB 1215 BlgNR 22 GP 4 ff.

565 Die Rückforderung des während der Ausbildung fortgezahlten Entgelts ist nach § 2d Abs 2 AVRAG nur möglich, wenn der AN für die Dauer der Ausbildung von der Dienstleistung freigestellt war. Dazu: OGH 3.4.2008, 8 ObA 73/07d, RdA 2009/42.

566 Fehlt die Aliquotierungsvereinbarung, ist die Rückersatzverpflichtung unwirksam, s RIS-Justiz: RS0124682.

567 § 2d Abs 4 VRAG. Eine teleologische Extension dieser Vorschrift führt dazu, dass der AG auch bei einer AN-Kündigung nichts fordern darf, wenn er dem AN durch schuldhaftes Verhalten Anlass dazu gegeben hat; sonst wäre die Vorschrift nämlich unsachlich und infolgedessen verfassungsrechtlich bedenklich (Gleichheitssatz).

kurrenz zu ihnen treten. Sie versuchen daher nicht selten schon vor Beginn des Arbeitsverhältnisses die Erwerbstätigkeit des AN vertraglich für eine gewisse Zeit nach der Beendigung des Arbeitsverhältnisses einzuschränken. Dadurch wird jedoch das berufliche Fortkommen betroffener AN und die bestmögliche Verwertung ihrer Kenntnisse und Fähigkeiten erschwert. Der Gesetzgeber erlaubt solche Konkurrenzklauseln daher nur, wenn der AN im Zeitpunkt des Vereinbarung nicht minderjährig war, sein (Brutto-)Entgelt im letzten Monat des Arbeitsverhältnisses 2.635,- € (Wert: 2015) übersteigt,[568] sich die vereinbarte Beschränkung der Erwerbstätigkeit des AN auf eine Tätigkeit im Geschäftszweig des AG bezieht und den Zeitraum eines Jahres nicht übersteigt, sofern dadurch das Fortkommen des AN – abhängig von Gegenstand, Zeit und Ort und im Verhältnis zum geschäftlichen Interesse, das der AG an ihrer Einhaltung hat – nicht unbillig erschwert wird.[569]

Außerdem kann sich der AG nicht auf die Konkurrenzklausel berufen, wenn er dem AN durch schuldhaftes Verhalten begründeten Anlass zum vorzeitigen Austritt oder zur darauf gestützten Kündigung gegeben hat. Gleiches gilt für den Fall, dass er selbst das Arbeitsverhältnis durch Kündigung oder Entlassung löst, ohne dass der AN dazu seinerseits durch schuldhaftes Verhalten begründeten Anlass gegeben hat; liegt jedoch einer der beiden zuletzt genannten Fälle vor, kann sich der AG ausnahmsweise doch auf die Konkurrenzklausel berufen, wenn er dem AN bei der Auflösung des Arbeitsverhältnisses erklärt, ihm während der Dauer der Beschränkung das ihm zuletzt zugekommene Entgelt (weiter) zu zahlen (sog Karenzentschädigung).

Falls der AN gegen eine (wirksame) Konkurrenzklausel verstößt, kann der AG auf Unterlassung klagen und Schadenersatz fordern. Ist jedoch für den Fall des Zuwiderhandelns eine Konventionalstrafe vereinbart worden, so kann der AG nur diese fordern; sie kann aber vom Richter nach Billigkeit gemäßigt (herabgesetzt) werden.

568 Das gilt jedoch nur für Klauseln, die nach dem 17.3.2006 mit Angestellten bzw nach dem 18.3.2006 mit Arbeitern vereinbart wurden; s Art X Abs 2 Z 10 AngG, § 19 Abs 1 Z 18 AVRAG.

569 §§ 36 ff AngG, § 2c AVRAG.

III Das Sozialrecht

A Allgemeiner Teil

1 Begriff, Funktion und Systematik des Sozialrechts

Das Sozialrecht ist jener Teil der Rechtsordnung, der zum einen die Wertung des Rechtsetzers widerspiegelt, dass sozialen Risiken – solche Risiken sind: (Berufs-)Krankheit, (Arbeits-)Unfall, Mutterschaft, Arbeitslosigkeit, Invalidität, Alter, Familienlasten, Tod – durch gesellschaftliche Vorkehrungen in Form der Versicherung, der Versorgung oder der Fürsorge begegnet werden soll, und zum anderen die Organisation derselben, ihre Förderung oder die Aufsicht darüber regelt.[570]

Versicherung, Versorgung und Fürsorge sind idealtypische Modelle sozialer Absicherung, die oftmals nur in mehr oder weniger ausgeprägten Mischformen in Erscheinung treten. Die Versicherung ist eine Art Eigenvorsorge zum Zweck des Risikoausgleichs durch Bildung einer Gefahrengemeinschaft, die durch der Höhe nach risikoorientierte Beiträge finanziert wird und beim Eintritt eines Versicherungsfalles planmäßig festgelegte Leistungen erbringt. Die Versorgung baut zwar auch auf dem Prinzip der Planmäßigkeit auf, ist aber eine öffentliche Leistung, die für bestimmte (Sonder-, zB Kriegs-)Opfer[571] entschädigen soll oder an Menschen (zB Beamte[572]) für ihre Dienste an der Allgemeinheit geleistet wird.[573] Eine öffentliche Leistung ist auch die Fürsorge, doch werden Leistungen im Rahmen derselben nicht planmäßig, sondern in Abhängigkeit von den jeweiligen Bedürfnissen des

---

570 Vgl *Tomandl*, Grundriss[6] (2009) 1 ff Rz 1 ff.

571 Vgl KriegsopferversorgungsG (KOVG) 1957, Kriegsgefangenenentschädigungs G (KGEG), HeeresversorgungsG (HVG), ImpfschadenG, OpferfürsorgeG, VerbrechensopferG (VOG).

572 Zur auslaufenden Beamtenversorgung (Ruhegenuss) s PensionsG (PG) 1965 (für die Anwartschaftszeiten vor dem 31.12.2004); hier handelt es sich um einen Fall der Versorgung mit Elementen der Versicherung. Für Landes- und Gemeindebedienstete sind landesrechtliche Regelungen zu beachten. Beachte idZ auch das BezügeG für Politiker/innen sowie das PensionskassenvorsorgeG (PKVG).

573 Vgl *Resch*, Sozialrecht[6] (2014) 10 f.

Betroffenen und nur subsidiär – als letztes Mittel und soziales Auffangnetz – gewährt.

Das österreichische Sozialrecht ist schrittweise gewachsen; stand Ende des 19. Jahrhunderts vor allem die soziale Absicherung der Arbeiter, insb vor den Folgen von Arbeitsunfällen, im Mittelpunkt der legislativen Bemühungen, die durch eine beitragsfinanzierte, den Gedanken der Selbstverwaltung (durch die jeweils Versicherten und ihre DG) aufgreifende (Pflicht-)Sozialversicherung erreicht werden sollte (Bismarck'sches Modell), befand man mit der Zeit zum einen auch andere Bevölkerungsgruppen als jene der AN für schutzwürdig und ging zum anderen auch daran, das Feld der sozialen Risiken, vor denen geschützt werden sollte, insgesamt zu erweitern (Konzept der Sozialen Sicherheit). Dieser Prozess ist nach wie vor nicht abgeschlossen; derzeit scheint aber die Sicherung des bestehenden Systems im Vordergrund zu stehen.[574]

Das heutige Sozialrecht wird in der L zumeist in das Sozialversicherungsrecht und das Sozialhilferecht unterteilt, denen verschiedene Versorgungssysteme zur Seite gestellt werden. Das Sozialversicherungsrecht erfasst im engeren Sinne die Unfall-, die Kranken- und die Pensionsversicherung, im weiteren Sinne auch die Arbeitslosenversicherung. Im vorliegenden Buch erfolgt eine Unterteilung in einen allgemeinen und in einen besonderen Teil. Zunächst wird im allgemeinen Teil auf wichtige rechtliche Rahmenbedingungen sowie auf die Finanzierung und auf die Organisation der SV eingegangen. Dann werden das Versicherungs- und das Leistungsverhältnis beleuchtet. Schließlich werden noch Sonderbestimmungen an der Schnittstelle zwischen Sozial- und Schadenersatzrecht erwähnt.

2 Die Eckpunkte des rechtlichen Rahmens

Zu Regelung des Sozialrechts ist – je nach Kompetenztatbestand – entweder der Bundes- oder der Landesgesetzgeber zuständig. Der Bundeskompetenz in Gesetzgebung und Vollziehung unterliegt gem Art 10 Abs 1 Z 11 B-VG insb das Sozialversicherungswesen. Diesen Begriff versteht der VfGH nach seiner sog Versteinerungstheorie im Lichte des Sozialversicherungsmodells aus dem Jahr 1925.[575] Mit

574 Vgl *Grillberger*, Sozialrecht^{8} (2010) 5.

575 Slg 3.670/60. Hierbei wird der abstrakte Gehalt der einschlägigen Rechtsvorschriften im Zeitpunkt der Schaffung des Kompetenztatbestandes zu erfassen gesucht; verbale sowie historisch-systematische Interpretationsaspekte werden dabei vereinigt, s *Walter/Mayer/Kucsko-Stadlmayer*,

diesem ist zwar die Ausweitung der geschützten Personengruppen und die Einbeziehung neuer Risiken grds vereinbar,[576] nicht jedoch die gänzliche Abschaffung des Versicherungssystems zugunsten eines beitragsunabhängigen Systems (zB iS einer Volkspension). Lediglich in der Grundsatzgesetzgebung Bundessache, in der Ausführungsgesetzgebung und Vollziehung Landessache ist hingegen gem Art 12 Abs 1 Z 1 B-VG insb das Armenwesen.

Sieht man von Kompetenzfragen ab, müssen sich gesetzliche Regelungen des Sozialrechts innerstaatlich vor allem am Gleichheitsgrundsatz (Art 2 StGG, Art 7 Abs 1 B-VG) messen lassen.[577] Es ist auch nicht jedweder Eingriff in Rechtspositionen zulässig, auf die der Rechtsunterworfene mit guten Gründen (vor allem: sehr lange Zeit) vertrauen konnte;[578] die Verfassungskonformität hängt vom Gewicht der mit dem Eingriff verfolgten öffentlichen Interessen sowie mit der Intensität und der Plötzlichkeit des Eingriffes ab und nötigt den Gesetzgeber mitunter zum Erlass langer Übergangsfristen.[579] Dieser Umstand und die häufige Novellierung sozialrechtlicher Gesetze beeinträchtigen die Rechtsklarheit. Hinzu kommen umzusetzende[580] oder unmittelbar anwendbare[581] europäische Rechtsakte,[582] völkerrechtliche Bindungen Österreichs,[583] sowie verschiedene Verwaltungs-

---

Bundesverfassungsrecht[10] Rz 296. Zum Thema: *Tomandl* in Tomandl, System 0.2.1.

576 Zum Thema: *Tomandl*, ZAS 1998, 9.

577 Zum Thema: *Stelzer*, RdA 2001, 508 ff; *Tomandl*, ZAS 1996, 73; *ders*, Verfassungsrechtliche Probleme de Sozialversicherungsrechts (1989); *Rebhahn*, RdA 1981, 111. Hingewiesen sei eigens auch auf Art 1 des 1. ZPMRK sowie auf Art 6 MRK.

578 VfSlg 11.309, 11.665, 12.186, 12.732, 14.961, 15.570. Krit *Tomandl*, ZAS 2000, 129.

579 VfSlg 12.732, 15.523, 16.102, 16.292, 16.764.

580 Dazu zählen zB die RL 97/7/EWG zur schrittweisen Verwirklichung des Grundsatzes der Gleichbehandlung von Männern und Frauen im Bereich der sozialen Sicherheit, und die RL 86/378/EWG zur Verwirklichung des Grundsatzes der Gleichbehandlung von Männern und Frauen bei den betrieblichen Systemen der sozialen Sicherheit.

581 Dazu zählt zB die VO (EG) 883/2004 zur Koordinierung der Systeme der sozialen Sicherheit.

582 Die Charta der Grundrechte der EU enthält zwar soziale Grundrechte, doch gilt sie für die Mitgliedstaaten nur bei der Durchführung von Unionsrecht. Dazu unlängst: OGH 20.12.2011, 10 ObS 142/11x.

583 Dazu zählt zB das Übereinkommen Nr 102 der ILO über die Mindestnormen der sozialen Sicherheit, BGBl 1970/33. Zum Thema: *Wieninger*, SozSi 2011, 296. Im Detail: *Siedl*, Internationales Sozialversicherungsrecht, in Tomandl, System 7.2 ff.

akte, insb generelle Rechtsakte der Selbstverwaltung.[584] Auf der Ebene der EU ist man besonders darum bemüht, die verschiedenen nationalen Systeme der sozialen Sicherheit soweit zu koordinieren, dass keine Nachteile für Personen entstehen, die von ihrer Freizügigkeit Gebrauch machen.[585] Dabei kommt vor allem der VO (EG) 833/2004 zur Koordinierung der Systeme der sozialen Sicherheit und der VO (EG) 987/2009 zur Festlegung der Modalitäten für die Durchführung der VO (EG) 833/2004 besondere Bedeutung zu.[586]

3 Die Finanzierung in groben Zügen

Der österreichische Staat ist ein Sozialstaat, der sich die soziale Absicherung der Bevölkerung einiges kosten lässt; im Jahr 2012 betrugen die Sozialausgaben insgesamt 92,6 Milliarden Euro.[587] Der österreichische Gesetzgeber hat sich für eine Finanzierung der SV im Umlageverfahren entschieden, bei dem laufende Ausgaben innerhalb einer bestimmten Periode durch laufende Einnahmen innerhalb derselben gedeckt werden (sollen), ohne dass – im Gegensatz zum Kapitaldeckungsverfahren – ein Kapitalstock gebildet würde.[588] Die Finanzierung erfolgt durch Beiträge der Versicherten und ihrer AG. Hinzu kommen staatliche Zuschüsse (vor allem in der PV); diese sollen versicherungsfremde Leistungen (zB Ausgleichszulagen) abdecken und Strukturunterschieden ausgleichen. In der PV leistet der Bund für jedes Geschäftsjahr einen Betrag in Höhe des Betrages, um den die Aufwendungen die Erträge übersteigen.[589] Diese sog Ausfallhaftung des Bundes machte im Jahr 2012 sogar 13 % der Gesamteinnahmen der SV aus; das waren mehr als sieben Milliarden Euro.[590]

---

584 Dazu zählen verbindliche RL des Hauptverbandes der Sozialversicherungsträger und von letzteren erlassene Satzungen und Krankenordnungen.

585 Zum europäischen Sozialrecht: *Schrammel/Winkler*, Europäisches Arbeits- und Sozialrecht 215 ff; *Runggaldier*, Grundzüge des europäischen Arbeitsrechts und des europäischen Sozialrechts 105 ff; *Eichenhofer*, Sozialrecht der Europäischen Union[4] (2010); *Windisch-Graetz*, Europäisches Krankenversicherungsrecht (2003).

586 Zum Thema: *Felten*, wbl 2010, 445.

587 Hauptverband der österreichischen Sozialversicherungsträger (HV), Die österreichische Sozialversicherung in Zahlen (SV in Zahlen)[32] 3.

588 *Tomandl*, Grundriss[6] 197 Rz 292. Zum Thema: *Schmähl*, SozSi 2009, 128.

589 § 80 ASVG, § 31 BSVG, § 34 GSVG. Zum Thema: *Muhr*, SozSi 1979, 204.

590 HV, SV in Zahlen[32] 9.

Die regional unterschiedlichen Einnahmen und Ausgaben der Gebietskrankenkassen werden durch einen beim Hauptverband der österreichischen Sozialversicherungsträger eingerichteten Ausgleichsfond ausgeglichen; hierfür haben die Gebietskrankenkassen jährlich zwei Prozent ihrer Beitragseinnahmen an den Fond abzuführen.[591] Außerdem gibt es Bestimmungen für den internen Ausgleich zwischen den einzelnen SV-Trägern.[592] Die Finanzierung speziell der Arbeitslosenversicherung ist im Arbeitsmarktpolitik-Finanzierungsgesetz geregelt. Jene der Sozialhilfe und Versorgungssysteme erfolgt über Steuern; erstere ist Ländersache. Pflegegeldleistungen des Bundes und der Länder belasten das Bundes- oder das Landesbudget. Für wichtige Familienleistungen kommt der Familienlastenausgleichsfonds auf, der aus DG-Beiträgen und Steuermitteln gespeist wird.

4 Die Organisation im Überblick

a Allgemeines

Leistungen aus der gesetzlichen Kranken-, Unfall-, und Pensionsversicherung werden für verschiedene Risikogemeinschaften von eigenen Sozialversicherungsträgern (SV-Träger) erbracht (gegliederte SV), die zum Hauptverband der österreichischen Sozialversicherungsträger (HV) zusammengefasst sind.[593] Dabei handelt es sich um juristische Personen des öffentlichen Rechts mit dem Recht auf Selbstverwaltung.[594] Hinsichtlich ihrer Tätigkeit im eigenen Wirkungsbereich besteht ein staatliches Aufsichtsrecht; oberste Aufsichtsbehörde ist der zuständige Bundesminister.[595] Die Arbeitslosenversicherung wird hingegen vom (staatlichen) Arbeitsmarktservice administriert. Die Zuständigkeit in Angelegenheiten des Kinderbetreuungsgeldes liegt nach § 25 Abs 1 KBGG beim KV-Träger. Im Bereich der Sozialhilfe sind die Bestimmungen des jeweiligen Bundeslandes zu beachten; in erster Instanz ist idR die BVB zuständig. Für öffentlich Bedienstete sieht in

591 §§ 447a f ASVG.

592 §§ 307a, 315 ff, 322 ASVG, § 118 B-KUVG, §§ 158, 169a ff BSVG, §§ 166, 178 ff GSVG.

593 Zu dessen bedeutendem Aufgabenkatalog s § 31 ASVG. Zur Organisation und zu den Aufgaben der SV-Träger sowie des HV vgl *Pichler*, JAP 1999/2000, 116.

594 Zum Thema: *Pernthaler*, SozSi 2001, 129; *Haider*, SozSi 1988, 473.

595 §§ 448 f ASVG, §§ 154 f B-KUVG, §§ 208 f BSVG, §§ 220 f GSVG.

der KV das Landesrecht mitunter eigene Einrichtungen der Kranken- und Unfallfürsorge vor.[596]

b Sozialversicherungsträger

Die Gliederung der SV-Träger hat der Gesetzgeber nach beruflichen und nach regionalen Kriterien vorgenommen. Derzeit gibt es 22 SV-Träger in Österreich: neun Gebietskrankenkassen (GKK), sechs Betriebskrankenkassen, die SV-Anstalt der Bauern (SVB), die Versicherungsanstalt öffentlich Bediensteter (BVA), die SV-Anstalt der gewerblichen Wirtschaft (SVA), die Versicherungsanstalt für Eisenbahnen und Bergbau (VAEB), die PVA (Pensionsversicherungsanstalt), die AUVA (Allgemeine Unfallversicherungsanstalt) und die Versicherungsanstalt des österreichischen Notariats.[597]

Jeder SV-Träger verfügt über zumindest folgende Organe (Verwaltungskörper): Eine Generalversammlung, die ua zur Erlassung und Änderung der Satzung zuständig ist, einen Vorstand als geschäftsführendes und vertretendes Organ, und eine Kontrollversammlung, die die Gebarung überwacht und an der Verwaltung mit dem Vorstand mitwirkt, der in bestimmten Angelegenheiten ihr Einvernehmen zu suchen hat. Nur beratende Funktion kommt dem Beirat zu. Die Zusammensetzung der Organe und ihre Aufgaben sowie die Bestellung der Organwalter (Versicherungsvertreter) und ihre Rechtsstellung sind gesetzlich genau geregelt.[598] Die Mitglieder der Organe werden (für fünf Jahre) von den gesetzlichen Interessenvertretungen entsandt. Organe des HV sind die Trägerkonferenz und der Verbandsvorstand; beratend steht ihnen das Sozial- und Gesundheitsforum Österreich zur Seite.[599]

SV-Träger haben Behördencharakter; handeln sie hoheitlich, sind

---

596 Vgl § 2 Abs 1 Z 2 B-KUVG.

597 In der SV waren Ende April 2013 26.154 Personen beschäftigt, wovon 16.002 in der Verwaltung und Verrechnung und 10.152 in sog Eigenen Einrichtungen (zB Ambulatorien) tätig waren. Der Verwaltungs- und Verrechnungsaufwand der SV-Träger betrug 2,1 % der Gesamteinnahmen. Dazu HV, SV in Zahlen[32] (2014) 26.

598 §§ 419 ff ASVG, §§ 130 ff B-KUVG, §§ 184 ff BSVG, §§ 196 ff GSVG. Für die Erstellung medizinischer, berufskundlicher und arbeitsmarktbezogener Gutachten ist ein Kompetenzzentrum Begutachtung bei der PVA und ein gemeinsames für die SV der Selbstständigen eingerichtet worden, s § 307g ASVG, § 171a GSVG, § 163a BSVG.

599 §§ 441 ff ASVG. Zur Bedeutung der Sozialpartnerschaft bei Fragen der Organisation des Hauptverbandes s *Tomandl*, SozSi 2005, 150.

sie nicht nur an das Legalitätsprinzip, sondern auch an die Grundrechte gebunden. Ihre Aufgabe besteht – allgemein gesprochen – in der Durchführung der ihnen örtlich und sachlich übertragenen Sozialversicherung; dazu gehört auch die Beratung der Versicherten im Wege der (grds unverbindlichen[600]) Auskunftsgewährung.[601] Für jeden SV-Träger (und für den HV) ist eine Satzung zu erlassen, die ua das Leistungsrecht näher ausgestalten darf, sofern der Gesetzgeber (Entscheidungs-)Spielräume belässt.[602] Die Träger der KV haben auch eine Krankenordnung aufzustellen, die insb die Pflichten der Versicherten und der Leistungsempfänger im Leistungsfalle, das Verfahren bei Inanspruchnahme von Leistungen und die Kontrolle der Kranken zu regeln hat; der HV hat eine Musterkrankenordnung aufzustellen.[603] In beiden Fällen handelt es sich um Verordnungen.[604] Dem HV obliegt die Erstellung von Richtlinien zur Förderung oder Sicherstellung der gesamtwirtschaftlichen Tragfähigkeit, der Zweckmäßigkeit und der Einheitlichkeit der Vollzugspraxis der SV-Träger.[605] Diese haben als generell rechtsverbindliche Anordnungen einer Verwaltungsbehörde die Qualität einer Rechtsverordnung, binden aber nur die SV-Träger.[606] Weiters schließt der HV gem § 31 Abs 3 Z 11 ASVG Gesamtverträge mit den öffentlich-rechtlichen Interessenvertretungen der Ärzte (Zahnärzte), Dentisten, Hebammen und anderer Vertragspartner.

c Arbeitsmarktservice

Die Arbeitslosenversicherung ist Teil der staatlichen Arbeitsmarktpolitik, was sich ua in der gemeinsam geregelten Finanzierung und darin widerspiegelt, dass ein gemeinsamer Träger eingerichtet wurde: Die Durchführung der Arbeitsmarktpolitik des Bundes obliegt gem § 1

600 Bei der Auskunftserteilung handelt es sich um schlichte Hoheitsverwaltung. Verbindlich sind aber Bescheide nach § 247 ASVG, § 124a BSVG und § 133a GSVG.

601 *Tomandl*, Grundriss[6] 213 Rz 312.

602 §§ 453 ff ASVG.

603 § 456 ASVG.

604 Vgl *Öhlinger*, RdA 1982, 281.

605 Zum Gegenstand solcher RL s § 31 Abs 5 ASVG.

606 OGH 13.12.1996, 10 ObS 2349/96f, vgl RIS-Justiz: RS0106385. Zum Thema vgl B. *Raschauer*, RdA 2003/23. Die RL über die Berücksichtigung ökonomischer Grundsätze bei der Krankenbehandlung sind nach § 31 Abs 5 Z 10 ASVG auch für die Vertragspartner verbindlich. Die Verbindlichkeit im „Außenbereich" und insb für Gerichte bejahend hingegen: *Korinek/Leitl-Staudinger* in Tomandl, System 4.1.5. und 4.1.6.

AMSG dem Arbeitsmarktservice (AMS).[607] Das ist ein Dienstleistungsunternehmen des öffentlichen Rechts mit eigener Rechtspersönlichkeit. Es ist in eine Bundesorganisation (AMS Österreich, mit Verwaltungsrat, Vorstand und Bundesgeschäftsstelle), Landes- und regionale Organisationen gegliedert. Die Zuständigkeit der Landes- und der regionalen Geschäftsstellen richtet sich nach dem Wohnsitz, subsidiär nach dem gewöhnlichen Aufenthaltsort der arbeitslosen Person; sind aber Rechte und Pflichten des AG betroffen, dann richtet sie sich nach dem Betriebssitz.[608]

Soweit das AMS Aufgaben im Rahmen der Hoheitsverwaltung zu erfüllen hat, unterliegt es dem Weisungsrecht des zuständigen Bundesministers; diese ergehen an den Vorstand, von diesem an den Landesgeschäftsführer und weiter an den Leiter der regionalen Geschäftsstelle. Ansonsten, dh im Rahmen der Privatwirtschaftsverwaltung, hat der zuständige Bundesminister ein Aufsichtsrecht.[609]

5 Das Sozialversicherungsverhältnis

a Allgemeines

Das Sozialversicherungsrecht ieS wird in drei Bereiche unterteilt: Die Krankenversicherung (KV) bietet Schutz bei Krankheit und Mutterschaft. Die Unfallversicherung (UV) erfasst Arbeitsunfälle und Berufskrankheiten. Die Pensionsversicherung (PV) deckt die Risiken Alter, Invalidität und Tod ab. Personen, die in alle drei Versicherungszweige einbezogen sind, gelten als vollversichert. Beschränkt sich der Versicherungsschutz nur auf einen oder zwei davon, spricht man von einer Teilversicherung. Das Sozialversicherungsverhältnis, dh das Rechtsverhältnis zwischen dem Versicherten, dem Versicherungsträger und bestimmten Dritten, entsteht unabhängig vom Willen der Beteiligten durch das bloße Setzen eines rechtserheblichen Verhaltens; ebenso wird es bei Wegfall der gesetzlichen Voraussetzungen ex lege wieder beendet. Die SV-Pflicht knüpft an die Erwerbstätigkeit an und differenziert dabei zwischen verschiedenen Berufsgruppen. Bei Mehrfachbeschäftigung kann es daher zur Mehrfachversicherung kommen,[610]

607 *Tomandl*, Grundriss[6] 236 f Rz 335. Zum Thema: *Eichenhofer*, RdA 1998, 227.

608 § 44 AlVG.

609 § 58 f AMSG.

610 Zum Thema: *Windisch-Graetz*, RdA 2004, 523.

was wiederum zur mehrfachen Beitragspflicht des Betroffenen führt; dafür kann er dann mitunter mehrere Geld-, jedoch nicht mehrfach gleiche Sachleistungen beziehen.[611]

In einigen Fällen lässt der Gesetzgeber auch eine freiwillige Versicherung zu, die durch eine (einseitige Willens-)Erklärung begründet und beendet wird. Eine solche tritt als Weiterversicherung im Anschluss an zu Ende gegangene Pflichtversicherungen, als Selbstversicherung nicht Pflichtversicherter, und als Höher- oder Zusatzversicherung bereits Pflichtversicherter, die höhere oder zusätzliche Leistungen begehren, in Erscheinung.[612] Eine sog Formalversicherung, die dem jeweils Begünstigten die Rechtsstellung eines Pflicht- oder freiwillig Versicherten verschafft, entsteht dann, wenn jemand nach einer irrtümlichen, vorbehaltslosen Anmeldung zur SV über einen längeren Zeitraum SV-Beiträge entrichtet, die vom Versicherer unbeanstandet entgegengenommen werden.[613] Sie endet mit Eintritt eines Pflicht- oder freiwilligen SV-Schutzes oder mit formaler Beendigung mittels Bescheid.

Wer eine versicherungspflichtige Erwerbstätigkeit mit einem inländischen Beschäftigungsort als Unselbstständiger oder als Selbstständiger mit Betriebssitz in Österreich ausübt, unterliegt ungeachtet seiner Staatsbürgerschaft, dh egal ob es sich um einen Österreicher oder einen Ausländer handelt, der hiesigen SV-Pflicht (Territorialitätsprinzip).[614] Manchmal strahlt das österreichische SV-Recht auch ins Ausland aus,[615] zB gilt es für DN, die von ihren DG mit Sitz in Österreich auf höchstens fünf Jahre ins Ausland entsandt wurden.[616] Ebenso kann aber bei besonderen Anknüpfungspunkten zum Ausland ausländisches Recht ins Inland einstrahlen.[617] Gesondert hingewiesen

611 Bei Überschreiten der Höchstbeitragsgrundlage ist die Rückerstattung der (Differenz-)Beiträge vorgesehen, s §§ 70 f ASVG, § 36 GSVG.

612 §§ 16 ff ASVG, §§ 8 ff BSVG, §§ 8 ff GSVG. Zum Thema: *Pöltner*, zuvo 2007, 34. Hingewiesen sei idZ zB auf die Möglichkeit nachträglicher Selbstversicherung für bestimmte Schul- und Studienzeiten und auf die begünstigte Möglichkeit der Selbstversicherung für die Zeit der Pflege eines behinderten Kindes. Zudem sei insb auf eine Zusatzversicherung in der KV für selbstständig Erwerbstätige und die Familienversicherung für bestimmte nahe Angehörige von diesen hingewiesen.

613 §§ 21 f ASVG, § 12 BSVG, § 14 GSVG. Unterbleibt die Meldung der Beendigung eines Pflichtversicherungsverhältnisses, wird keine Formalversicherung begründet, vgl § 56 Abs 4 ASVG.

614 Vgl § 30 ASVG.

615 § 3 Abs 2 ASVG.

616 Bei Entsendungen ins EU-Ausland 24 Monate, s Art 12 Abs 1 VO (EG) 833/2004.

617 § 3 Abs 3 ASVG.

sei darauf, dass ein DN, der sich im dienstlichen Auftrag im Ausland aufhält, für die Dauer des Auslandsaufenthaltes die ihm beim zuständigen Versicherungsträger zustehenden Leistungen von seinem DG erhält; der KV-Träger erstattet dem DG dann die (betragsmäßig gedeckelten) Kosten.[618] Das ist jedoch nur insoweit von Bedeutung, als die VO 883/2004 zur Koordinierung der Systeme der sozialen Sicherheit oder ein zwischenstaatliches Abkommen nicht anzuwenden ist.[619] Die erwähnte VO koordiniert auf Grundlage von Art 48 AEUV – zur Sicherstellung der Freizügigkeit der unselbstständig Erwerbstätigen – die Rechtsvorschriften der Mitgliedstaaten der EU, die für Leistungen bei Krankheit, Mutter- bzw Vaterschaft, Invalidität, Alter, Tod, Arbeitsunfall bzw Berufskrankheit und Arbeitslosigkeit gelten sowie Familienleistungen, wohingegen sie insb für Leistungen der Sozialhilfe nicht gilt. Hervorzuheben ist vor allem das darin zum Ausdruck gebrachte Prinzip der Gleichbehandlung.[620] Für die Frage, welches SV-Recht zur Anwendung kommt, sind die Art 11 ff leg cit zu beachten, wobei primär das Recht des Beschäftigungsstaates maßgeblich ist; sodann sind in den Art 17 ff der VO 883/2004 Koordinierungsvorschriften für einzelne Leistungsarten geregelt.[621]

---

618 § 130 Abs 1 und Abs 3 ASVG.

619 *Grillberger*, Sozialrecht[8] 58.

620 Art 4, s auch Art 5 der VO 883/2004 zur Gleichstellung von Leistungen, Einkünften, Sachverhalten oder Ereignissen. Art 6 leg cit normiert eine Zusammenrechnung von Zeiten, was in der PV eine sehr wichtige Rolle spielt; pro rata temporis können dem Vers zwar mehrerer Teilpensionen gebühren, doch werden diese unter Zugrundlegung auch ausländischer Zeiten berechnet. Beachte auch Art 7 der VO 883/2004 zur Aufhebung von sog Wohnortklauseln. Zum Thema: *Windisch-Greatz*, ZAS 2014/33.

621 Im KV-Recht ist bei notwenigen Sachleistungen zu beachten, dass der Versicherungsträger des Aufenthalts- bzw Wohnortes sie auf Rechnung des zuständigen Trägers zu erbringen hat, wenn der Vers sich nicht im zuständigen Staat aufhält. Die Kosten werden intern verrechnet. Eine Anspruchsberechtigung wird übrigens durch die Europäische Krankenversicherungskarte (EKVK) nachgewiesen. Die gezielte Behandlung im Ausland auf Kosten des heimischen SV-Trägers ist nur nach dessen Genehmigung möglich, doch dürfen Vers ausländische Behandlungen im Rahmen der Dienstleistungsfreiheit (zunächst) auf eigene Kosten in Anspruch nehmen und dann Kostenerstattung (wie bei Behandlung von Seiten eines inländischen Wahlarztes) begehren. Bei Arbeitslosigkeit ist der Staat der letzten Beschäftigung zuständig, wobei die Möglichkeit der Arbeitssuche in anderen Staaten unter Beibehaltung der Zahlungen (max sechs Monate) geregelt ist, s Art 64 VO 883/2004. Bei Familienleistungen – wie Familienbeihilfe und Kinderbetreuungsgeld – ist auf die Regelungen zu einem Anspruch ungeachtet dessen hinzuweisen, ob

b Das Versicherungsverhältnis

ba Kreis der (Pflicht-)Versicherten

Wer ein selbstständiges oder unselbstständiges Einkommen erzielt, ist grds pflichtversichert;[622] die Frage ist nur, unter welchen genaueren Voraussetzungen, nach welchem Gesetz und in welchem Umfang.[623]

baa Allgemeines Sozialversicherungsgesetz

Nach dem ASVG vollversichert sind Dienstnehmer iSd § 4 Abs 2 ASVG, freie Dienstnehmer iSd § 4 Abs 4 ASVG sowie einige andere Personengruppen, zB Vorstandsmitglieder von Aktiengesellschaften.[624]

DN iSd ASVG sind Personen, die „in einem Verhältnis persönlicher und wirtschaftlicher Abhängigkeit gegen Entgelt beschäftigt" sind.[625] Darüber hinaus gilt als DN jedenfalls jemand, der nach dem DLSG entlohnt wird und mit Ausnahmen auch jemand, der „nach § 47 Abs 1 iVm Abs 2 EStG 1988 lohnsteuerpflichtig" ist.[626] Bei der Beurteilung der persönlichen Abhängigkeit stimmt die Jud des OGH im Großen und Ganzen mit jener des VwGH überein.[627] Tendenziell scheint der VwGH jedoch die DN-Eigenschaft in Zweifelsfällen eher zu bejahen als der OGH die AN-Eigenschaft.[628] Das im Gesetz eigens erwähnte Kriterium der wirtschaftlichen Abhängigkeit hat keine eigenständige rechtliche Bedeutung; die wirtschaftliche geht in der persönlichen Abhängigkeit auf.[629] Nach ausdrücklicher Anordnung des Gesetzge-

---

die Familienangehörigen in einem anderen als im Beschäftigungsstaat wohnen; dabei sind Prioritätsregeln (Art 68 VO 883/2004) zu beachten, um Doppelbezüge zu vermeiden.

622 Zum Thema: W. *Pöltner*, RdA 1998, 316. Die SV erbringt allerdings auch Leistungen für Angehörige, vgl § 123 ASVG.

623 Im Detail: *Krejci/Marhold/Karl/Risak* in Tomandl, System 1.2.

624 § 4 Abs 1 (Z 6) ASVG.

625 Zum Thema: *Blasina*, Dienstnehmer - freier Dienstnehmer - Selbstständiger[2] (2008); *Resch*, Dienstnehmerbegriff nach ASVG und seine Abgrenzung, in Resch, (Hrsg), Abhängiger Arbeitsvertrag versus Selbstständigkeit (2006); *Rebhahn*, wbl 1998, 277. Die Gültigkeit des Dienstvertrages wird für das Sozialversicherungsverhältnis nicht vorausgesetzt, s *Brodil/Windisch-Graetz*, Sozialrecht[7] (2013) 35 f.

626 Das spielt in der Praxis jedoch nur eine geringe Rolle, vgl *Sedlacek*, ASoK 1998, 114; *Höfle*, ZAS 2006/39.

627 Vgl VwSlg 8548 A/1974. Zum Thema: *Müller*, RdA 2010, 367.

628 So richtig *Rebhahn* in Kletečka/Schauer, ABGB-ON[1.01] § 1151 Rz 58.

629 Vgl VwSlg 11778 A/1985; VwGH 27.3.1990, 85/08/0099.

bers in § 539a ASVG ist bei der Beurteilung von Sachverhalten nicht auf die äußere Erscheinungsform (zB Werkvertrag, Dienstvertrag), sondern in wirtschaftlicher Betrachtungsweise auf den wahren wirtschaftlichen Gehalt abzustellen.[630]

Freie DN, die sich einem DG gegenüber zur Erbringung von Dienstleistungen im Rahmen seines Geschäftsbetriebes verpflichten, sind dann nach dem ASVG pflichtversichert, wenn sie iSd § 4 Abs 4 ASVG dienstnehmerähnlich sind;[631] das setzt jedoch voraus, dass sie ihre Dienstleistungen im Wesentlichen persönlich erbringen und über keine wesentlichen eigenen Betriebsmittel verfügen.[632] Es gibt aber wiederum Ausnahmen, insb für Inhaber einer Gewerbeberechtigung (sog alte Selbstständige). Sofern keine Versicherungspflicht nach dem ASVG besteht, unterliegen freie DN idR jener nach dem GSVG; sie werden bisweilen auch als unternehmerische freie DN bezeichnet.

Teilversichert[633] sind nach dem ASVG bspw DN oder dienstnehmerähnliche freie DN, die nur geringfügig beschäftigt sind; sie sind von Gesetzes wegen nur in die UV einbezogen.[634] Ein Beschäftigungsverhältnis gilt nach § 5 Abs 2 leg cit dann als geringfügig, wenn es für eine kürzere Zeit als einen Kalendermonat vereinbart ist und für einen Arbeitstag im Durchschnitt ein Entgelt von höchstens 31,17 € (Wert 2015), insgesamt jedoch max 405,98 € (Wert 2015) gebührt

---

630 Zum Thema: *Sonnleitner*, Das Gebot der wirtschaftlichen Betrachtungsweise gemäß § 539a ASVG (2005). Eine teleologische Rechtskonkretisierung erlaubt es übrigens, den SV-Schutz ausnahmsweise auch bei Arbeitsverhältnissen zu bejahen, denen kein gültiger Vertrag zugrunde liegt; ein Rückgriff dafür auf die Lehre vom faktischen Beschäftigungsverhältnis ist nicht nötig, s *Krejci et al* in Tomandl, System 1.2.2.

631 Eine rückwirkende Feststellung der SV-Pflicht nach ASVG und damit die sozialversicherungsrechtliche Rückabwicklung für den Fall, dass ein dienstnehmerähnlicher freier DN als unternehmerischer behandelt wird, ist gem § 10 Abs 1a ASVG ausgeschlossen. Rückabwicklungsschwierigkeiten bestehen zwar auch, wenn ein (echter) DN fälschlich als unternehmerischer freier DN eingeordnet wurde, doch kann diese Bestimmung nicht analog angewendet werden, weil die Analogiebasis dafür aufgrund der Unterschiede im Grad der Schwierigkeit der richtigen Einordnung und gegenseitigen Abgrenzung zu schwach ist; ob jemand DN oder unternehmerischer freier DN ist, lässt sich idR leichter beurteilen, als die Frage, ob jemand dienstnehmerähnlicher oder unternehmerischer freier DN ist, zumal ihr die Einordnung als freier DN und damit die Verneinung der DN-Eigenschaft vorauszugehen hat. AA *Kietaibl*, ZAS 2006/26.

632 Vgl *Resch*, RdA 2000, 15.

633 Beachte §§ 7 f ASVG.

634 § 7 Z 3 lit a iVm § 5 Abs 1 Z 2 iVm Abs 2 ASVG.

oder bei einer längeren Befristung bzw bei einer Vereinbarung auf unbestimmte Zeit höchstens das letztgenannte Entgelt pro Monat gebührt. Bei Überschreiten der Geringfügigkeitsgrenze aufgrund von Bezügen aus mehreren Beschäftigungsverhältnissen tritt Vollversicherung ein;[635] die Betroffenen haben (selbst) einen SV-Pauschalbetrag abzuführen.[636] Beschäftigt ein DG mehrere Personen geringfügig und überschreitet die Summe ihrer monatlichen Entgelte (ohne Sonderzahlungen) das 1,5-fache der Geringfügigkeitsgrenze, so hat er eine pauschale Dienstgeberabgabe iHv 16,4 % ihrer Lohnsumme (einschließlich Sonderzahlungen) abzuführen;[637] dadurch wird jedoch kein weitergehender Versicherungsschutz begründet. Geringfügig Beschäftigte können sich übrigens gem § 19a ASVG begünstigt (Wert 2015: 57,30 €) in der KV und PV selbst versichern.

Träger der KV (Krankenkassen) nach dem ASVG sind die neun GKK und die sechs Betriebskrankenkassen, die VA für Eisenbahnen und Bergbau. Letztere ist neben der AUVA auch Träger der UV und neben der PVA auch der PV.

bab Gewerbliches Sozialversicherungsgesetz

In der KV und der PV nach dem GSVG sind nach § 2 leg cit zum einen alle über 15 Jahre alten Mitglieder der Kammern der gewerblichen Wirtschaft und damit all jene selbstständig Erwerbstätigen pflichtversichert, die über eine Gewerbeberechtigung verfügen, sowie Gesellschafter einer OG und unbeschränkt haftende Gesellschafter einer KG, sofern die Gesellschaft Kammermitglied ist, wie auch Gesellschafter-Geschäftsführer einer GmbH, falls die GmbH Kammermitglied ist und sie nicht schon dem ASVG unterliegen.[638] Zum anderen sind nach § 2 Abs 1 Z 4 GSVG auch alle übrigen Selbstständigen pflichtversichert, die Einkünfte aus betrieblicher Tätigkeit erzielen, wenn aufgrund dieser Tätigkeit nicht bereits eine Pflichtversicherung nach einer anderen gesetzlichen Bestimmung besteht.[639] Die erste Personengruppe nennt man alte Selbstständige, letztere bezeichnet

635 Nicht aber die Pflichtversicherung nach AlVG. Sonderbestimmungen für mehrfach geringfügig Beschäftigte: §§ 471f ff ASVG.

636 § 53a Abs 3 ASVG.

637 § 1 Dienstgeberabgabegesetz. Zum Thema: S.L. *Frank*, ÖJZ 2004/20.

638 Zu den Ausnahmen von der Pflichtversicherung – etwa bei Anzeige des Ruhens der Gewerbeberechtigung oder der Verpachtung des Betriebes – s § 4 GSVG.

639 Zum Thema: *Schrank*, ASoK 1997, 374. Das ist ein Auffangtatbestand, der zB auch Personen erfasst, die ein Gewerbe unbefugt ausüben. Vgl OGH 14.2.2012, 10 ObS 11/12h, ZAS-Judikatur 2012/102.

man hingegen als neue Selbstständige.[640] Die UV richtet sich nach dem ASVG.[641] Der zuständige Träger der KV und PV nach dem GSVG ist die SVA.

Alte Selbstständige unterliegen der SV-Pflicht grds auch dann, wenn sie nur geringe oder gar keine Einkünfte aus der gewerblichen Tätigkeit erzielen. Eine Ausnahme besteht allerdings auf Antrag in der PV und KV für Kleinunternehmer, die glaubhaft machen, dass ihr Jahreseinkommen das 12-fache der Geringfügigkeitsgrenze nach dem ASVG (4.871,76 €; Wert 2015) und ihre jährlichen Umsätze aus allen unternehmerischen Tätigkeiten 30.000,- € nicht überschreiten.[642]

Für neue Selbstständige gelten von vornherein Versicherungsuntergrenzen: Das sind 6.453,36 €, wenn die Person nur diese Erwerbstätigkeit ausübt und auch keine Erwerbsersatzeinkommen (zB Pension) bezieht; ansonsten beträgt der Wert für 2015: 4.871,76 €, insb dann, wenn sie daneben als DN beschäftigt ist.[643]

bac Bauern-Sozialversicherungsgesetz

Land- und forstwirtschaftliche Betriebsführer – das sind jene Personen, die einen land(forst)wirtschaftlichen Betrieb auf eigene Rechnung und Gefahr führen oder auf deren Rechnung und Gefahr er geführt wird –, deren hauptberuflich mittätige Angehörige und noch mitarbeitende Altbauern sind vollversichert nach dem BSVG.[644] Bezieher einer Pension nach dem BSVG sind nur in der KV versichert. Der zuständige SV-Träger ist die SV-Anstalt der Bauern.

Erhebliche Bedeutung hat die Betriebsgröße, weil die Pflichtversicherung nur besteht, wenn es sich um Betriebe handelt, die einen bestimmten steuerlichen Einheitswert überschreiten, es sei denn, der Vers bestreitet aus dem Ertrag des Betriebes überwiegend seinen Lebensunterhalt; die Mindestgrenzen betragen 1.500,- € in KV und PV und 150,- € für die UV.[645]

---

640 Soweit es die Satzung gestattet, können Pflicht- und Weiterversicherte eine Familienversicherung nach § 10 GSVG für bestimmte Angehörige abschließen (soweit diese nicht schon versichert sind) und dadurch Leistungsansprüche aus der KV begründen.

641 § 8 Abs 1 Z 3 lit a ASVG.

642 § 4 Abs 1 Z 7 ASVG.

643 §§ 4 Abs 1 Z 5 iVm 25 Abs 4 Z 2 lit a und 4 Abs 1 Z 6 iVm 25 Abs 4 Z 2 lit b GSVG. Zur freiwilligen opting-in-Möglichkeit: *Risak*, ecolex 1998, 336.

644 §§ 2 ff BSVG.

645 §§ 2 Abs 2 und 3 Abs 2 BSVG, s idZ § 23 Abs 3 lit c bis e BSVG.

UV-Schutz besteht für Arbeiten im Rahmen der Nachbarschaftshilfe, die dem Betrieb dienen, allerdings nicht nach BSVG, sondern nach ASVG.[646]

bad Beamten-Kranken- und Unfallversicherungsgesetz

Die KV und UV der Beamten aller Gebietskörperschaften sind im B-KUVG geregelt.[647] Ihnen gleichgestellt sind neue Vertragsbedienstete, deren Dienstverhältnis nach dem 31.12.2000, im Falle von Bundes-Vertragsbediensteten: nach dem 31.12.1998, begründet wurde. Außerdem sind bestimmte öffentliche Funktionäre nach B-KUVG pflichtversichert, zB Nationalratsabgeordnete, Bundespräsident, Mitglieder der Bundesregierung und Bürgermeister. Zuständig ist die BVA als SV-Träger.

bae Pflichtversicherung nach FSVG und NVG

Nach dem Freiberuflich Selbstständigen-Sozialversicherungsgesetz besteht eine Teilversicherung für selbstständige Apotheker und Patentanwälte in der PV und für freiberufliche Ärzte und Zahnärzte, außer Angehörige des Dentistenberufs, in der UV und der PV. Nicht dem FSVG unterliegende Freiberufler sind als neue Selbstständige in der KV und PV nach dem GSVG, in der UV aber nach dem ASVG versichert.[648] Bis zum 1.10.1999 konnten sie auf Antrag ihrer gesetzlichen beruflichen Vertretung (Kammer) von der KV und/oder der PV ausgenommen werden, sofern diese ihren Mitgliedern Anspruch auf zumindest annähernd gleichwertige Leistungen gewähren.[649] Für Notare gibt es ein eigenes SV-Gesetz, das Notarversicherungsgesetz, das die PV regelt.

baf Pflichtversicherung nach dem AlVG

Arbeitslosenversichert sind vor allem DN iSd § 4 Abs 2 ASVG, die bei einem oder mehreren DG beschäftigt und in der gesetzlichen KV pflichtversichert sind. Gleiches gilt seit 2008 auch für freie DN iSd § 4

646 § 175 Abs 3 ASVG.

647 Wer nach B-KUVG in KV und UV pflichtversichert ist, regelt § 1 leg cit. Die Ausnahmen von der KV oder der UV sind den §§ 2 f B-KUVG zu entnehmen. Zur Einbeziehung im Verordnungsweg: § 4 B-KUVG.

648 § 2 Abs 1 Z 4 GSVG, § 8 Abs 1 Z 3 ASVG. Zum Thema: *Wuketich*, SozSi 1989, 253.

649 § 5 GSVG. Von dieser Möglichkeit zum opting-out haben partiell oder gänzlich Notare, Architekten und Ingenieurkonsulenten, Tierärzte, Rechtsanwälte, Ärzte, Patentanwälte, Apotheker und Wirtschaftstreuhänder Gebrauch gemacht.

Abs 4 ASVG und bestimmte andere Personengruppen.[650] Ausgenommen sind ua geringfügig beschäftigte DN und Beamte.[651]

Selbstständig Erwerbstätige, die der Pflichtversicherung in der PV nach dem GSVG unterliegen oder gem § 5 leg cit davon ausgenommen sind, können nun seit einigen Jahren innerhalb von sechs Monaten nach einer diesbezüglichen Verständigung durch die SVA freiwillig in die Arbeitslosenversicherung (AlV) optieren.[652] Wer sich dafür entscheidet, kann zwischen drei Beitragsgrundlagen wählen (¼, ½ oder ¾ der Höchstbeitragsgrundlage) und bleibt dann acht Jahre gebunden.

bb Beginn und Ende der Versicherungspflicht

Die Pflichtversicherung nach dem ASVG beginnt – ungeachtet bestehender Meldeverpflichtungen – mit dem Tag des Antritts der versicherungspflichtigen Tätigkeit.[653] Erkrankt ein DN schon am ersten Arbeitstag und tritt infolgedessen seinen Dienst nicht an, genießt er noch keinen Versicherungsschutz.[654] Mit dem Ende des Beschäftigungsverhältnisses endet grds auch die Pflichtversicherung; maßgeblich ist jedoch stets das Ende des Entgeltanspruchs, sodass der Schutz noch weiterbesteht, solange der DN zB Kündigungsentschädigung bezieht.[655] In der KV besteht SV-Schutz nach § 122 ASVG allerdings auch eine gewisse Zeit nach Ende der Pflichtversicherung, idR für sechs Wochen.[656]

Der Versicherungsschutz für Beamte beginnt mit dem Tag der Aufnahme in das Dienstverhältnis und derjenige öffentlicher Funktionäre

---

650 Die Versicherung(spflicht) und die Ausnahmen davon sind in § 1 AlVG geregelt.

651 Beachte § 1 Abs 2 und 4 AlVG. Zum Thema Geringfügigkeit: *Karl*, ASoK 1998, 357 ff; *Gerhartl*, ZAS 2012/30. Überdies sind insb Personen ausgenommen, die die Anspruchsvoraussetzungen für eine Alterspension erfüllen.

652 § 3 AlVG. Zum Thema: *Pacic*, ZAS 2008/23, 156.

653 § 10 Abs 1 ASVG. Steht bei einem freien DN nicht zweifelsfrei fest, ob er nach ASVG oder nach GSVG pflichtversichert ist, beginnt der Versicherungsschutz erst, wenn dies mit Bescheid geklärt wurde, s § 10 Abs 1a iVm § 310 Abs 1 Z 8 ASVG, § 194a GSVG.

654 Bei einem Unfall auf dem Weg zum Dienstantritt setzt die Versicherung jedoch schon vorher ein, vgl RIS-Justiz: RS0083686.

655 § 11 Abs 1 ASVG. Im Fall eines unbezahlten Urlaubs bleibt der Versicherungsschutz nach Abs 3 lit a leg cit (nur noch) für einen Monat aufrecht; dem DN obliegt nach § 53 Abs 3 ASVG die gänzliche Leistung des SV-Beitrags für diese Zeit. Zum Thema: *Pacic*, ASoK 2007, 227.

656 § 122 ASVG.

mit dem Tag der Wirksamkeit ihrer Bestellung.[657] Bei selbstständig Erwerbstätigen ist der Tag der Erlangung der die Pflichtversicherung begründenden (Berufs-)Berechtigung entscheidend.[658] Für alte Selbstständige kommt es daher auf den Zeitpunkt der Erlangung ihrer Gewerbeberechtigung an. Falls neue Selbstständige für ihre berufliche Tätigkeit keiner berufsrechtlichen Berechtigung bedürfen, setzt der Versicherungsschutz mit dem Tag der Aufnahme der versicherten Tätigkeit ein, bei Verletzung ihrer Meldepflichten mitunter bereits mit Jahresbeginn.[659]

Die Versicherung endet idR mit dem Letzten des Kalendermonats, in dem die Berufsberechtigung erloschen ist.[660] Ist eine solche nicht erforderlich, dann endet sie grds mit dem Letzten des Monats, in dem die betriebliche Tätigkeit beendet wurde.[661] Bei alten Selbstständigen endet die Versicherung auch mit dem Letzten des Monats nach einer Anzeige des Ruhens des Gewerbeberechtigung oder der Verpachtung des Betriebes.[662] Für Land- und Forstwirte beginnt und endet die Pflichtversicherung nach dem BSVG im Allgemeinen mit Beginn bzw Aufgabe der Betriebsführung.[663]

bc Beitragspflichten

Die Pflicht zur Leistung von SV-Beiträgen ist eine zentrale Verpflichtung aus dem Versicherungsverhältnis, denn die SV wird grds aus diesen Beiträgen finanziert. Zu klären ist im Folgenden, wen diese Pflicht trifft, wer dafür einzustehen hat und wie die Beitragshöhe berechnet wird. Hinzuweisen ist vorab darauf, dass es in der SV jährlich zur Anpassung beitragsrelevanter Werte kommt, um laufenden wirtschaftlichen Veränderungen gerecht zu werden; Bedeutung kommt dabei vor allem der vom zuständigen Bundesminister kundzumachenden Aufwertungszahl zu, die jedoch nicht politisch festgesetzt, sondern nach gesetzlichen Vorgaben ermittelt wird.[664]

657 Im Detail s aber: § 5 B-KUVG.
658 § 6 GSVG.
659 § 6 Abs 4 Z 1 GSVG. Im Detail: *Krejci et al* in Tomandl, System 1.2.6.3.
660 § 7 GSVG.
661 § 7 Abs 4 Z 1 GSVG.
662 § 4 Abs 1 Z 1 und 3 iVm § 7 Abs 1 Z 7 GSVG.
663 §§ 6 f BSVG.
664 §§ 108 Abs 2, 108a ASVG.

bca Beitragsgrundlagen

Die Beitragshöhe wird nach einem bestimmten Prozentsatz (sog Beitragssatz) von der Beitragsgrundlage berechnet, die – bis zur Höchstbeitragsgrundlage – das Erwerbseinkommen des Versicherten innerhalb eines gesetzlich bestimmten Beitragszeitraums bezeichnet. Übersteigt das Einkommen eines Versicherten die Höchstbeitragsgrundlage (für DN derzeit – ohne Sonderzahlungen – 4.650,- € monatlich), sind für den darüber hinausgehenden Teil zwar keine Beiträge zu leisten, doch ist dieser dann zugleich versicherungsfrei, was sich negativ auf die Höhe etwaiger Geldleistungen auswirkt.[665] Bei mehrfacher Beschäftigung ist die Höchstbeitragsgrundlage zunächst für jedes Versicherungsverhältnis gesondert zu beachten; der Versicherte kann aber in der KV und der PV die Rückerstattung des zu viel bezahlten Betrages begehren;[666] der UV-Schutz erstreckt sich jedoch nur auf das jeweilige Beschäftigungsverhältnis, weswegen die UV-Beiträge nicht rückerstattet werden.[667] Ist jemand sowohl selbstständig als auch unselbstständig erwerbstätig, kann er eine Differenzvorschreibung beantragen, bei welcher ihm die Beiträge insgesamt nur bis zur Höchstbeitragsgrundlage vorgeschrieben werden.[668]

Für die allgemeine Beitragsgrundlage nach dem ASVG ist das Entgelt des (freien) DN maßgeblich, worunter nach § 49 leg cit Geld- und Sachbezüge zu verstehen sind, auf die der (freie) DN aus dem Dienstverhältnis Anspruch hat oder die er darüber hinaus aufgrund des Dienstverhältnisses vom DG oder von einem Dritten erhält.[669] Für die Bewertung der Sachbezüge gilt nach § 50 ASVG die Bewertung für Zwecke der Lohnsteuer. Trinkgelder können der Bemessung der Beiträge uU pauschaliert zugrunde gelegt werden.[670] § 49 Abs 3 ASVG zählt eine Reihe von Leistungen an den (freien) DN auf, die nicht als

---

665 § 45 ASVG, vgl § 48 GSVG, § 23 Abs 9 BSVG.

666 §§ 70 f ASVG. Der DG-Beitrag wird nicht rückerstattet; zur Verfassungskonformität s VfGH 14.3.1997, G 392, 398, 399/96, ZAS 1997/17, SVSlg 41.972; *Aigner*, ZAS 1997, 129.

667 Zum Thema: *Drs*, RdA 2003, 461.

668 §§ 35a f GSVG, §§ 33a f BSVG.

669 Zum Thema: *Scholz*, SozSi 1987, 511; *Shubshizky*, ASoK 2009, 278; *Schrammel*, ZAS 2003/10. Übrigens: In der AlV wird die allg Beitragsgrundlage nach dem ASVG herangezogen, s § 2 AMPFG. Besonders geregelt ist das Beitragsrecht bei freiwilliger Versicherung. Zur Selbstversicherung in der KV s §§ 16, 77 Abs 1 S 1 iVm 51 Abs 1 Z 1 lit a und § 51e ASVG; zur Selbstversicherung in der PV s § 76b Abs 5 ASVG; zum Weiterversicherung in der PV s §§ 17, 76a Abs 3, 77 Abs 6 ASVG; zur Höherversicherung s § 77 Abs 2 ASVG.

670 § 44 Abs 3 ASVG.

Entgelt gelten, darunter zB freie oder verbilligte Mahlzeiten, Fahrtkostenvergütungen, Prämien für Diensterfindungen und Jubiläumsgeschenke.[671] Das ASVG enthält außerdem verschiedene Sonderregelungen, zB für Sonderzahlungen, die bis zur doppelten monatlichen Höchstbeitragsgrundlage pro Jahr versicherungspflichtig sind.[672]

Bei Bauern hängt die Beitragsgrundlage vom Einheitswert des Betriebes ab.[673] In § 23 Abs 10 sind im BSVG Mindestbeitragsgrundlagen normiert. Solche kennt auch das GSVG, das grds auf Einkünfte aus selbstständiger Tätigkeit nach dem Einkommenssteuerbescheid abstellt.[674] Da ein rechtskräftiger Steuerbescheid uU erst spät verfügbar sein kann, wird (ausgehend vom Bescheid des drittvorangegangenen Jahres) zunächst nur eine vorläufige Beitragsgrundlage gebildet, an deren Stelle die endgültige tritt, sobald die erforderlichen Nachweise vorliegen.[675] Begünstigungen und Ausnahmen gibt es zum einen für Jungunternehmer, zum anderen für über 57-Jährige und Personen, die das Regelpensionsalter erreicht haben.[676]

bcb Beitragssätze, -schuld und -haftung

Die konkreten Beitragssätze differieren zwischen den Versicherungszweigen und in Abhängigkeit von der jeweils versicherten Personengruppe.[677] Speziell geregelt ist das Beitragsrecht bei freiwilligen Versicherungen.[678] Die Beiträge zur KV, PV und AlV sind bei unselbstständiger Beschäftigung zwischen DG und DN geteilt, allerdings nicht unbedingt genau gleich hoch. Die Beiträge zur UV trägt hingegen ausschließlich der DG, der im Gegenzug vom Dienstgeberhaftungsprivileg nach § 333 ASVG profitiert.[679] 7,65 % sind es zu-

---

671 Zum Thema: *Freudhofmeier*, FJ 2004, 246; *Shubshizky*, ZAS 2003/9.

672 § 54 ASVG.

673 § 23 BSVG. Zur Maßgeblichkeit des betrieblichen Einkommens auf Antrag s §§ 23 Abs 1a f, Abs 4 leg cit.

674 §§ 25 ff GSVG.

675 § 25a GSVG.

676 §§ 4 Abs 1 Z 7 und 25 Abs 4 Z 1 GSVG.

677 §§ 51 ff ASVG, §§ 27 ff GSVG, §§ 24 ff BSVG, § 8 FSVG, § 2 AMPFG, § 12 Abs 1 Z 4 IESG, § 6 BMSVG. (Für selbstständige Künstler gibt es staatliche Unterstützung nach S-SVFG, s M. *Stadler*, zuvo 2008/46.) Die Beitragshöhe ist grds unabhängig von spezifischen Risikofaktoren; der Gedanke des sozialen Ausgleichs lockert auch die Bindung zwischen der Beitragshöhe und der Höhe der Leistungen, doch stehen sie in einem funktionalen Zusammenhang. Zum Thema: VfGH, VfSlg 3670/60; *Holoubek*, ZAS 1994, 5.

678 §§ 76 ff ASVG, s zB *Resch*, Sozialrecht[6] 38 f.

679 Zu den Ausnahmen für Lehrlinge und für DN über dem 60. Lebensjahr s

sammengerechnet für die KV, 1,4 % für die UV, 22,8 % für die PV und 6 % für die AlV. Für mitversicherte Angehörige sind Zusatzbeiträge vorgesehen; Ausnahmen bestehen zB für Kinder.[680] Für DN mit niedrigem Einkommen ist der DN-Anteil in der AlV zum Teil oder zur Gänze aus Bundesmitteln zu tragen.[681] Der DG hat zur Sicherung des DN-Entgelts für den Fall der Insolvenz übrigens auch einen Zuschlag iHv 0,45 % an den IESG-Fond zu entrichten. Außerdem hat er im Rahmen des Systems der Abfertigung-neu 1,53 % an die betriebliche Vorsorgekasse zu leisten.

Die Beiträge unselbstständig Erwerbstätiger werden am Monatsletzten fällig und sind von ihrem DG zu berechnen, vom Gehalt abzuziehen und dann binnen 15 Tagen (mit 3 Tagen Toleranzfrist) an den zuständigen KV-Träger abzuführen, der sie wiederum an die jeweiligen Adressaten weiterzuleiten hat.[682] Enthält er die Beiträge dem SV-Träger vorsätzlich vor, macht er sich strafbar.[683] Der Begriff des DG ist im SV-Recht weiter als im Arbeitsrecht, denn er bezieht sich auf jene, für deren Rechnung der Betrieb geführt wird, in dem der DN in einem Beschäftigungsverhältnis steht.[684] Entscheidend ist, wer aus den im Betrieb getätigten Geschäften nach rechtlichen (nicht bloß nach tatsächlichen) Gesichtspunkten unmittelbar berechtigt ist.[685] Dies gilt auch dann, wenn dieser den DN nur durch Mittelspersonen in den Dienst genommen hat oder ihn auf Leistungen Dritter an Stelle des Entgelts verweist (sog mittelbarer DG).

Nach § 67 ASVG haften neben dem DG als Beitragsschuldner auch bestimmte andere Personen für Beitragsschulden, zB wenn sie

---

§ 51 Abs 6 ASVG. Beachte auch das Neugründungs-FörderungsG.

680 § 51d ASVG, § 27c GSVG, § 24c BSVG, § 20b B-KUVG.

681 § 2a AMPFG.

682 §§ 58 ff ASVG, vgl §§ 35 ff GSVG. Werden Beiträge nicht abgeführt, gibt es für den DN keine Sanktionen im Leistungsrecht, s aber die Ausnahme nach § 225 ASVG in der PV. Zum Recht des DG auf Abzug der Beiträge von Entgelt s im Detail: § 60 ASVG. Speziell zum Abzugsrecht bei Entgeltnachzahlung: OGH 24.11.1993, 9 ObA 222/93, RdA 1994/34 (*Runggaldier*). Für Rückstände sind – sofern nicht ein Beitragszuschlag vorgeschrieben wurde – Verzugszinsen zu leisten, s §§ 59, 113 ASVG. Zur Verjährung: § 68 ASVG. Bei Säumnis kann der SV-Träger mahnen, einen Rückstandsausweis ausfertigen und dann im Verwaltungsweg Exekution führen, s § 64 ASVG, § 37 GSVG. Zur Rückforderung ohne Rechtsgrund entrichteter Beiträge: § 69 ASVG.

683 §§ 153c, 153d StGB. Zum Thema: *Reindl-Krauskopf*, RdA 2008, 389; *Wonisch*, ZAS 2008/3.

684 § 35 Abs 1 ASVG. Zum Thema: *Mikats*, SozSi 1984, 384; *Marhold*, RdW 1987, 167.

685 VwSlg 12.325 A/1986.

dieselbe Person im Einvernehmen beschäftigen, wenn auch gegen gesondertes Entgelt.[686] Im Fall einer Übereignung des Betriebes haftet der Erwerber für Beitragsschulden, die innerhalb von 12 Monaten davor entstanden sind; im Falle einer Anfrage beim SV-Träger haftet er jedoch nur mit dem Betrag, der ihm als Rückstand ausgewiesen wurde.[687] Nach § 14 AÜG haftet der Beschäftiger einer überlassenen Arbeitskraft als Bürge für die SV-Beiträge; hat er seine Pflicht aus dem Überlassungsvertrag bereits erfüllt, haftet er nur noch als Ausfallbürge.[688] Für gesetzliche Vertreter von natürlichen Personen und zur Vertretung juristischer Personen oder Personengesellschaften berufene Personen wird eine verschuldensabhängige Ausfallhaftung normiert.[689] Gibt jemand als Generalunternehmer die Erbringung von Bauleistungen ganz oder teilweise an andere (dh Sub-)Unternehmer weiter, haftet er uU bis zur Höhe von 20 % des geleisteten Werklohns für deren rückständige Beiträge (und Umlagen).[690]

bd Melde- und Auskunftspflichten

Die Pflichtversicherung entsteht und endet zwar meldeunabhängig, doch muss der zuständige SV-Träger über die notwendigen Informationen verfügen, um die SV ordnungsgemäß durchzuführen. Nach dem GSVG Pflichtversicherte haben diese (dh die für den Beginn und das Ende der Pflichtversicherung relevanten Umstände und alle maßgeblichen Änderungen) selbst innerhalb eines Monats an die SVA zu übermitteln.[691] Einen DN hat sein DG noch vor dessen Arbeitsantritt beim zuständigen KV-Träger anzumelden und innerhalb von sieben Tagen nach Ende der Pflichtversicherung wieder abzumelden.[692] Die Anmeldung des DN kann in zwei Schritten vorgenommen werden: Eine Mindestangaben-Anmeldung noch vor Arbeitsantritt und dann erst die vollständige Anmeldung binnen sieben Tagen nach Arbeitsantritt.[693] Auch Änderungen im Beschäftigungsverhältnis, die

---

686 Zum Thema: *Karl*, ZAS 2009/2.

687 Zu den Ausnahmen s § 67 Abs 5 ASVG; zur Haftung der Betriebsnachfolger, die in einem Naheverhältnis zum Vorgänger gestanden sind bzw Einfluss auf den Betrieb hatten, s Abs 6 leg cit. Zum Thema: *Jabornegg*, RdA 1982, 165; *Krejci*, ZAS 1985, 211.

688 Zum Thema: *Pacic*, ecolex 2008, 555.

689 § 67 Abs 10 ASVG:

690 Rechtsgrundlagen: §§ 67a ff ASVG. Zum Thema: *Rebhahn*, RdA 2008, 207; *ders*, ecolex 2008, 503; *Thomas*, ecolex 2008, 506.

691 § 18 Abs 1 und 2 GSVG, vgl §§ 16 ff BSVG.

692 § 33 ASVG.

693 § 33 Abs 1a ASVG.

für die SV relevant sind (zB Lohnerhöhung), sind innerhalb von sieben Tagen zu melden. Freie DN iSd § 4 Abs 4 ASVG haben dem DG Auskunft über das Bestehen einer anderen Pflichtversicherung aufgrund derselben Tätigkeit zu geben, die die Pflichtversicherung nach § 4 Abs 4 ASVG ausschließt.[694] Verabsäumen sie das, schulden sie ihren Beitragsteil selbst.[695]

Darüber hinaus bestehen Auskunftspflichten der Meldepflichtigen zu Gunsten der SV-Träger, die auch Einsichtsrechte in alle Geschäftsbücher und Belege sowie sonstigen Aufzeichnungen haben, die für das Versicherungsverhältnis von Bedeutung sind (Nachschau).[696] SV-Prüfungen bzgl der Einhaltung aller für das Versicherungsverhältnis maßgeblichen Tatsachen erfolgen gleichzeitig mit der Lohnsteuerprüfung.[697] Bei Verletzung von Melde- und Auskunftspflichten können Verwaltungsstrafen verhängt werden, Beitragszuschläge vorgeschrieben werden und Beitragspflichten wegen nicht rechtzeitiger Abmeldung verlängert werden.[698]

c Das Leistungsverhältnis

ca Beginn und Ende des Leistungsverhältnisses

Ein Leistungsberechtigter hat Anspruch auf Leistungen der SV, wenn die dafür rechtlich vorgesehenen materiellen und formellen Voraussetzungen erfüllt sind. Tritt ein Lebenssachverhalt ein, der unter einen gesetzlichen Risikotatbestand subsumiert werden kann, an den die Leistungsverpflichtung der SV geknüpft ist, kann man von einem Versicherungsfall sprechen.[699] Dieser wird in der Lit auch als primäre, alle ihm nachgeordneten materiellen Anspruchsvoraussetzungen als sekundäre bezeichnet.[700] Ob diese erfüllt sind, ist an einem bestimmten Stichtag zu prüfen. Formelle Leistungsvoraussetzung ist idR ein

694 § 43 Abs 2 ASVG.

695 § 58 Abs 3 ASVG.

696 § 42 Abs 1 ASVG.

697 § 41 ASVG, § 86 EStG 1988.

698 §§ 56, 111 ff ASVG. Zum Thema: *Brodil*, RdA 2008, 383; *Schrank*, ZAS 2008/2.

699 Vgl dazu *Jabornegg*, RdA 1982, 11. Im Falle von Leistungsstreitigkeiten ist bei der Auslegung sozialrechtlicher Rechtsvorschriften die konkrete sozialpolitische Wertung zu berücksichtigen. Gleichwohl wäre es nicht adäquat vom Erfordernis sozialer Rechtsanwendung zu sprechen. Zum Thema s zB *Resch*, ZAS 1995, 73 (76 f).

700 Vgl zB *Ivansits/Pfeil*, Sozialrecht[2] 30 f.

entsprechender Antrag. Sind alle formellen und materiellen Voraussetzungen erfüllt, spricht man von einem Leistungsanfall, der von der Fälligkeit als Zeitpunkt, zu dem die Leistung vom SV-Träger zu erbringen ist, zu unterscheiden ist.[701] Solange sie nicht erfüllt sind, bestehen bloße Anwartschaften auf Leistungen der SV.

Leistungsausschluss tritt in einem von drei Fällen ein: Verwirkung, Versagung und Ruhen der Leistung; die gesetzliche Terminologie ist aber nicht einheitlich. Verwirkt ist der Geldleistungsanspruch jedenfalls, wenn der Versicherungsfall vorsätzlich durch Selbstschädigung herbeigeführt oder durch die vorsätzliche Verübung einer gerichtlich strafbaren Handlung des Versicherten veranlasst wurde, derentwegen er zu einer mehr als einjährigen Freiheitsstrafe rechtskräftig verurteilt wurde.[702] Als Versagung kann man den im Ermessen des SV-Trägers liegenden bescheidmäßigen (Teil-)Entzug von Leistungen auf Zeit bezeichnen, mit welchem Verletzungen gewisser Nebenpflichten (zB auf Nachuntersuchung oder Beobachtung)[703] des Leistungsberechtigten sanktioniert werden.[704] Ruhen tritt hingegen prinzipiell dann ein, wenn ein Sicherungsbedürfnis vorübergehend weggefallen ist (zB aufgrund des Bezugs einer funktionsgleichen Leistung).[705] Nach § 89 ASVG kann es bei Haft und längerem Auslandsaufenthalt zum Ruhen kommen.

Das Leistungsverhältnis endet mit dem Wegfall des Leistungsanspruchs, der entweder schon ex lege[706] erlischt oder aber mit Bescheid entzogen wird, wenn die Leistungsvoraussetzungen aufgrund einer entscheidenden Änderung tatsächlicher oder rechtlicher Verhältnisse nicht mehr bestehen.[707] Ansprüche können überdies uU auch verfallen.[708] Eine Rückforderung zu Unrecht erbrachter Geldleistungen, wie auch Aufwendungen für Heilbehelfe und Anstaltspflege sowie Kostenersätze ist nach § 107 ASVG möglich, wenn der jeweilige Empfänger den Bezug durch bewusst unwahre Angaben, bewusste Verschweigung maßgebender Tatsachen oder der Verletzung von Meldevorschrif-

701 Vgl *Tomandl*, Grundriss[6] 76 Rz 125.

702 § 88 Abs 1 ASVG. Zum Thema: *Radner*, SozSi 2001, 739.

703 § 99 Abs 2 ASVG, § 40 Abs 2 B-KUVG, § 63 Abs 2 BSVG, § 67 Abs 2 GSVG.

704 *Tomandl*, Grundriss[6] 77 Rz 128. Ziel ist es demnach, den Betroffenen zur Einhaltung der Nebenpflichten zu bewegen, s OGH 14.3.1995, 10 ObS 289/94, SZ 68/54.

705 RIS-Justiz: RS0083756, vgl zB OGH 15.10.1997, 10 ObS 2014/97m, SZ 70/207.

706 § 100 ASVG, § 41 B-KUVG, § 64 BSVG, § 68 GSVG.

707 § 99 ASVG, § 40 B-KUVG, § 63 BSVG, § 67 GSVG. Zum Thema: *Jabornegg*, RdA 1983, 1.

708 § 102 ASVG, § 43 B-KUVG, § 66 BSVG, § 70 GSVG.

ten herbeigeführt hat, aber auch dann, wenn er erkennen musste, dass die Leistung nicht oder nicht in dieser Höhe gebührte.[709]

cb Leistungen und Leistungsarten

Leistungen der SV werden dem Berechtigten entweder als Geldleistungen (zB Wochengeld) oder als ihm auf ihre Kosten verschaffte Dienste bzw Gegenstände (zB Krankenbehandlung) als sog Sachleistungen gewährt, die zT der SV-Träger selbst (zB in kasseneigenen Ambulatorien) zur Verfügung stellt, überwiegend aber durch Vertragspartner (insb Ärzte) erbringen lässt.[710] Darüber hinaus sieht der Gesetzgeber aber auch Kostenerstattungen bei Leistungen vor, die sich der Versicherte selbst verschafft, ebenso wie bloß teilweise Kostenzuschüsse oder aber Kostenbeteiligungen (Selbstbehalte) der Leistungsberechtigten.

Wenn die Leistungsvoraussetzungen erfüllt sind, besteht idR ein gesetzlich oder in Form sog satzungsmäßiger Mehrleistung eines SV-Trägers normierter, Rechtsanspruch auf Pflichtleistungen. Sofern sie dazu ermächtigt sind, erbringen die SV-Träger darüber hinaus (nach Ermessen) freiwillige Leistungen.[711] Dauerleistungen werden übrigens regelmäßig an (in rechtserheblicher Weise) geänderte Verhältnisse angepasst.[712] Die Bezieher von Leistungen treffen diverse Melde- und Auskunftspflichten,[713] uU aber auch – im Rahmen des objektiv sowie subjektiv zumutbaren – Pflichten zur Duldung bzw Durchführung von Untersuchungen, Beobachtungen, Heilverfahren oder mithin sogar Operationen.[714] Sie können ihre Anwartschaften auf Leistungen, ihre

---

709 Zum Erlöschen und zur Verjährung des Rückforderungsanspruchs, sowie zum Recht des Versicherungsträgers in Härtefällen auf die Rückforderung zu verzichten oder auch Ratenzahlungen zu gewähren, s § 107 Abs 2 und 3 ASVG. Vgl § 49 B-KUVG, § 72 BSVG, § 76 GSVG. Zum Thema: *Stolzlechner*, RdA 1986, 288; *Gründler*, ZAS 1980/123; *Schrammel*, ZAS 1990, 73.

710 *Tomandl*, Grundriss[6] 79 Rz 134. Zum Thema: *Grillberger*, RdA 1995, 101; *Kletter*, ZAS 2010/42.

711 Zum Thema: *Flemmich*, SozSi 1991, 119. Leistungsempfänger haben einen nachprüfbaren Anspruch auf gesetzmäßige Ermessensausübung. Vgl OGH 18.2.2003, 10 ObS 258/02t, RdA 2004/22 (*Naderhirn*). Daher laufen auch sog Pflichtaufgaben, bei denen der SV-Träger zu Leistung verpflichtet ist, der Vers aber keinen individuellen Rechtsanspruch hat, faktisch idR auf Pflichtleistungen hinaus.

712 Vgl § 108 ASVG.

713 §§ 40, 43 ASVG, §§ 15, 17 B-KUVG, §§ 18, 20 BSVG, §§ 20, 22 GSVG.

714 Zum Thema: J. *Dörner*, ZAS 1992/11; G. *Gruber*, ZAS 1997/10; *Födermayr*, RdA 2009/36; *Rebhahn*, RdA 1997, 352.

Ansprüche auf Sachleistungen und idR auch solche auf Geldleistungen rechtsgeschäftlich weder übertragen noch verpfänden.[715]

6 Sozialversicherung und Schadenersatz

Hat ein Dritter einen Versicherungsfall verursacht, indem er einem Versicherten einen Personenschaden zugefügt hat, und hat dieser infolgedessen Ansprüche auf Schadenersatz gegen den Dritten (dh den Schädiger), so gehen ebendiese Schadenersatzansprüche von Gesetzes wegen auf den zuständigen SV-Träger über, soweit dieser Leistungen zu erbringen hat.[716] Eine solche Legalzession (dh der Ex-lege-Forderungsübergang) findet jedoch nur statt, wenn es sich um einen sog kongruenten Schaden handelt; das ist ein Schaden, aufgrund dessen der SV-Träger Leistungen zu erbringen hat, die den nach schadenersatzrechtlichen Bestimmungen gebührenden Ersatzansprüchen des Geschädigten in sachlicher, den Leistungszweck betreffender, sowie in persönlicher und zeitlicher Hinsicht entsprechen.[717] So stehen dem Ersatz des Verdienstentgangs nach allgemeinem Zivilrecht etwa zweckgleiche SV-Geldleistungen mit Einkommensersatzfunktion gegenüber, wie zB Krankengeld oder Pension, wohingegen der Ersatz etwaiger Pflegekosten nicht dem Sinn und Zweck einer SV-rechtlichen Invaliditätspension entspricht.[718] Bei der Legalzession zu Gunsten des SV-Trägers bleibt es auch dann, wenn der Geschädigte vom Schädiger nicht den Ersatz des Schadens in voller Höhe verlangen kann (zB aufgrund seines eigenen Mitverschuldens) und auch die ihm zustehende SV-Leistung diesen Schaden nicht zu decken vermag (zB weil sein Einkommen über der Höchstbeitragsgrundlage liegt); man spricht in einem solchen Fall vom Quotenvorrecht der Sozialversicherung.[719]

---

715 § 98 ASVG, § 38 B-KUVG, § 61 BSVG, § 65 GSVG.

716 § 332 ASVG, § 125 B-KUVG, § 178 BSVG, § 190 GSVG. Zum Thema (Modifikation des Schadenersatzrechts in der SV): *Neumayr*, RZ 2010, 161. Zur Legalzession nach § 322 ASVG kommt es nach hA bereits im Zeitpunkt der Schädigung. Übergehen kann eine Forderung jedenfalls frühestens dann, wenn sie dem Berechtigten tatsächlich zusteht. In der L wird zT vertreten, die Legalzession trete erst im Zeitpunkt der Erbringung kongruenter Leistungen durch den SV-Träger ein: *Resch*, JBl 2002, 341.

717 Vgl *Tomandl*, Grundriss[6] 202 f Rz 299.

718 Vgl OGH 15.11.2007, 2 Ob 190/07s, SZ 2007/178.

719 Vgl OGH 24.10.2002, 2 Ob 61/02p, ZVR 2004/43; RIS-Justiz: RS0026975. Vgl zum Thema: *Selb*, ZAS 1987, 145; *Kunst/Espig*, ZAS 1979, 1.

Eine haftungsrechtliche Besonderheit besteht im SV-Recht auch insofern, als nach § 333 ASVG die Haftung von DG gegenüber ihren DN für leicht oder grob fahrlässig herbeigeführte Arbeitsunfälle ausgeschlossen ist, es sei denn sie wären durch ein Verkehrsmittel herbeigeführt worden, für dessen Betrieb aufgrund gesetzlicher Vorschrift eine erhöhte Haftpflicht besteht; in einem solchen Fall haftet der DG bis zur Höhe der Haftpflichtsumme, bei Vorsatz jedoch für den gesamten Schaden.[720] Grund für dieses Dienstgeberhaftungsprivilegs ist in erster Linie der Umstand, dass der Beitrag zur UV nur von den DG getragen wird; die Haftungsbefreiung stellt einen gewissen Ausgleich dafür dar. Hat der DG den Arbeitsunfall (vorsätzlich oder) grob fahrlässig herbeigeführt, muss er dem SV-Träger jedoch die von diesem gewährten Leistungen ersetzen, wobei der SV-Träger bei grober Fahrlässigkeit noch in Ansehung der wirtschaftlichen Verhältnisse des DG teilweise oder ganz auf den Ersatz verzichten kann; hierbei handelt es sich um keine Legalzession, sondern um einen völlig eigenständigen Anspruch.[721]

Haftungsrechtlich dem DG gleichgestellt und damit privilegiert sind nicht nur dessen gesetzliche oder bevollmächtigte Vertreter, sondern vor allem auch sog Aufseher im Betrieb.[722] Das sind Personen, die Betriebsangehörige und betriebliche Arbeitsvorgänge zu überwachen oder anzuleiten haben, sofern ihnen diesbezüglich eine erhöhte Verantwortung übertragen wurde oder eine solche aufgrund der Umstände des Falles zu erwarten ist.[723] Es kommt dabei nicht darauf an, wo diese Personen in der betrieblichen Hierarchie für gewöhnlich einzuordnen sind (wären), maßgeblich ist vielmehr ihre tatsächliche Funktion zur Zeit des Unfalls.[724]

Gewöhnliche Arbeitskollegen genießen keine Haftungsprivilegien, doch kann der SV-Träger einen auf ihn gegen sie übergegangenen Schadenersatzanspruch lediglich bei vorsätzlicher oder grob fahrläs-

---

720 Zum Thema: *Koziol*, RdA 1980, 371; *Gerhartl*, ZAS 2009/41; K. *Bodendorfer*, ZAS 1985/43; W. *Holzer*, JBl 1982, 348.

721 § 334 ASVG.

722 §§ 333 Abs 4 ASVG. Beachte auch § 335 ASVG iZm jur Personen und insb dessen Abs 3 iZm Ausbildungsverhältnissen. Zu einem Unfall im Rahmen des Unterrichts s OGH 25.1.1984, 1Ob 45/17 = JBl 1985, 111. Ausführlicher dazu: *Krejci/Böhler* in Tomandl, System 3.3.2.2.

723 Zum Thema: RIS-Justiz: RS0085418, RS0085510, RS0085583; zB OGH 21.9.1978, 2 Ob 115/78, SZ 51/126; OGH 10.9.1981, 8 Ob 128/81, SZ 54/118; OGH 27.11.1984, 4 Ob 51/84, SZ 57/189 = RdA 1986, 415 (*Grillberger*).

724 OGH 1.3.1979, 8 Ob 251/78; RIS-Justiz: RS0085519, zB OGH 2.9.1953, 3 Ob 398/53. Zum Thema: *Gartner*, bbl 2004, 143.

siger Schädigung geltend machen.[725] Bis zur Höhe der Haftpflichtsumme kann der Ersatzanspruch aber dann geltend gemacht werden, wenn der Schaden durch ein Verkehrsmittel verursacht wurde, für dessen Betrieb auf Grund gesetzlicher Vorschriften eine erhöhte Haftpflicht besteht.[726]

725 Vgl *Windisch-Graetz*, ZAS 2009/42.

726 § 332 Abs 5 ASVG, § 125 Abs 3 B-KUVG, § 178 Abs 3 BSVG, § 190 Abs 3 GSVG.

B Besonderer Teil

Im diesem zweiten Teil des Sozialrechts werden die Versicherungsfälle und das Leistungsrecht der Kranken-, Unfall-, Pensions- und Arbeitslosenversicherung dargestellt. Zuletzt werden das Pflegegeld-, das Kinderbetreuungsgeld sowie die Sozialhilfeleistungen (bedarfsorientierte Mindestsicherung) gestreift.

1 Krankenversicherung

a Allgemeines

Anspruchsberechtigt sind in der gesetzlichen KV nicht nur die Pflichtversicherten für sich selbst, sondern auch für bestimmte im Inland lebende, mitversicherte (nahe) Angehörige (und Lebensgefährten), sofern sie nicht ohnehin schon selbst pflichtkrankenversichert sind;[727] im Jahr 2013 waren das 24 % des geschützten Personenkreises, der übrigens 99,9 % der Bevölkerung ausmacht.[728] Nach Ende der Pflichtversicherung bleibt die KV in bestimmten Fällen noch eine Zeit lang leistungspflichtig.[729] Sollte jemand mehrfach versichert sein, kann er wählen, bei welchem Träger er Leistungen in Anspruch nimmt.[730]

Leistungen erbringen die KV-Träger im (Versicherungs-)Falle der Krankheit, der Arbeitsunfähigkeit infolge von Krankheit und der Mutterschaft. Außerdem obliegen der KV (präventive) Maßnahmen zur Festigung der Gesundheit und Krankheitsverhütung.[731] Die Ursache

727 Beachte § 123 ASVG zur Gänze. Bei Selbstversicherung ist grds eine Wartezeit von idR drei Monaten zu beachten, s § 124 ASVG.

728 HV, SV in Zahlen[32] 13.

729 Zu diesen Fortleistungs- und Schutzfristfällen (letztere idR 6 Wochen nach Ende der Pflichtversicherung) s § 122 ASVG, für das Krankengeld beachte § 138 Abs 1 ASVG (nur 3 Wochen Schutzfrist).

730 § 128 ASVG, § 57 B-KUVG, § 80a BSVG, § 87 GSVG.

731 Vgl § 132a ASVG bzgl Jugendlichenuntersuchungen, § 132b ASVG bzgl Vorsorge- bzw Gesundenuntersuchungen, § 132c ASVG bzgl sonstiger Maßnahmen zur Erhaltung der Volksgesundheit (zB bestimmte Impfungen), § 154b ASVG bzgl Gesundheitsförderungen, § 155 ASVG bzgl Maßnahmen zur Festigung der Gesundheit und § 156 ASVG bzgl Krankheitsverhütung. Vgl §§ 88 f GSVG, §§ 81 f BSVG. Die Satzung kann bestimmte Leistungen vorsehen; zu den Bestattungskosten: § 116

für einen Versicherungsfall ist grds irrelevant, wobei es Ausnahmen gibt, weswegen man in der Lit vom Final(itäts)prinzip spricht.

Das KV-Recht spiegelt das sozial motivierte Anliegen des österreichischen Gesetzgebers wider, möglichst allen (gleichen) Zugang zur Krankenbehandlung zu gewähren. Das kostet freilich. In den Medien sorgt die KV zuweilen schon mit dem Hinweis auf leere Kassen für Schlagzeilen. Die Ausgaben für Gesundheit nehmen nämlich mit steigendem Wohlstand zu;[732] sinkt nun das Erwerbseinkommen, aus dem die KV-Leistungen finanziert werden, im Vergleich zum Einkommen aus Vermögen, „weil die Arbeitslosigkeit zunimmt und die Reallöhne stagnieren, wird die Finanzierungsbasis zwangsläufig geschwächt."[733]

b Krankheit

Tritt der Versicherungsfall der Krankheit ein, obliegen den KV-Trägern folgende Leistungen: Krankenbehandlung, die die ärztliche Hilfe und die Versorgung mit Heilmitteln und Heilbehelfen umfasst, medizinische Hauskrankenpflege sowie Anstaltspflege.[734] Besonders geregelt sind überdies die Zahnbehandlung und der Zahnersatz,[735] Rehabilitationsmaßnahmen[736] und die Gewährung von Hilfsmitteln bei Gebrechen. Die Krankenbehandlung wird grds als Sachleistung erbracht; sollte ein Berechtigter keine Einrichtung des KV-Trägers und

---

Abs 5 ASVG, vgl hingegen § 214 ASVG für den Bereich der UV. Zu Reise- und Transportkosten: § 131 Abs 3 ASVG. Nach Abs 4 leg cit werden Bergungskosten und Kosten der Beförderung bis ins Tal bei Unfällen in Ausübung von Sport und Touristik nicht ersetzt. Zum Thema s *Pacic*, RdA 2013, 217 ff.

732 Laut „System of Health Accounts" (OECD) betrugen die österreichischen Gesundheitsausgaben im Jahr 2010 insgesamt 31,438 Mio Euro. Nach Informationen des HV betrugen die Ausgaben der Krankenversicherung des Jahres 2013 insgesamt 15,684 Mio Euro (SV in Zahlen[32] 15).

733 *Grillberger*, Sozialrecht[8] 60.

734 Ausführlich dazu: *Binder* in Tomandl, System 2.2.3.

735 § 153 ASVG, § 69 B-KUVG, § 95 BSVG, § 94 GSVG. (Chirurgische oder konservative) Zahnbehandlung (und uU auch Kieferregulierungen) sind nach Maßgabe der Satzung zu gewähren. Der unentbehrliche Zahnersatz kann unter Kostenbeteiligung des Vers gewährt werden; an Stelle der Sachleistung können aber auch (Kosten-)Zuschüsse gewährt werden. Zum Thema: *Binder*, RdA 1993, 337; *ders*, RdA 1993, 453.

736 § 154a ASVG; das Gesetz sieht bei Unterbringung in eine Kur- oder Rehabilitationsanstalt für Rechnung des KV-Trägers eine Zuzahlungspflicht vor, s §§ 154a Abs 7, 155 Abs 3 ASVG.

keinen seiner Vertragspartner aufsuchen (können), kommt (aber) Kostenerstattung in Frage.[737]

ba Krankheitsbegriff

Krankheit iSd SV-Rechts ist ein regelwidriger Körper- oder Geisteszustand, der die Krankenbehandlung notwendig macht.[738] Die Regelwidrigkeit eines Zustands ist nicht losgelöst von der Frage nach seiner Behandlungsbedürftigkeit zu sehen, vielmehr ist unter Bedachtnahme auf die dem Gesetz zu entnehmenden Ziele der Krankenbehandlung ein einheitliches Werturteil über das Krank- oder das Gesundsein eines Menschen zu fällen.[739] Krankenbehandlung soll die Gesundheit, die Arbeitsfähigkeit und die Fähigkeit, für lebenswichtige persönliche Bedürfnisse zu sorgen, nach Möglichkeit wiederherstellen, festigen oder bessern.[740] Letztlich sind es die gesellschaftlichen Auffassungen über den gesunden Menschen, die das Werturteil prägen. Diesem sind allerdings stets die in Fachkreisen anerkannten wissenschaftlichen Erkenntnisse der Medizin zugrunde zu legen.

Von der Krankheit zu unterscheiden sind Gebrechen, die den gänzlichen oder teilweisen Verlust (Ausfall) von Körperfunktionen bezeichnen (zB ein amputiertes Bein) und auf eine Krankenbehandlung nicht (mehr) ansprechen.[741] In solchen Fällen kann die Satzung jedoch für die Anschaffung notwendiger Hilfsmittel (zB Prothesen, Hörgeräte, Rollstühle) Zuschüsse vorsehen.[742] Als Hilfsmittel gelten Gegenstände oder Vorrichtungen, die geeignet sind, die Funktion fehlender oder unzulänglicher Körperteile zu übernehmen oder die mit dem beschriebenen Gebrechen verbundene körperliche oder psychische Beeinträchtigung zu mildern oder zu beseitigen. UU könnte auch ein Anspruch auf Pflegegeld bestehen.

In manchen Fällen, deren Regelwidrigkeit schon strittig ist, aner-

---

737 Zum Thema: *Krejci*, SozSi 1988, 302; *Kletter*, SozSi 1994, 27; *Schrammel*, ZAS 1994, 73; *Binder*, RdA 2001, 383; ders, RdA 2001, 518.

738 § 120 ASVG, § 53 B-KUVG, § 76 BSVG, § 80 GSVG. Die unentgeltliche Organspende wird der Krankheit gleichgehalten.

739 Zum Thema: *Mazal*, Krankheitsbegriff und Risikobegrenzung (1992); *Ettmayer/Posch*, RdA 2006, 199.

740 § 133 ASVG, § 62 B-KUVG, § 83 BSVG, § 90 GSVG.

741 Vgl *Grillberger*, Sozialrecht[8] 41; *Kandlhofer*, SozSi 1990, 71. Bedenke: Die Krankheit muss zwar behandelbar sein, doch sind auch die Linderung von Leiden und die (bloße) Lebensverlängerung von den Zielen der Krankenbehandlung erfasst, vgl OGH 13.12.1996, 10 ObS 2392/96a, ZAS 1998/11 (*Pfeffer*).

742 Vgl § 154 ASVG.

kennt die Rsp die Behandlungsbedürftigkeit erst, wenn daraus psychische Folgeerkrankungen resultieren; angesprochen sind Fragen der Lifestyle-Medizin, etwa iZm mit dem Wunsch nach Potenzsteigerung, Haarwuchs oder Gewichtsabnahme. In diesem Sinne sprach der OGH einem Mann das Recht, Potenzmittel auf Kosten der KV zu erhalten, nicht deswegen zu, weil er ohne diese nicht erektionsfähig wäre, sondern weil seine Impotenz zu einer psychischen Störung mit Krankheitswert geführt hat.[743]

bb Krankenbehandlung

Die Krankenbehandlung umfasst ärztliche Hilfe, Heilmittel und Heilbehelfe. Sie muss ausreichend und zweckmäßig sein, darf aber das Maß des Notwendigen nicht überschreiten.[744] Unter Zugrundelegung von gesicherten medizinischen Erkenntnissen muss sie eine hinreichende Chance auf einen Heilungserfolg bieten.[745] Man hat jedoch keinen Anspruch auf die jeweils weltbeste medizinische Versorgung.[746] Behandlungen, die sehr teuer sind, dürfen nicht allein aufgrund des Kostenarguments versagt werden; in die Beurteilung hat auch das Ausmaß der Belastung für den Betroffenen einzufließen, denn es könnte sein, dass sie für den Patienten zB bedeutend risikoärmer und schmerzfreier wären. Dies wäre im Rahmen einer Interessenabwägung zu berücksichtigen.[747]

Die Kosten einer wissenschaftlich nicht anerkannten (Außenseiter-) Methode hält die Rsp dann für ersatzfähig, wenn „eine zumutbare erfolgversprechende Behandlung nach wissenschaftlich anerkannten Regeln der ärztlichen Kunst nicht zur Verfügung stand oder eine solche erfolglos blieb, während die Außenseitermethode beim Versicherten erfolgreich war oder von ihr nach den Ergebnissen einer für die Bildung eines Erfahrungssatzes ausreichenden Zahl von Fällen ein Erfolg erwartet werden konnte“.[748] Die Jud berücksichtigt auch, ob schuldmedizinische Behandlungsmethoden „zu unerwünschten (erheblichen) Nebenwirkungen führen und durch alternative Heilmethoden der gleiche Behandlungserfolg (ohne solche Nebenwirkungen)

---

743 OGH 1.4.2008, 10 ObS 14/08v, ZAS-Judikatur 2008/132 (*Pacic*). Zum Thema: *Kietaibl*, ZAS 2008/5; *Binder*, RdA 2008, 218.

744 § 133 Abs 2 ASVG, § 62 Abs 2 B-KUVG, § 83 Abs 2 BSVG, § 90 Abs 2 GSVG.

745 RIS-Justiz: RS0083820, zB OGH 1.4.2008, 10 ObS 14/08v.

746 OGH 15.12.1992, 10 ObS 136/92, SZ 65/159.

747 Vgl *Resch*, Sozialrecht[6] 62 f.

748 OGH 24.7.2008, 10 ObS 46/08z, vgl RIS-Justiz: RS0102470. Zum Thema: *Binder*, RdM 1997, 39.

erzielt werden kann".[749]

Kosmetische Behandlungen gelten nur dann als Krankenbehandlung, wenn sie zur Beseitigung anatomischer oder funktioneller Krankheitszustände dienen; andere kosmetische Behandlungen können allerdings als freiwillige Leistungen gewährt werden, wenn sie der vollen Wiederherstellung der Arbeitsfähigkeit förderlich oder aus Berufsgründen notwendig sind.[750]

bba Ärztliche Hilfe

Ärztliche Hilfe wird durch Vertragsärzte und Vertrags-Gruppenpraxen, Wahlärzte und Wahlgruppenpraxen sowie durch Ärzte in (kassen-) eigenen Einrichtungen (Ambulatorien) oder in Vertragseinrichtungen des KV-Trägers erbracht.[751] Die Behandlung durch bestimmte Berufsgruppen ist der ärztlichen Hilfe im Rahmen der Krankenbehandlung gleichgestellt, so zB psychotherapeutische Behandlung, wenn vor der zweiten Behandlung innerhalb desselben Abrechnungszeitraumes eine ärztliche Untersuchung stattgefunden hat.[752]

Den KV-Trägern obliegt es, ausreichend Vorsorge für die Krankenbehandlung zu treffen.[753] Sie müssen diese jedoch nach hA nur für die Vers organisieren, nicht aber selbst erbringen;[754] die Gewährung von Leistungen durch eigene Einrichtungen ist vielmehr die Ausnahme. Ambulatorien können nicht nach Belieben errichtet, erworben und erweitert werden.[755] Im Regelfall werden Leistungen der KV durch Dritte, insb durch Vertragsärzte erbracht. Die Beziehungen zwischen diesen freiberuflich tätigen Ärzten (sowie den Gruppenpraxen) und den KV-Trägern werden durch privatrechtliche Verträge geregelt: Der Hauptverband schließt mit der örtlich zuständigen Ärztekammer Gesamtverträge mit zweiseitig zwingender (Norm-)Wirkung ab, die einen vorgegebenen Mindestinhalt haben müssen, insb eine Honorarordnung und einen Stellenplan.[756] Diese bilden die Grundlage für die Einzelverträge zwischen den KV-Trägern und den einzelnen

---

749 OGH 29.4.2003, 10 ObS 409/02y. Vgl zum Thema insb: OGH 10.11.2009, 10 ObS 86/09h, ZAS-Judikatur 2010/79 (*Pacic*).

750 § 133 Abs 3 ASVG.

751 § 135 ASVG, § 63 B-KUVG, § 85 BSVG, § 91 GSVG.

752 § 135 Abs 1 Z 1-4 ASVG.

753 § 23 Abs 5 ASVG.

754 Vgl *Brodil/Windisch-Graetz*, Sozialrecht[7] 66 f; *Selb/Schramel* in Tomandl, System 5.3.1.

755 Vgl § 339 ASVG.

756 § 341 ASVG. Zum Inhalt der Gesamtverträge: § 342 ASVG. Über Streitigkeiten aus Gesamtverträgen entscheiden Kollegialbehörden mit richterlichem Einschlag, s §§ 345a f ASVG.

Ärzten, die den Gesamtverträgen inhaltlich entsprechen müssen; sie regeln zB Ordinationszeiten und Vertretung. Einzelverträge sind freie Dienstverträge, die einen Vertrag zu Gunsten Dritter (der Versicherten) einschließen.[757]

Nimmt ein versicherter DN Leistungen eines Vertragsarztes in Anspruch, legt er diesem seine e-card (als Nachweis der Anspruchsberechtigung) vor und hat keine Behandlungskosten zu tragen; nach dem B-KUVG, BSVG und GSVG ist hingegen ein Selbstbehalt iHv 20 % zu leisten.[758] Bei Wahlärzten, die keinen (Kassen-)Vertrag mit dem KV-Träger haben, hat der Vers demgegenüber die Behandlungskosten vorzustrecken und kann sich dann max jenen Teil davon vom KV-Träger erstatten lassen, der 80 % des Betrages entspricht, den dieser bei Inanspruchnahme eines Vertragsarztes aufzuwenden gehabt hätte.[759] Sollte im Gesamtvertrag (aufgrund einer Unvollständigkeit) für eine Behandlung(sform) kein Tarif vorgesehen sein (sog kassenfreier Raum), bezahlt der Vers vorerst selbst die ärztliche Leistung, kann

757 *Tomandl*, Grundriss[6] 101 f Rz 170. Zum Thema: *Krejci*, ZAS 1989, 109 ff. Zur Beendigung des Einzelvertrages: § 343 ASVG. Bei Streitigkeiten iZm dem Einzelvertrag entscheiden paritätische Schiedskommissionen in den Ländern (§ 344 ASVG). Kündigungen können nach § 343 Abs 4 ASVG innerhalb von zwei Wochen mit Einspruch bei Landesschiedskommissionen bekämpft werden. Die höhere Rechtsschutzinstanz (für Beschwerden) ist das Bundesverwaltungsgericht. Der Vertragsarzt ist übrigens – und das sei hervorgehoben – nicht als Erfüllungsgehilfe des KV-Trägers zu sehen. Vgl LG Korneuburg, 29.12.2009, 9 Cgs 227/07, SVSlg58.650. Zu ausgewählten Haftungsfragen: *Voppichler*, ÖJZ 1997, 93; *Stärker*, ASoK 2007, 183; Zur Einordnung des Behandlungsvertrages: *Engljähringer*, ÖJZ 1993, 488; *Völkl-Torggler*, JBl 1984, 72.

758 § 59 B-KUVG, § 85 Abs 2 GSVG, § 80 BSVG.

759 § 131 ASVG, § 88 BSVG, § 85 GSVG. Bei Fehlen einer flächendeckenden Versorgung kann die Satzung eine Erstattung bis zu 100 % vorsehen. Die Zulässigkeit der privaten Behandlung und Abrechnung mit dem Patienten durch einen Kassenarzt ist umstritten. Sofern es aber um Leistungen geht, die nicht im sv-rechtlichen Leistungsprogramm enthalten sind und der Arzt gewisse Verhaltenspflichten einhält, kann es hier durchaus kassenfreie Räume geben, s *Krejci*, ZAS 1989, 109 ff. Aus dem Gesamtvertrag kann sich andererseits ergeben, dass eine Privathonorierung unzulässig ist, vgl *Grillberger*, SozSi 1991, 526 ff. Vgl auch *Resch*, SozSi 2002, 515. Zu etwas anderem: Der OGH hat entschieden, dass es Wahlärzten nicht verboten sei, von vornherein nur 80 % dessen zu verlangen, was Vertragsärzten zustehen würde: OGH 21.11.2006, 4 Ob 196/06m. Vgl *Kietaibl*, wbl 2006, 502. Einer Zession des Kostenerstattungsanspruchs an Zahlungs Statt steht § 98 ASVG übrigens nicht entgegen, s *Schrammel* in Tomandl, System 2.1.4.2.

dann aber in Höhe der Tarife für vergleichbare Pflichtleistungen Kostenerstattung fordern; die Satzung des KV-Trägers darf die Beträge festsetzen.[760]

Mit der Beendigung eines Gesamtvertrages enden nach hA zugleich auch die Einzelverträge in seinem Geltungsbereich.[761] Die Bundesschiedskommission kann in diesem Fall den Inhalt des Gesamtvertrages auf Antrag einer Vertragspartei für max drei Monate festsetzen.[762] Tritt aber ein vertragsloser Zustand ein, dann hat der Vers die Kosten selbst zu tragen und kann Kostenerstattung (nur) bis zur Höhe des Betrages verlangen, der zuvor bei der Inanspruchnahme eines Wahlarztes zu erstatten gewesen wäre.[763]

bbb Heilmittel und Heilbehelfe

Heilmittel sind notwendige Arzneien und sonstige Mittel, die der Beseitigung oder Linderung der Krankheit oder zur Sicherung des Heilungserfolgs dienen.[764] Der sie verschreibende Arzt hat die RL über die ökonomische Verschreibweise und den Erstattungskodex des HV zu beachten.[765] Der Erstattungskodex regelt, welche Mittel der chef- bzw kontrollärztlichen Bewilligung bedürfen. Es dürfen grds nur solche Heilmittel auf Rechnung der Krankenkasse verschrieben werden, die im Erstattungskodex aufscheinen;[766] sind aber andere Mittel zur

---

760 Vgl *Brodil/Windisch-Graetz*, Sozialrecht[7] 84 f. Zum Thema: *Kletter*, ZAS 2001, 33; *Flemmich*, RdA 1995, 184; *ders*, RdA 2001, 192; *Windisch-Graetz*, ZAS 1994, 37; *Schrammel*, ZAS 1986, 145.

761 Vgl *Kietaibl*, RdA 2007, 449. Bei Fehlen eines Gesamtvertrages ist der Abschluss von Einzelverträgen nach hA unzulässig; dagegen aber: *Kietaibl*, ZAS 2007/9; *ders*, SozSi 2008, 68. Der Autor zeigt auf, dass die bisher vorgebrachten teleologischen Argumente für das Abschlussverbot nicht mehr restlos überzeugend sind, doch sind die von ihm erwähnten rechtlichen Veränderungen vor dem Hintergrund des historischen Handlungskontextes des Gesetzgebers und in Anbetracht der Bedeutung dieser Frage nicht solcherart, dass sie einen veränderten Willen des Gesetzgebers zu belegen vermögen.

762 § 348 Abs 1 ASVG.

763 § 131a ASVG. Falls es noch keine gesamtvertragliche Regelung gab, richtet sich die Kostenerstattung nach der Satzung, s § 131b ASVG. Vgl *Schrammel*, RdA 2007, 347.

764 § 136 ASVG, § 64 B-KUVG, § 86 BSVG, § 92 GSVG.

765 Vgl § 31 Abs 5 Z 13 ASVG. Zum Thema: *Zartl*, Erstattungskodex und ökonomische Arzneimittelverschreibung, in Karl/Marko-Herzeg, Sozialversicherungsrecht – Jahrbuch 2010, 105 ff.

766 § 350 Abs 1 Z 3 ASVG. Zum Aufnahmeverfahren: §§ 351c ff ASVG. „Selbstmedikation" gilt nicht als Krankenbehandlung und ist nicht von der Leistungspflicht der KV umfasst, s OGH 13.12.1996, 10 ObS 62/94, SZ 69/277.

Krankenbehandlung notwendig, sind die Kosten dafür zu erstatten, weil der Kodex den gesetzlichen Anspruch des Vers nicht einzuschränken vermag.[767]

Vom Heilmittelbegriff nicht erfasst sind Gegenstände des täglichen Lebens, die üblicherweise in Haushalten vorhanden sind oder beschafft werden (zB Waschmittel, Fieberthermometer oder verbreitete Kräutertees); die Abgrenzung kann aber schwierig sein, denn ihr liegen „durch soziale Vorstellungen geprägte Wertungen" zugrunde.[768] Die Rsp geht zB davon aus, dass ein Desinfektionsmittel ein Heilmittel sein kann, wenn es ausnahmsweise – zB bei einer Hausstaubmilbenallergie – zur Beseitigung oder Linderung einer Krankheit oder zur Sicherung des Heilerfolgs dient.[769]

Die Sachleistungserbringung von Heilmitteln erfolgt durch Apotheker, wobei der Gesamtvertrag, der ihre Beziehungen zum KV-Träger regelt, zwischen der Österreichischen Apothekerkammer und dem HV abgeschlossen wird. Anders als bei Ärzten wird dieser ohne Abschluss von Einzelverträgen (oder gesonderte Zustimmungs- oder Beitrittserklärung) für sie wirksam.[770] Der Vers hat sich pro Heilmittel mit einer Rezeptgebühr (5,55 €, Wert 2015) zu beteiligen.[771]

Brillen, orthopädische Schuheinlagen, Bruchbänder und sonstige notwenige Heilbehelfe werden innerhalb gewisser (Mindest- und Höchst-)Grenzen und mit einem (Mindest-)Selbstbehalt in einfacher und zweckentsprechender Ausführung gewährt.[772] Die Unterscheidung zwischen Heilbehelfen und den schon erwähnten Hilfsmitteln „ist danach zu treffen, ob der Behelf (im konkreten Anwendungsfall) dem Heilungszweck dient (‚Heilbehelf') oder erst nach Abschluss des Heilungsprozesses (als ‚Hilfsmittel') zum Einsatz kommt."[773]

bbc Hauskranken- und Anstaltspflege

Wenn und solange es die Art der Krankheit erfordert, ist medizinische Hauskrankenpflege durch Angehörige des gehobenen Dienstes für

767 RIS-Justiz: RS0083806, vgl zB OGH 6.6.1989, 10 ObS 62/89, ZAS 1990/22 (*Mazal*); 27.6.2006, 10 ObS 75/06m.

768 Vgl OGH 5.12.2000, 10 ObS 311/00h.

769 RIS-Justiz: RS0083924.

770 § 348a Abs 1 ASVG. Es können übrigens auch die Rechtsbeziehungen zu anderen Vertragspartnern (zB Psychotherapeuten, Hebammen) durch Gesamtvertrag geregelt werden, s §§ 338, 349 ASVG.

771 Zur Befreiung bei besonderer sozialer Schutzbedürftigkeit und zu einer Obergrenze: § 135 Abs 5 und Abs 6 ASVG.

772 Beachte § 137 ASVG.

773 RIS-Justiz: RS0109537.

Gesundheits- und Krankenpflege zu gewähren.[774] Ihre Tätigkeit kann nur auf ärztliche Anordnung erfolgen. Für denselben Versicherungsfall wird medizinische Hauskrankenpflege für längstens vier Wochen gewährt, länger aber nach chef- bzw kontrollärztlicher Bewilligung. Sie umfasst sowohl medizinische Leistungen als auch qualifizierte Pflegeleistungen (zB Verabreichung von Injektionen, Sondenernährung). Dazu gehören jedoch weder die Grundpflege noch die hauswirtschaftliche Versorgung des Kranken.

Reichen die ärztliche Behandlung und die medizinische Hauskrankenpflege nicht aus, besteht Anspruch auf Pflege in der allgemeinen Gebührenklasse einer landesgesundheitsfondfinanzierten Krankenanstalt; in bestimmten Fällen ist der Erkrankte sogar verpflichtet, sich der Anstaltspflege zu unterziehen.[775] In anderen Krankenanstalten kann die Anstaltspflege auf Kosten der KV erfolgen, wenn es sich um eine eigene Krankenanstalt des Versicherungsträgers handelt oder um eine solche, mit der dieser in einem Vertragsverhältnis steht, wenn im Sprengel keine landesgesundheitsfondfinanzierte Krankenanstalt besteht oder wenn der Erkrankte (einer Einweisung dorthin) zustimmt.[776] War die Pflege in einer anderen Krankenanstalt notwendig, hat der KV-Träger einen Pflegekostenzuschuss zu leisten.[777]

Wird die Anstaltspflege gewährt, hat grds eine Einweisung des Erkrankten in eine landesgesundheitsfondfinanzierten Krankenanstalt zu erfolgen, doch ist in dringenden Fällen auch eine Aufnahme ohne Einweisung möglich; sie ist dem KV-Träger binnen acht Tagen von der Krankenanstalt anzuzeigen.[778] Der Patient hat pro Tag, max jedoch für 28 Tage, einen (Kosten-)Beitrag gem § 27a KAKuG zu leisten (in Wien: 11,74 € für Vers, 20,00 € für Angehörige; Wert 2015). Der Vers nach dem ASVG hat für seine Angehörigen, der nach BSVG Vers auch für sich selbst, überdies einen Kostenbeitrag nach § 447f Abs 7 ASVG für längstens vier Wochen zu leisten. Die SV-Träger leisten gem

---

774 § 151 ASVG, § 71 B-KUVG, § 94 BSVG, § 99 GSVG. Zum Thema: *Pfeil*, SozSi 2005, 89; *ders*, SozSi 2005, 136. Ist die Möglichkeit einer medizinischen Hauskrankenpflege nicht gegeben, kann nach § 144 Abs 1 ASVG (freiwillig) Anstaltspflege gewährt werden.

775 §§ 144 ff ASVG, §§ 66 ff B-KUVG, §§ 89 ff BSVG, §§ 96 ff GSVG. Kommt der Vers seiner Verpflichtung, sich einer Anstaltspflege zu unterziehen, nicht nach, kann das Ruhen des Krankengeldes verfügt werden, s § 143 Abs 6 ASVG. Nicht aus den Augen zu verlieren ist, dass Voraussetzung der Anstaltspflege das Vorliegen einer Krankheit ist, nicht die bloße Betreuungsbedürftigkeit (Asylierung).

776 § 149 ASVG.

777 § 150 ASVG.

778 § 145 Abs 2 ASVG.

§ 447f Abs 1 ASVG einen Pauschalbetrag an die Landesgesundheitsfonds, mit dem gem Abs 8 leg cit grds alle Leistungen landesgesundheitsfondfinanzierter Krankenanstalten abgegolten sind. Diese sind dafür verpflichtet, die eingewiesenen Patienten aufzunehmen.[779]

c Arbeitsunfähigkeit infolge Krankheit

Dieser Versicherungsfall tritt mit Beginn einer durch eine Krankheit iSd § 120 Z 1 ASVG herbeigeführten Arbeitsunfähigkeit ein und endet dann, wenn der Vers wieder arbeitsfähig ist. Arbeitsunfähig ist man, wenn man infolge einer Erkrankung nicht mehr oder nur mit der Gefahr, seinen Zustand zu verschlimmern, im Stande ist, seine bisher ausgeübte Erwerbstätigkeit zu verrichten.[780] Die Arbeitsunfähigkeit muss nicht gleichzeitig mit der Krankheit selbst einsetzen.[781] Eine bloß teilweise Arbeitsunfähigkeit gibt es nicht; kann man noch im Rahmen des Dienstvertrages liegende Tätigkeiten weiterhin ausüben, ist man nicht arbeitsunfähig.[782] Es spielt somit eine Rolle, zu welchen Tätigkeiten sich der Vers verpflichtet hat: Heiserkeit mag zB die Arbeitsunfähigkeit als Sänger begründen, nicht jedoch eine solche in einem Nebenjob als Buchhalter. Festgestellt wird die Arbeitsunfähigkeit seitens des jeweils behandelnden Vertragsarztes; ist es aber ein Wahlarzt, der den Vers behandelt, dann obliegt die Krankschreibung einem vom KV-Träger beauftragten Arzt.[783] Bei Eintritt des Versicherungsfalles gewährt das ASVG – hauptsächlich für DN, nunmehr aber auch für freie DN iSd § 4 Abs 4 leg cit – ab dem 4. Tag der Arbeitsunfähigkeit Anspruch auf Krankengeld.[784] Für Beamte und BSVG-Vers ist kein Krankengeld vorgesehen; bei ersteren sorgt das Dienstrecht für Abhilfe. Vers nach dem GSVG haben nur dann einen Anspruch darauf, wenn

779 § 148 Z 1 ASVG. Übrigens: Dem Bund steht bzgl Krankenanstalten nur die Grundsatzgesetzgebung zu (Art 12 Abs 1 Z 1 B-VG), vgl in diesem Zusammenhang das KAKuG und die Ausführungsgesetze der Länder, sowie die (Gliedstaats-)Vereinbarung nach Art 15a B-VG über die Organisation und Finanzierung des Gesundheitswesens, BGBl I 105/2008.

780 RIS-Justiz: RS0084726.

781 OGH 30.7.2001, 10 ObS 217/01m.

782 Vgl *Brodil/Windisch-Graetz*, Sozialrecht[7] 86 f.

783 *Resch*, Sozialrecht[6] 70.

784 § 138 ASVG. Die 3-tägige „Karenzfrist“ ist bei freien DN von praktischer Bedeutung; (echte) DN haben idR ohnedies zuerst einen arbeitsrechtlichen Fortzahlungsanspruch gegen ihren DG. Zum Krankengeld s *Drs* in SV-Komm §§ 138 ff ASVG.

sie freiwillig eine entsprechende Zusatzversicherung abgeschlossen haben.[785]

Anspruch auf Krankengeld besteht nach dem ASVG grds für die Dauer von 26 Wochen, bis zu 52 Wochen jedoch dann, wenn der Berechtigte innerhalb der letzten 12 Monate vor dem Eintritt des Versicherungsfalles min sechs Monate in der KV versichert war; durch die Satzung kann die Dauer des Anspruchs bis auf 78 Wochen erhöht werden.[786] Die Anspruchszeiten werden zusammengerechnet, wenn der Vers innerhalb eines Zeitraums von 13 Wochen erneut an der gleichen Krankheit erkrankt. Ist der Anspruch erschöpft, kann er aufgrund einer Krankheit, für die der Erkrankte bereits zuvor Krankengeld bezogen hat, erst wieder entstehen, wenn dieser inzwischen 52 Wochen in einer gesetzlichen KV versichert war; 13 Wochen reichen aber aus, wenn es sich um eine KV handelt, die grds einen Anspruch auf Krankengeld eröffnet.[787] Nach dem GSVG entsteht nach dem Erschöpfen der Höchstdauer ein neuer Anspruch für ein und dieselbe Krankheit erst nach einem Jahr; die Höchstdauer beträgt dort übrigens 26 Wochen, wobei die Satzung sie auf 52 Wochen verlängern kann.[788]

Die Höhe des Krankengeldes, das seiner Funktion nach Einkommensausfälle der Vers teilweise ausgleichen soll, beträgt nach § 141 ASVG pro Kalendertag nur 50 % der Bemessungsgrundlage,[789] erhöht sich ab dem 43. Tag jedoch auf 60 %. Die Satzung kann es für bestimmte Vers auch bis zu 75 % erhöhen. Nach der Satzung richtet sich von vornherein die Höhe des Krankengeldes nach dem GSVG. Der Höchstwert liegt dort bei 80 % der durch 30 geteilten vorläufigen Beitragsgrundlage.[790] Zu beachten sind jedoch die gesetzlichen Bestimmungen zum gänzlichen oder teilweisen Ruhen des Anspruchs.[791] Zu einem solchen kommt es in voller Höhe zB dann, wenn der Vers die Arbeitsunfähigkeit nicht innerhalb einer Woche gemeldet hat, wobei das auch der Arzt machen kann; die Meldung an den DG reicht nicht aus. Ist der DN arbeitsrechtlich zur Fortzahlung des Entgelts durch seinen DG berechtigt, ruht das Krankengeld, solange der DG mehr

785 § 9 Abs 1 GSVG.

786 § 139 Abs 1 und 2 ASVG.

787 § 139 Abs 3 und 4 ASVG.

788 § 106 GSVG.

789 § 125 Abs 1 ASVG.

790 § 106 iVm § 25a GSVG.

791 Beachte § 143 ASVG (insb Abs 6), §§ 107 f GSVG. Zur Verwirkung infolge eines Raufhandels, der Trunkenheit oder des Missbrauchs von Suchtgiften s § 142 ASVG. Schutzbedürftige nahe Angehörige, die im Inland wohnen, gebührt in solchen Fällen die Hälfte des Krankengeldes, das der Vers beziehen hätte können (Abs 2 leg cit).

als 50 % fortzuzahlen hat. Nur zur Hälfte ruht es hingegen, wenn der DG 50 % weiterzahlen muss. Sollte der DN jedoch nur noch auf 25 % Anspruch gegen den DG haben, erhält er das volle Krankengeld.

d Mutterschaft

Die Schwangerschaft ist an sich kein regelwidriger Zustand, weswegen sie nicht als solche vom Versicherungsfall der Krankheit erfasst ist. Die erforderlichen Sachleistungen, insb ärztlicher Beistand und Beistand durch Hebammen sowie diplomierte Kinderkranken- und Säuglingsschwestern, Heilmittel und Heilbehelfe, Anstaltspflege für 10 Tage und bei Notwendigkeit auch die Beförderungskosten werden allerdings ebenso wie das Wochengeld für den Ersatz des Einkommensausfalls in der Schutzfrist während des Beschäftigungsverbotes – grds acht Wochen vor der Entbindung und acht Wochen danach – aufgrund eines eigens normierten Versicherungsfalles der Mutterschaft gewährt.[792] Der Höhe nach steht der Vers das Wochengeld in Höhe des durchschnittlichen (Netto-)Einkommens der letzten 13 Wochen (bzw der letzten drei Monate, wenn der Arbeitsverdienst nach Monaten bemessen und abgerechnet wird) vor Eintritt des Versicherungsfalles zu.[793] Für selbstversicherte geringfügig Beschäftigte sind täglich 8,80 € (Wert 2015) an Wochengeld vorgesehen.[794]

Das GSVG und das BSVG gewähren für die Verrichtung unaufschiebbarer Arbeiten nach Maßgabe der Verfügbarkeit einen Anspruch auf sog Betriebshilfe durch eine entsprechend geschulte Person.[795] Subsidiär (aber praktisch idR) gebührt (stattdessen) Wochengeld iHv 52,07 € (Wert 2015) täglich.

Hat die Mutter vorher Arbeitslosengeld bezogen, steht ihr dieses erhöht um 80 % zu.[796] Bezieherinnen von pauschalem KBG steht dieses um 80 % erhöhte KBG zu, Bezieherinnen des KBG als Ersatz des Erwerbseinkommens in Höhe dieses um 25 % erhöhten KBG.[797]

---

792 §§ 157 ff ASVG, s auch § 122 Abs 3 ASVG, sowie § 162 ASVG, §§ 73 ff B-KUVG, §§ 97 f BSVG, § 102 ff GSVG.

793 § 162 Abs 3 ASVG.

794 § 162 Abs 3a Z 1 ASVG.

795 § 102a GSVG, § 98 BSVG.

796 § 41 AlVG.

797 § 162 Abs 3a ASVG.

2 Unfallversicherung

a Allgemeines

Abseits des weiten Kreises voll- oder nur in der UV teilversicherter Personen und deren anspruchsberechtigter Angehöriger gewährt der Gesetzgeber UV-Schutz in manchen Fällen auch bloß deswegen, weil jemand ganz bestimmte moralisch lobenswerte Taten verrichtet und dabei einen Unfall erleidet, zB bei der Rettung eines Menschen aus tatsächlicher oder vermuteter Lebensgefahr oder bei der Suche nach vermissten Personen.[798] Den Kernbereich des rechtlich geschützten Lebensbereichs bildet in der UV jedoch die Erwerbstätigkeit.[799]

Die UV hat die Aufgabe, Vorsorge für die Verhütung von Arbeitsunfällen und Berufskrankheiten, für die erste Hilfeleistung bei Arbeitsunfällen sowie für die Unfallheilbehandlung, die Rehabilitation von Versehrten und die Entschädigung speziell nach Arbeitsunfällen und Berufskrankheiten zu treffen.[800] Die praktisch bedeutendste Geldleistung der UV ist die Versehrtenrente; sie kann übrigens auch neben einer allfälligen Invaliditätspension bezogen werden.

b Arbeitsunfall

Leistungen aus dem Versicherungsfall des Arbeitsunfalls werden nur gewährt, wenn sich ein solcher im geschützten (Lebens-)Bereich der UV (in der L heißt es überdies: in einer ihr zurechenbaren Weise)

798 § 176 ASVG.

799 Bei selbstständig Erwerbstätigen sind nach der Rsp alle Tätigkeiten geschützt, die unmittelbar der Aufrechterhaltung, Förderung und Abwicklung der selbstständigen Existenz (wesentlich) dienen, s OGH 25.2.1992, 10 ObS 33/92, SSV-NF 6/21. Hat der Unternehmer eine Gewerbeberechtigung, steckt diese grds den Rahmen seiner geschützten Tätigkeit ab, vgl RIS-Justiz: RS0083633. Bei „neuen“ Selbstständigen wird man bei objektiver Betrachtung auf den sinnvollen Zusammenhang mit seiner gewöhnlichen Geschäftstätigkeit abstellen müssen, s dazu: *Brodil/Windisch-Graetz*, Sozialrecht[7] 97 f. Bei Schülern/Studenten, die übrigens in der UV teilversichert sind, kommt es darauf an, welche Tätigkeiten sie in ebendieser Rolle vornehmen, s *Tomandl*, Grundriss[6] 131 Rz 201.

800 § 172 Abs 1 ASVG. Beachte die Zuschüsse an DG mit weniger als 51 DN zur teilweisen Vergütung des Aufwandes für EFZ nach Maßgabe der Entgeltfortzahlungs-Zuschussverordnung (BGBl II 2005/64 idgF); s §§ 53b, 173 Z 3 ASVG.

ereignet hat.[801]

Zu klären ist zunächst, was überhaupt ein Unfall ist. Nach hA handelt es sich dabei um ein zeitlich begrenztes Ereignis, das zu einer Körperschädigung führt.[802] Ein Herzinfarkt als Folge von Dauerstress ist daher kein Unfall, sehr wohl kann aber ein solcher in Zusammenhang mit einer außergewöhnlichen Belastung ein Unfall sein.[803] Ob die gesundheitlichen Auswirkungen des Unfalls sogleich nach der plötzlichen Einwirkung auf den Körper eintreten oder sich erst später zeigen, wie zB nach einer Infektion mit Hepatitis, spielt dabei keine Rolle.[804] Hat sich ein Unfall ereignet, ist sodann zu klären, ob es sich um einen Arbeitsunfall handelt. Ein solcher steht in einem örtlichen, zeitlichen und ursächlichen Zusammenhang mit der die Versicherung begründenden Beschäftigung.[805]

Dem von der UV geschützten Lebensbereich unterliegt daher ein Verhalten, das objektiv betrachtet und subjektiv gewollt in Ausübung der Erwerbstätigkeit gesetzt wird, die ebendiese Versicherung begründet hat.[806] Geschützt sind aber insb auch die Wege vom ständigen Aufenthaltsort – das ist dort, wo man den Mittelpunkt seiner privaten Lebensinteressen hat – zur jeweiligen Arbeitsstätte und von dort wieder zurück; hat man wegen der Entfernung auf der Arbeitsstätte oder in ihrer Nähe eine Unterkunft, so wird dadurch der Schutz auf dem Weg von und zum ständigen Aufenthaltsort nicht ausgeschlossen.[807]

---

801 Vgl *Tomandl* in Tomandl, System 2.3.2. Dieser Versicherungsfall verwirklichte sich im Jahr 2012 laut HV (SV in Zahlen[29] 26) 181.299 Mal.

802 RIS-Justiz: RS0084348.

803 OGH 28.2.1995, 10 ObS 150/94; OGH 27.3.1997, 10 ObS 46/97f.

804 Vgl zB OGH 24.4.2001, 10 ObS 90/01k.

805 § 175 Abs 1 ASVG. Beachte auch die folgenden Absätze dieser Gesetzesbestimmung, worin der geschützte Bereich zT etwas erweitert wird; darauf macht ua die Wortfolge „...sind auch Unfälle, die..." aufmerksam. Beachte außerdem § 176 ASVG bzgl der den Arbeitsunfällen gesetzlich gleichgestellten Unfälle.

806 *Dusak*, ZAS 1990, 45 ff.

807 § 175 Abs 2 Z 1 ASVG. Bloß seltenes „Heimfahren" schließt die Qualifikation einer Wohnstätte als ständigen Aufenthaltsort aus. Wöchentliches Pendeln schadet nicht. Der Versicherungsschutz beginnt und endet nach überwiegender Ansicht an der Außenfront des Wohnhauses, dh dem ins Freie führenden Tor und nicht unbedingt der Wohnungstür, s OGH 3.4.2001, 10 ObS 76/01a, RdA 2002/7 (*Müller*). Es sollte hierbei jedoch zwischen Wohnungseigentümern, die Einfluss auf die allgemeinen Teile des Wohnhauses (Stiegenhaus) nehmen können, und Mietern unterschieden werden, vgl VwGH 16.12.2008, 2007/09/0385, ZAS-Judikatur 2009/71 (*Pacic*).

Es steht grds jede betrieblich bedingte Tätigkeit oder eine solche, die mit ihr in einem Sinnzusammenhang steht, sowie der gesamte Arbeitsweg unter dem Schutz der UV; aus ihrem Schutzbereich fallen allerdings solche Unfälle heraus, deren wesentliche Ursache außerhalb dieses geschützten Bereiches stammt.[808] Ob eine Unfallursache als wesentliche Bedingung für den Eintritt eines Unfalls betrachtet werden kann, ist eine Wertungsfrage, die darauf abzielt, das Risiko des Eintritts eines Unfalls entweder (eher) dem geschützten Bereich der die UV begründenden (Erwerbs-)Tätigkeit oder (eher) dem privaten Lebensbereich zuzuordnen; die Abgrenzung zwischen diesen beiden Bereichen hat erhebliche Bedeutung, denn im Leistungsrecht der UV gilt: Es gibt alles (dh die gesamte Leistung steht dem Betroffenen zu) oder aber nichts.[809]

Deswegen fragt die Jud beim Zusammentreffen von Ursachen aus privater und aus betrieblicher Sphäre zB danach, ob der betriebliche Zusammenhang noch vorhanden oder schon gelöst ist (zB beim Betanken des KfZ auf dem Heimweg), ob der Vers die Gefahr für den Eintritt eines Unfalls von sich aus deutlich erhöht hat (zB beim Überqueren der Bahngleise an einer dafür nicht vorgesehenen Stelle) oder ob die betriebliche Unfallursache lediglich eine sog Gelegenheitsursache sein könnte, ob also der Unfall bei der Verwirklichung sog Anlageschäden, zB Bandscheibenvorfall, anlässlich der geschützten Tätigkeit eingetreten ist, jedoch im privaten Bereich ebenso eingetreten wäre; hierbei wird darauf abgestellt, ob und inwieweit die Schädigung schwerer ausgefallen oder wesentlich früher entstanden ist.[810]

---

808 *Dusak*, ZAS 1990, 45 ff; *Brodil/Windisch-Graetz*, Sozialrecht[7] 102 ff. Die Jud argumentiert aber nicht durchwegs mit der Theorie der jeweils wesentlichen Bedingung. Vgl allg dazu: RIS-Justiz: RS0084290. Zum Abstellen darauf, ob dem Vers ein Vorwurf am Umfalleintritt gemacht werden kann: *Tomandl*, ZAS 2007/26.

809 Das mag die ausgeprägte Einzelfalljudikatur erklären, die zT zu kurios anmutenden Ergebnissen führt, zB wenn ein DN den UV-Schutz verliert, wenn er im Winter in der Sonne auf einem anderen Bahnsteig auf den Zug wartet, anstatt im Schatten dort, wo der Zug eintreffen soll; OGH 9.9.1997, 10 ObS 253/97x, RdA 1998/31 (*Geist*). Str ist zB das (notwendige) Betanken des KfZ auf dem Arbeitsweg, vgl OGH 31.3.1998, 10 ObS 93/98v, ZAS 1999/2 (krit *Jöst*). Wird der direkte Arbeits- oder Heimweg unterbrochen (zB für eine private Einkaufstour), wird dadurch nach der Rsp der Versicherungsschutz gelöst, der bei Wiederaufnahme des Weges uU – idR innerhalb von zwei Stunden – wieder auflebt, s RIS-Justiz: RS0083967; RS0084004.

810 OGH 27.1.1988, 9 ObS 32/87, SZ 61/20; OGH 12.3.1991, 10 ObS 414/90, SZ 64/28. In einem Rechtssatz des OGH (RS0084308) heißt es: „Nur jene Bedingung, ohne deren Mitwirkung der Erfolg überhaupt

Betriebliche Gemeinschaftsveranstaltungen (zB Betriebsfeiern und -ausflüge) stehen nach stRsp unter Versicherungsschutz, wenn sie vom Betriebsinhaber organisiert und finanziert oder die Planung und die Durchführung von seiner Autorität getragen werden, sie zumindest dem Großteil der DN des Betriebes oder der jeweiligen Betriebsabteilung offen stehen und geeignet scheinen, das Betriebsklima zu verbessern oder ein bereits gutes Klima durch die Stärkung oder die Förderung der gegenseitigen Verbundenheit zu erhalten.[811] Bei sportlichen Aktivitäten lehnt die Rsp den Versicherungsschutz jedoch ab, wenn der Wettkampfcharakter im Vordergrund steht.[812]

c Berufskrankheit

Der Begriff der Berufskrankheit ist losgelöst vom Krankheitsbegriff in der KV zu sehen; darunter ist auch nicht jede berufsbedingte Krankheit zu verstehen.[813] In der L wird zwischen abstrakten und konkreten Berufskrankheiten unterschieden. Erstere sind jene, die in der Anlage 1 zum ASVG bezeichnet sind, sofern die dort genannten Voraussetzungen erfüllt sind und sie durch die Ausübung der die Versicherung begründenden Beschäftigung in einem in Spalte drei der Anlage bezeichneten Unternehmen verursacht sind.[814] Ein Beispiel dafür wären etwa Schädigungen der Hornhaut des Auges durch Benzochinon in der chemischen Industrie. Letztere sind Krankheiten, die nicht in der Anlage 1 genannt sind, im Einzelfall aber als Berufskrankheit gelten, sofern der Träger der UV aufgrund gesicherter wissenschaftlicher Erkenntnisse feststellt, dass sie ausschließlich oder überwiegend durch die Verwendung schädlicher Stoffe oder Strahlen bei einer vom Vers ausgeübten Beschäftigung entstanden sind; diese Feststellung bedarf zu ihrer Wirksamkeit der Zustimmung des Bundesministers für

---

nicht oder nur zu einem erheblich anderen Zeitpunkt oder nur in geringerem Umfang eingetreten wäre, ist wesentlich." Vgl zum Thema: *Müller*, RdA 2007, 499.

811 Rsp zum Thema: RIS-Justiz: RS0084560; RS0103500; RS0103497; RS0084633; RS0084647; RS0084544, zB OGH 14.11.1995, 10 ObS 114/95, SZ 68/214.

812 RIS-Justiz: RS0084604; RS0084601, zB OGH 29.8.1989, 10 ObS 224/89, SSV-NF 3/90. Zugleich schließt die Rsp aber UV-Schutz bei sog Risikosportarten (zB Rafting, Bungeejumping, Canyoning) nicht von vornherein aus, s OGH 27.11.2007, 10 ObS 113/07a, ZAS-Judikatur (*Pacic*). Zum Thema: Gitter, RdA 1991, 17.

813 *Resch*, Sozialrecht[6] 91.

814 § 177 Abs 1 ASVG.

Arbeit, Gesundheit und Soziales.[815] Im Falle einer konkreten Berufskrankheit wird die Versehrtenrente (dazu weiter unten) grds nicht schon bei einer Minderung der Erwerbstätigkeit (MdE) um min 20 % (über drei Monate hinaus), sondern erst bei einer MdE um min 50 % (über drei Monate hinaus) gewährt.[816]

d Leistungen

da Sachleistungen

Als Sachleistungen der UV ist die Unfallheilbehandlung vorgesehen. Sie umfasst ärztliche Hilfe, Versorgung mit Heilmittel und Heilbehelfen, sowie die Pflege in Kranken-, Kur- und sonstigen Anstalten.[817] Für bestimmte Personengruppen sieht das Gesetz einen Anspruch auf Unfallheilbehandlung erst ab dem dritten Monat nach Eintritt des Versicherungsfalles vor (zB für Studenten).[818] Liegt zugleich der Versicherungsfall der Krankheit vor, trifft die KV eine Vorleistungspflicht, wobei der UV-Träger die Gewährung der Leistungen jederzeit an sich ziehen kann.[819]

Auch berufliche und soziale Maßnahmen der Rehabilitation zählen zu den Sachleistungen der UV.[820] Sie sind zwar an die Zustimmung des Vers gebunden, den (dann aber) eine Mitwirkungspflicht bei ihrer Durchführung trifft.[821] Als Anreiz ist im Rahmen der beruflichen Rehabilitation bei beruflichen Ausbildungen und Umschulungen Übergangsgeld im Ausmaß von 60 % der Bemessungsgrundlage vorgesehen.[822] Als soziale Maßnahmen der Rehabilitation, die definitionsgemäß Leistungen umfassen, die über die Unfallheilbehandlung und die beruflichen Maßnahmen der Rehabilitation hinaus geeignet sind, einen

815 § 177 Abs 2 ASVG.

816 § 203 Abs 2 ASVG.

817 §§ 189 ff ASVG. Befolgt der Versicherte eine die Unfall- oder Krankenbehandlung betreffende Anordnung ohne triftigen Grund nicht und wird seine Erwerbstätigkeit dadurch negativ beeinflusst, kann ihm insb die Versehrtenrente ganz oder teilweise versagt werden, wenn er auf die Folgen schriftlich hingewiesen wurde, s § 197 Abs 1 ASVG.

818 § 192 ASVG.

819 § 191 Abs 2 ASVG. Der KV-Träger finanziert die Behandlung bis einschließlich der vierten Woche, danach der UV-Träger, wobei ein (pauschaler) Erstattungsanspruch zwischen ihnen vorgesehen ist; s §§ 315 ff ASVG.

820 §§ 198 ff ASVG.

821 § 201a ASVG.

822 § 199 ASVG.

Versehrten in die Lage zu versetzen, im beruflichen und wirtschaftlichen Leben sowie in der Gemeinschaft einen angemessenen Platz nach Möglichkeit auf Dauer einnehmen zu können, können zB freiwillige Zuschüsse zur Adaptierung eines KfZ oder einer Wohnung geleistet werden.[823]

Anspruch haben Versehrte hingegen auf Körperersatzstücke, orthopädische Behelfe und andere Hilfsmittel, die zur Sicherung des Heilbehandlungserfolgs oder zur Erleichterung der Folgen des Arbeitsunfalls oder der Berufskrankheit erforderlich sind.[824]

db Geldleistungen

dba Bemessungsgrundlage

Die UV-Bemessungsgrundlage für Geldleistungen ist bei DN die Summe der allg Beitragsgrundlagen im letzten Kalenderjahr, der noch die beitragspflichtigen Sonderzahlungen hinzugerechnet werden.[825] Für unter 30-jährige ist eine besondere Bemessungsgrundlage vorgesehen.[826] Gesondert ist sie aber auch für einige andere Personengruppen geregelt; so sind für Selbstständige ebenso wie für Studierende feste Beträge vorgesehen.[827] Kann die Bemessungsgrundlage nicht errechnet werden oder würde ihre Errechnung eine Unbilligkeit bedeuten, ist sie nach § 182 ASVG nach billigem Ermessen festzustellen.

dbb Kurzfristige Leistungen

Als kurzfristige Geldleistungen werden in der UV neben dem bereits erwähnten Übergangsgeld und freiwilligen Unterstützungsleistungen sowie Zuschüssen im Rahmen der beruflichen oder sozialen Rehabilitation auch Familien- bzw Tag- und Versehrtengeld gewährt.[828] Das Taggeld iHv 1 % von $^1/_{12}$ der Bemessungsgrundlage, das Vers ohne Angehörige gebührt, und das Familiengeld iHv 1,6 %, das sich für jeden Angehörigen um 0,4 % erhöht, max jedoch 2,8 % von $^1/_{12}$ der Bemessungsgrundlage beträgt, werden als Geldleistungen bei der

823 § 201 Abs 1 iVm § 172 Abs 2 ASVG.
824 § 202 ASVG.
825 Im Detail: § 179 ASVG.
826 § 180 ASVG.
827 § 181 ff ASVG; § 148f BSVG, beachte Abs 2 der letztgenannten Rechtsvorschrift.
828 Zur besonderen Unterstützung: § 196 ASVG; zu Zuschüssen § 198 Abs 2 Z 2 und 201 ASVG. Zum Teilersatz für Ersatzarbeitskräfte nach Maßgabe der Satzung im bäuerlichen Bereich: § 148u BSVG.

Anstaltspflege gewährt.[829] Versehrtengeld kann vom Träger der UV bis zum Ablauf eines Jahres nach Eintritt des Versicherungsfalles an Stelle der Versehrtenrente gewährt werden, wenn zu erwarten ist, dass sie über diese Zeit hinaus nicht gebührt. Besteht kein Anspruch auf Versehrtenrente und hat der Versehrte auch keinen Anspruch auf Krankengeld und keinen Arbeitsverdienst oder keine Einkünfte aus der die Versicherung begründenden Beschäftigung, kann der UV-Träger für die Dauer der Arbeitsunfähigkeit ebenso Versehrtengeld gewähren.[830]

dbc Versehrtenrente

Bei Dauerschäden soll die Versehrtenrente einen (gewissen) Ausgleich für den Einkommensausfall schaffen. Sie steht einem Versehrten allerdings nur dann zu, wenn seine Erwerbstätigkeit über drei Monaten hinaus um min 20 % vermindert ist; bei geschützten Kindergartenkindern, Schülern und Studierenden muss die MdE min 50 % betragen und fällt überdies erst mit dem Zeitpunkt an, in dem der Schulbesuch voraussichtlich abgeschlossen und der Eintritt ins Erwerbsleben erfolgt wäre.[831] Im Übrigen fällt die Rente grds mit dem Tag nach dem Eintritt des Versicherungsfalles an.[832]

Die MdE eines Versehrten wird nach der durchaus vertretbaren Ansicht der Rsp objektiv-abstrakt berechnet, „wobei auf den allgemeinen Arbeitsmarkt geblickt und gefragt wird, ob und welche Erwerbsmöglichkeiten sich einer Person mit diesem Körperschaden bieten."[833] Dabei werden von medizinischen Sachverständigen ua sog Knochen- und Gliedertaxen herangezogen, die langjährige Erfahrungssätze enthalten (sollten); danach kann zB beim Verlust eines Auges von einer MdE um 25 % ausgegangen werden, ohne dass die Auswirkungen auf den konkreten DN geprüft werden müssten. Auf

829 § 195 ASVG, beachte insb die Ruhensbestimmungen.

830 Zur Höhe: § 212 Abs 2 und 3 ASVG. Zu den spezifischen Bestimmungen nach dem BSVG: § 149g leg cit.

831 §§ 203, 204 Abs 4 ASVG. Zur Betriebsrente nach BSVG s aber: § 149d BSVG.

832 § 204 Abs 5 ASVG. Beachte Abs 3 leg cit. Wird der Anspruch innerhalb von zwei Jahren weder von Amts wegen festgestellt noch ein Antrag auf Feststellung gestellt, fallen die Leistungen entsprechend später an, s § 86 Abs 4 ASVG. Falls der DG schuldhaft die Unfallmeldung nach § 363 ASVG unterlässt, sind Schadenersatzansprüche des DN möglich, s OGH 26.11.1997, 9 ObA 163/97d, RdA 1998/28 (*Resch*).

833 *Resch*, Sozialrecht[6] 108. Krit *Wachter*, RdA 1992, 8. Zur Zusammenrechnung bei mehreren Arbeitsunfällen oder Berufskrankheiten s § 210 ASVG. Eingehend zum Thema: *Tomandl* in Tomandl, System 2.3.3.2.3.2.

den bisher ausgeübten Beruf des Betroffenen und seine Ausbildung wird idR nur in besonderen Härtefällen Rücksicht genommen.[834]

Die Höhe der Rente richtet sich nach dem Grad der MdE und beträgt als sog Vollrente bei völliger Erwerbsunfähigkeit $^{2}/_{3}$ der Bemessungsgrundlage; sie wird 14 Mal im Jahr ausbezahlt.[835] Bei geringerer Erwerbsunfähigkeit entspricht die (Teil-)Rente dem Teil der Vollrente, der dem Grad der MdE entspricht, dh zB bei einer MdE um 30 % ebensoviel Prozent der Vollrente. Solange der Versehrte als Folge des Versicherungsfalles arbeitslos ist, kann eine Teilrente bis zur Vollrente erhöht werden. Schwerversehrte haben Anspruch auf eine Zusatzrente iHv 20 % ihrer Rente sowie auf einen Kinderzuschuss iHv 10 %; das sind Personen, deren MdE min 50 % beträgt. Beträgt die MdE min 70 %, steht ihnen die Zusatzrente sogar im Ausmaß von 50 % zu.

Sind die Folgen des Arbeitsunfalls oder der Berufskrankheit nicht absehbar, wird die Versehrtenrente während der ersten zwei Jahre nur als vorläufige Rente gewährt, sodann wird eine Dauerrente festgestellt.[836] Falls sich die Verhältnisse wesentlich ändern sollten, wovon bei einer Änderung des Grades der MdE um mehr als 10% über drei Monate hinaus auszugehen ist, kann eine Dauerrente ihrer Höhe nach immer erst nach einem Jahr seit der letzten Festsetzung neu festgesetzt werden, eine vorläufige Rente hingegen jederzeit.[837] Wenn die Rente nicht mehr als 25 % der Vollrente beträgt (auf Antrag des Versehrten aber auch bei mehr als 25 %), kann sie mit Zustimmung des Versehrten auch abgefunden werden.[838] Bei einer nachträglichen wesentlichen Verschlechterung kann jedoch wieder eine (um die Abfindung gekürzte) Rente gebühren.

dbd Integritätsabgeltung

Ideelle Schäden (Schmerzen, Verunstaltung) möchte der Gesetzgeber durch die Gewährung der Integritätsabgeltung entschädigen, weil sie der DN vom DG an sich aufgrund des Haftungsprivilegs nach § 333 ASVG nicht ersetzt verlangen kann.[839] Sie steht versehrten DN und dienstnehmerähnlichen freien DN zu,[840] wenn ihr Arbeitsunfall oder ihre Berufskrankheit (von Seiten des DG oder ihrer Arbeitskollegen)

834 Zum Thema: *Resch*, RdA 2010, 218.
835 Zum Thema: *Resch*, RdA 2010, 218.
836 § 209 Abs 1 ASVG.
837 § 183 ASVG.
838 §§ 105 Abs 1 und 205 ASVG.
839 Zum Thema: *Dörner*, Die Integritätsabgeltung nach dem ASVG (1994).
840 Diese Gleichstellung dürfte verfassungsrechtlich geboten sein, vgl VfGH 4.3.2011, B 340/10, s auch *Brodil/Windisch-Graetz*, Sozialrecht[7] 115.

durch grob fahrlässige Außerachtlassung von Arbeitnehmerschutzvorschriften verursacht wurde, sie dadurch eine erhebliche und dauernde Beeinträchtigung der körperlichen Integrität erlitten haben und zudem Anspruch auf Versehrtenrente haben.[841] Es handelt sich um eine einmalige Zahlung, die entsprechend der Schwere des Integritätsschadens abzustufen ist; die darf das Doppelte der jährlichen Höchstbeitragsgrundlage nicht überschreiten.

dbe Hinterbliebenenleistungen

Führt ein Arbeitsunfall oder eine Berufskrankheit zum Tod eines Vers, hat der hinterbliebene Ehegatte oder eingetragene Partner[842] bis zur Wiederverehelichung (bloße Lebensgemeinschaft ist unschädlich) oder bis zum eigenen Tod Anspruch auf die Witwen- bzw Witwerrente iHv 20 % der Bemessungsgrundlage. 40 % stehen ihnen hingegen dann zu, wenn und solange sie die Hälfte ihrer Erwerbsfähigkeit verloren oder das Regelpensionsalter erreicht haben.[843] Wurde der Tod eines Schwerversehrten nicht als solcher durch den Arbeitsunfall oder die Berufskrankheit verursacht, steht den Witwe(r)n eine einmalige Geldleistung iHv 40 % der Bemessungsgrundlage zu.[844]

Kindern gebührt eine Waisenrente iHv 20 %, bei doppelt verwaisten Kindern jedoch iHv 30% der Bemessungsgrundlage.[845] Bedürftigen Eltern (Großeltern) und unversorgten Geschwistern steht nach Maßgabe des § 219 ASVG ebenfalls eine Rente (insgesamt 20 % der

841 § 213a ASVG. Ob sie auch gebührt, wenn der DG vorsätzlich AN-Schutzvorschriften verletzt hat, ist str; in der Lit wird zT ein bejahender Größen- bzw Erst-recht-Schluss gezogen, zT aber auch darauf verwiesen, dass in diesem Fall das Haftungsprivileg des DG ohnehin nicht greife. Das teleologische Argument wird auch systematisch gestützt durch § 344 Abs 1 letzter Satz ASVG; im Ergebnis ist das (politisch) freilich wenig befriedigend. In der Jud geht es bei Fragen iZm der Integritätsabgeltung zum einen darum, was AN-Schutzvorschriften sind (zB nicht StVO oder KFG) und zum anderen, ob grobe Fahrlässigkeit vorgelegen hat. Zum Thema vgl *Reischauer*, RdA 1992, 317.

842 Zu deren Stellung: *Melzer-Azodanloo*, Die Stellung eingetragener Partner/innen im Sozialrecht, in Karl/Marko-Herzeg, Sozialversicherungsrecht – Jahrbuch 2010, 157 ff.

843 Im Detail: § 215 ASVG. Zur Abfertigung bei Wiederverehelichung und zum Wiederaufleben der Rente: § 215a ASVG. Versorgungsehen vorbeugend: § 217 ASVG. Vgl §§ 112 ff B-KUVG, §§ 149o ff BSVG.

844 § 213 ASVG; nach § 110 BSVG ist es das Sechsfache der Bemessungsgrundlage.

845 § 218 ASVG, § 115 B-KUVG, § 149r BSVG Zum Kindesbegriff: § 252 ASVG.

Bemessungsgrundlage) zu. Zusammen dürfen alle Hinterbliebenenrenten 80 % der Bemessungsgrundlage nicht überschreiten; erforderlichenfalls ist verhältnismäßig zu kürzen.[846]

Personen, die die Bestattungskosten getragen haben, steht ein Teilersatz iHv $^{1}/_{15}$ der Bemessungsgrundlage zu, zumindest aber das Eineinhalbfache des jeweiligen Ausgleichszulagenrichtsatzes für Alleinstehende.[847] Der UV-Träger kann auch einen Zuschuss zu den Überführungskosten an den Wohnsitzort des Verstorbenen gewähren oder sie in voller Höhe übernehmen.

3 Pensionsversicherung

a Allgemeines

In der gesetzlichen PV stehen langfristige Geldleistungen im Vordergrund, wobei die laufenden (Pensions-)Leistungen aus Beiträgen der aktuell Erwerbstätigen (und dem laufenden Steueraufkommen) finanziert werden; man spricht vom sog Generationenvertrag. Soll das Vertrauen darauf, dass die aktiven Generationen auch weiterhin die Pensionen älterer Generationen finanzieren werden (können), nicht enttäuscht werden, bedarf es vor allem bei abnehmenden Geburtenraten bei zugleich steigender Lebenserwartung einer wohldurchdachten Regelung der Leistungsvoraussetzungen; diese wurden durch Pensionsreformen der jüngeren Vergangenheit neu geregelt.[848] Der Gesetzgeber war dabei jedoch nicht nur um die Sicherung der Finanzierung bemüht, sondern auch darum, mit dem Allgemeinen Pensionsgesetz nunmehr ein für alle Erwerbstätigen einheitliches Pensionsrecht zu schaffen. Die Bestimmungen der anderen SV-Gesetze (ASVG, GSVG, BSVG, FSVG) sind aber nach wie vor subsidiär anwendbar. Überdies sind Übergangsbestimmungen zu beachten. Hinzuweisen ist auch auf den sog Verlustdeckel: Verluste aufgrund von Einschnitten im Leistungsrecht nach der Pensionsreform 2003 hat der

846 § 220 ASVG, § 116 B-KUVG, § 149s BSVG.

847 § 214 ASVG.

848 Ausführlich dazu: *Teschner* in Tomandl, System 2.4. Zur Veranschaulichung der hier angesprochenen Problematik: Im Jahr 2013 entfielen 615 Pensionsbezieher/innen auf 1.000 Pensionsversicherte; dagegen waren es 1961 354. Die Höhe der (Voll)Pension betrug im Jahr 2013 im Durchschnitt 1.322,- €, jene der Frauen aus dem Versicherungsfall des Alters nur 918,- €; das Durchschnittsalter der Pensionsneuzugänge lag bei 58,5 Jahren. Dazu s HV, SV in Zahlen[32] 19 f, 23, 25.

Gesetzgeber gedeckelt; für das Jahr 2015 beträgt der Deckel 7,75 %. Dieser Prozentsatz steigt jährlich um 0,25 bis er im Jahr 2024 10 % erreicht. Hervorzuheben ist außerdem, dass die seit 1.1.2005 aufgenommenen Bundesbeamten ebenfalls dem neuen Pensionsrecht unterliegen; das frühere im Pensionsgesetz geregelte Alterssicherungssystem ist auslaufendes Recht.[849]

Die PV soll einen Ausgleich für Einkommensausfälle aufgrund des Ausscheidens aus dem Erwerbsleben nach dem Erreichen eines bestimmten (Anfalls-)Alters schaffen.[850] Da keine Mindestpensionen vorgesehen sind, gewährt der Gesetzgeber Pensionsberechtigten mit gewöhnlichem Aufenthaltsort im Inland, deren Pension und sonstige Nettoeinkünfte den jährlich angepassten Richtsatz unterschreiten, einen Anspruch auf Ausgleichszulage zu ihrer Pension in Höhe des jeweiligen Unterschiedsbetrages.[851] Im Dezember des Jahres 2013 gab es insgesamt 229.366 Ausgleichszulagenbezieher/innen, davon 154.378 Frauen.[852]

Der Versicherungsfall des Alters ist ein bedeutender, aber nicht der einzige, bei dessen Eintritt die PV unter gewissen Voraussetzungen Leistungen erbringt. Sie umfasst auch den Versicherungsfall der geminderten Arbeitsfähigkeit (MdA) und jenen des Todes, bei dessen Eintritt den Hinterbliebenen uU Leistungen zustehen können. Ferner zählen Maßnahmen der Rehabilitation und Gesundheitsvorsorge zu ihrem Aufgabengebiet.[853]

---

849 § 1 Abs 14 Pensionsgesetz 1965. Zum Thema: *Tomandl*, Grundriss[6] 255 f Rz ff.

850 Die Aufgabe der Erwerbstätigkeit wird bei der (Regel-)Alterspension nicht vorausgesetzt. Zur vorzeitigen (Korridor- oder Schwerarbeiter)Pension s aber § 4 Abs 2 Z 2 und Abs 3 Z 2, sowie § 9 APG.

851 Im Detail: §§ 292 ff ASVG. Zum Thema: *Binder*, ZAS 1981, 89; *Schrammel*, ZAS 1992, 9; *Pfeil*, RdA 2005, 204; *Resch*, RdA 2000, 370; *Beck*, SozSi 2010, 262; *dies*, SozSi 2010, 546; *Windisch-Graetz*, RdA 2011, 219. Zur Anpassung angefallener Pensionen (aber auch zur Aufwertung der Beitragsgrundlagen) s §§ 108 ff ASVG.

852 HV, SV in Zahlen[32] 21.

853 Für die Dauer von Rehabilitationsmaßnahmen bei nur vorübergehender Arbeitsunfähigkeit wird Umschulungs- oder Rehabilitations- oder Übergangsgeld gewährt, s § 39b AlVG, §§ 143a, 306 ASVG. Zum Anspruch auf medizinische Rehabilitation s §§ 253f, 270b ASVG; zu den Pflichtaufgaben im Übrigen s §§ 302 ff ASVG; zur Gesundheitsvorsorge s § 307d ASVG. Zum Thema: *Windisch-Graetz*, ZAS 2014/17.

b Alter

In der Folge wird zuerst auf die alte Rechtslage und danach auf jene nach dem APG eingegangen.[854] Das APG gilt für Personen, die seit 1.1.2005 erwerbstätig wurden oder noch werden. Für jene Vers, die vor dem 1.1.1955 geboren wurden, erhalten eine Altpension, wiewohl die Vorschriften über die Korridor- und die Schwerarbeitspension zur Anwendung gelangen. Für alle anderen, die Versicherungszeiten vor dem 31.12.2013 erworben haben, wurde für die Überleitung ins neue System zum 1.1.2014 eine Kontoerstgutschrift ermittelt.[855]

ba Alte Rechtslage

Das sog Regelpensionsalter liegt bei 65 Lebensjahren für Männer und bei 60 für Frauen.[856] Einen Anspruch auf Alterspension hat man aber auch in diesem Alter erst, wenn man die sog Wartezeit erfüllt; das ist die Mindestversicherungszeit, das am Stichtag vorliegen muss. Stichtag ist der Tag der Antragstellung, wenn es ein Monatserster sein sollte, sonst der diesem Tag folgende Monatserste.[857] Innerhalb der letzten 30 Jahre vor dem Stichtag (Rahmenzeitraum) müssen zumindest 15 Versicherungsjahre (lange Wartezeit) vorliegen.[858] Versicherungszeiten sind zum einen Beitragszeiten, was wiederum im Wesentlichen Pflichtversicherungszeiten sind, und zum anderen Ersatzzeiten.[859] Letztere, zu denen nach § 227 ASVG zB

854 Davon losgelöst ist darauf hinzuweisen, dass jemand, der PV-Versicherungszeiten nach unterschiedlichen Gesetzen (zB zuerst ASVG und später GSVG) erworben hat oder mehrfach versichert war (sog Wanderversicherung), dennoch eine einheitliche Pension erwirbt. Zuständig ist grds jener Träger, bei dem der Vers in den letzten 15 Jahren die meisten Versicherungsmonate erworben hat; im Detail s § 251a ASVG, s aber auch §§ 308 ff ASVG.

855 § 15 APG.

856 § 253 ASVG, § 121 BSVG, § 130 GSVG.

857 § 223 Abs 2 ASVG.

858 § 236 ASVG. Beachte: Der Gesetzgeber spricht eigentlich nicht von Jahren, sondern von (180) Monaten; zum Begriff des Versicherungsmonats, der schon bei zumindest 15 Versicherungstagen in einem Kalendermonat anzunehmen ist, s § 231 ASVG.

859 §§ 224 und 225-229b ASVG. Bei Nichtanmeldung besteht innerhalb der Verjährungsfrist (bis zu 5 Jahre) die Möglichkeit einer Nachentrichtung, s § 225 Abs 1 Z 1 iVm § 68 ASVG. Es können zwar nach § 68a ASVG auch verjährte Beiträge auf Antrag nachentrichtet werden, doch ist der Vers dann selbst Beitragsschuldner. Vgl auch § 40a GSVG.

bestimmte Zeiten des Wochen- oder Arbeitslosengeldbezuges und nach § 227a leg cit bis zu max vier Jahren pro Kind auch Zeiten der Kindererziehung zählen, gibt es nur mehr im Übergangsrecht; sie bilden nunmehr Beitragszeiten, sodass zB für Kindererziehungszeiten Beiträge mit 22, 8 % der Bemessungsgrundlage zu 75 % aus Mitteln des Familienlastenausgleichsfonds und zu 25 % aus Mitteln des Bundes getragen werden.[860] Nicht als Versicherungszeiten gelten neutrale Zeiten, wie zB Zeiten der Mutterschaftskarenz.[861] Sie verlängern bloß (aber immerhin) den Rahmenzeitraum für die Wartezeit, wodurch ein längerer Zeitrahmen geschaffen wird, in dem die für die Alterspension erforderlichen Mindestversicherungszeiten von 15 Versicherungsjahren Berücksichtigung finden können. Falls es jemand schafft, 15 Beitragsjahre oder 25 Versicherungsjahre zu erwerben, muss er sich von vornherein nicht um den 30-jährigen Rahmenzeitraum kümmern, der bei dieser langen (es heißt auch: ewigen) Anwartschaft entfällt.

Bei der sog Frühpension wegen langer Versicherungsdauer ist das Anfallsalter zwar herabgesetzt, doch steigt es stetig und geht 2017 im Regelpensionsalter auf.[862] Vor Erreichen des Regelpensionsalters können derzeit männliche und weibliche Vers bestimmter Jahrgänge – sofern sie 45 bzw 40 Beitragsjahre erreicht haben – etwas früher in Pension gehen, wobei das Anfallsalter der Korridorpension Schritt für Schritt angenähert wird.[863] Die Aufhebung dieser Hacklerregelung ist ebenso wie ihre Verlängerung Gegenstand politischer Diskussion.

Die Höhe der Pension hängt von der Höhe des versicherten Einkommens und der Versicherungsdauer ab. Ursprünglich wurde für die Berechnung der Pension auf das Einkommen der letzten fünf Jahre abgestellt. Der zur Ermittlung der Bemessungsgrundlage maßgebliche Durchrechnungszeitraum wurde jedoch im Laufe der Zeit verlängert. Nach § 238 Abs 1 ASVG ist die Bemessungsgrundlage nunmehr die Summe der 480 höchsten monatlichen Gesamtbeitragsgrundlagen (dh der besten 40 Jahre), die zur Herausrechnung der Sonderzahlungen durch 560 geteilt werden. Es sind allerdings Übergangsbestimmungen zu beachten; die zuvor maßgeblichen besten 15 Jahre werden seit 2004 bis 2028 schrittweise auf die besten 40 erhöht.[864] Hat

860 § 52 ASVG. Von besonderer Bedeutung sind Ersatzzeiten für Personen, die vor dem 1.1.1955 geboren sind, s § 617 Abs 3 ASVG.

861 Im Detail: § 234 ASVG.

862 Beachte § 607 Abs 10 ASVG.

863 § 607 Abs 9, 12, 13, 14 ASVG.

864 Beachte § 607 Abs 4 ASVG. Im Detail zur allgemeinen Bemessungsgrundlage: §§ 238 ff ASVG, §§ 113 ff BSVG, §§ 122 ff GSVG. Besondere Fälle (bei Nichtermittelbarkeit): § 241 ASVG, § 117 BSVG, § 126

man die Bemessungsgrundlage ermittelt, muss man noch den Steigerungsbetrag eruieren, der die Höhe der Pension als Prozentsatz der Bemessungsgrundlage ausdrückt.[865] Für jedes Versicherungsjahr erwirbt der Vers 1,78 Steigerungspunkte (somit also: Prozentpunkte seiner Bemessungsgrundlage), die in Summe den Steigerungsbetrag ergeben, der höchstens 80 % betragen darf. Schiebt der Vers den Pensionsantritt allerdings auf, erhält er als Bonus einen zusätzlichen Steigerungsbetrag von 4,2 % pro Jahr (insgesamt max 91,76 %).[866] Bei vorzeitiger Inanspruchnahme der Pension gibt es Abschläge iHv 4,2 % pro Jahr, doch dürfen nicht mehr als 15 % (bzw bei Pensionen wegen MdA 13,8 %) abgezogen werden.[867]

bb Neue Rechtslage

Für mehr Transparenz soll nach neuer Rechtslage ein vom HV individuell (dh für jeden Vers) geführtes Pensionskonto sorgen. Darin werden nämlich nicht nur die Beitragsgrundlagen(summen), sondern auch (sogleich) die Pensionsgutschriften eingetragen.[868] Diese (Teil-)Gutschriften betragen 1,78 % (Kontoprozentsatz, der an die Stelle des Steigerungsbetrages tritt) der jährlichen Beitragsgrundlagensummen und weisen die derzeitige Höhe der (künftigen) Regelpension aus.[869]

Die Alterspension, die mit 65 Lebensjahren angetreten werden kann,[870] ergibt sich aus der gesamten Gutschrift geteilt durch 14.[871]

GSVG. Speziell für Zeiten der Kindererziehung (in Höhe des Ausgleichszulagenrichtsatzes für Alleinstehende, jedoch schrittweise bis 150 % erhöht): § 239 ASVG, § 114 BSVG, § 123 GSVG.

865 § 261 ASVG., § 130 BSVG, § 139 GSVG.

866 § 261c ASVG. Einen besonderen Steigerungsbetrag gibt es bei freiwilliger Höherversicherung, s § 248 ASVG.

867 § 261 Abs 4 ASVG.

868 §§ 10 ff APG. Zum Thema: *Pöltner*, RdA 2006, 437; *Tomandl*, ZAS 2006/17.

869 § 12 Abs 3 APG. Hinzuweisen ist auf die Möglichkeit des nicht erziehenden Elternteils bei entsprechender Vereinbarung bis zu 50 % seiner auf Erwerbstätigkeit beruhenden Pensionsgutschrift auf den das Kind tatsächlich erziehenden anderen Elternteil (max vier Jahre pro Kind) zu überweisen, s § 14 APG (sog Pensionssplitting).

870 Bei Frauen kommt es erst ab 2024 bis 2033 schrittweise zur Anpassung (vom 60. Lebensjahr) an das Pensionsalter der Männer, s § 16 Abs 6 APG, § 617 Abs 11 ASVG, BVG über unterschiedliche Altersgrenzen von männlichen und weiblichen Sozialversicherten, BGBl 1992/832.

871 § 5 APG. Die Pension wird monatlich im Nachhinein und 14 Mal ausbezahlt: §§ 104 Abs 2, 105 ASVG. Bezieher/innen von BSVG-Pensionen wird ein Solidaritätsbeitrag von 0,5 % abgezogen, s § 29a BSVG.

Voraussetzung für diese Pension ist lediglich eine Versicherungszeit von 15 Jahren, min 7 aber aufgrund einer Erwerbstätigkeit. An die Stelle der früheren Ersatzzeiten sind nach neuer Rechtslage Teilversicherungszeiten mit genau festgelegten Beitragsgrundlagen getreten.[872] Beitragspflichtig ist während dieser nicht der Vers selbst, sondern bestimmte (andere) Rechtsträger (zB der Bund).

Mit 62 Lebensjahren kann man bereits die neue Korridorpension in Anspruch nehmen, sofern man eine Versicherungszeit von (ab 2017) 40 Jahren vorweisen kann.[873] Hat man sogar 540 Versicherungsmonate (dh 45 Jahre) und (davon) 10 Jahre Schwerarbeit innerhalb der letzten 20 Jahre vor dem Stichtag geleistet, kann man bereits mit Vollendung des 60. Lebensjahres eine Schwerarbeitspension beanspruchen.[874] Bei einer (solcherart) vorzeitigen Inanspruchnahme der Pension sind jedoch Abschläge iHv 5,1 % pro Jahr vorgesehen (nur 1,8 % bei Schwerarbeit).[875] Wer sich mit dem Antritt der Pension hingegen noch nach Erreichen des Regelpensionsalters Zeit lässt, wird mit einem Bonus iHv 0,35 % pro Monat (insgesamt max 12,6 % der Leistung) belohnt.[876]

c Minderung der Arbeitsfähigkeit

ca Allgemeines

Unter bestimmten Voraussetzungen sind (auch) in der PV Leistungen für den Fall geminderter Arbeitsfähigkeit vorgesehen. Anders als in der UV spielt dafür die Ursache der Erwerbsminderung keine Rolle; Leistungen der UV und der PV können parallel bezogen werden. Zur Minderung der Arbeitsfähigkeit (MdA) darf es grds erst nach Eintritt ins Erwerbsleben gekommen sein.[877] Den Vers trifft nach der Jud eine Mitwirkungsobliegenheit: Unterlässt er nach formeller Aufforderung ihm zumutbare Maßnahmen der Rehabilitation, kann er (für die Dauer

872 § 8 Abs 1 Z 2 und § 44 Abs 1 Z 11 bis 18 ASVG.

873 § 4 Abs 2 APG. Die Mindestversicherungszeit wird bis 2017 von 37,5 auf 40 Jahre erhöht, s § 25 Abs 2 APG. Beachte, dass Einkünfte über der Geringfügigkeitsgrenze zum Wegfall führen, s § 9 APG.

874 § 4 Abs 3 APG. Wann Schwerarbeit vorliegt, hat nach Abs 4 leg cit der zuständige Bundesminister mit Verordnung festzulegen.

875 § 5 Abs 2 APG.

876 § 5 Abs 4 APG.

877 § 255 Abs 7 ASVG sieht jedoch zu Gunsten behinderter Personen bei Erreichen von 120 Beitragsmonaten eine Ausnahme vor.

seiner Weigerung) den (Pensions-)Anspruch verlieren.[878] Wie weit sie geht, ist nach den Umständen des Einzelfalles zu beurteilen.[879]

Eine Pension wird (nach ASVG) nur gewährt, wenn von dauernder MdA auszugehen ist, folglich die Besserung des Gesundheitszustands (in relevantem Maß) nicht zu erwarten und die berufliche Rehabilitation nicht zumutbar oder nicht zweckmäßig ist.[880] Falls festgestellt werden sollte, dass bloß eine vorübergehende Invalidität für min sechs Monate vorliegt, haben Betroffene ggf Anspruch auf medizinische Maßnahmen der Rehabilitation, wobei ihnen ein Übergangsgeld gebührt, wenn kein Anspruch auf Rehabilitationsgeld oder Umschulungsgeld besteht; aus der KV wird Rehabilitationsgeld in Höhe des Krankengeldes (min aber des Ausgleichszulagenrichtsatzes) gewährt, sofern Maßnahmen der beruflichen Rehabilitation nicht zweckmäßig oder nicht zumutbar sind, weswegen kein Anspruch auf Umschulungsgeld aus der AlV zusteht.[881]

Die (kurze) Wartezeit für eine Pension wegen und infolge von MdA beträgt vor dem 50. Lebensjahr des Vers 60 Monate in den letzten 120 Monaten vor dem Stichtag; nach dem 50. Lebensjahr erhöht sich die Wartezeit schrittweise bis zum Ausmaß von 180 Versicherungsmonaten und wird die Rahmenfrist bis zu 360 Monaten verlängert.[882] Eine ewige Anwartschaft ist erfüllt, wenn man 180 Beitrags- oder 300 Versicherungsmonate aufweist.[883]

Zu berechnen ist die Pension grds wie die Alterspension, wobei der max Abschlag 13,8 % beträgt. Um zu niedrige Pensionen zu vermeiden, spielen jedoch bei der Berechnung einer Pension mit einem Stichtag, der vor dem 60. Lebensjahr liegt, uU Zeiten zwischen dem Stichtag und dem Monatsersten nach der Vollendung des 60. Lebensjahr als sog Zurech-

---

878 OGH 27.2.1990, 10 ObS 40/90, ZAS 1992/11 (J. *Dörner*); OGH 23.4.1991, 10 ObS 90/91, RdA 1992/8 (*Schrammel*). Zum Thema: *Schrammel*, ZAS 1972, 48; *Rebhahn*, RdA 1997, 352; *Smejkal*, zuvo 2008, 1 f. IdZ s §§ 143a Abs 4, 307b ASVG, § 39b AlVG.

879 RIS-Justiz: RS0084353.

880 §§ 86 Abs 3 Z 2, 254 Abs 1 ASVG. Beachte hingegen die auf bis zu 24 Monate befristete Pension nach § 133b GSVG und § 124b BSVG.

881 §§ 143a, 253f, 302, 306 ASVG, § 39b AlVG. Zum Thema: *Pöltner*, ZAS 2013, 13; *Masilko/Rath*, ASoK 2013, 33; *Pfeil*, RdA 2013, 363.

882 § 236 ASVG, § 111 BSVG, § 120 GSVG. Keine Wartezeit ist bei Arbeitsunfällen bzw Berufskrankheiten einzuhalten: § 235 Abs 3 ASVG. Eine Erleichterung ist bei Eintritt der MdA vor dem 27. Lebensjahr vorgesehen: § 236 Abs 4 Z 3 ASVG.

883 § 236 Abs 4 ASVG.

nungsmonate eine Rolle, weil sie zu einer Erhöhung führen können.[884] Wenn und solange der Pensionist ein Erwerbseinkommen bezieht, das die Geringfügigkeitsgrenze überschreitet, steht die Pension nur als Teilpension zu.[885]

Die Prüfung der MdA erfolgt anders als in der UV unter Bedachtnahme auf die bisher ausgeübte Tätigkeit. Bei der Frage, welche Tätigkeiten dem Vers mit seiner Restarbeitsfähigkeit zugemutet werden können, wird berufsständisch differenziert.[886] Bei Angestellten spricht man von Berufsunfähigkeit, bei Arbeitern von Invalidität und bei Selbstständigen von Erwerbsunfähigkeit. Berufe, auf die ein Vers noch verwiesen werden kann und darf, also solche die ihm zumutbar sind, werden als Verwesungsberufe und deren Summe wird Verweisungsfeld bezeichnet. Die Verweisungsmöglichkeiten sind für einige Personengruppen aufgrund eines gesetzlichen Berufsschutzes eingeschränkt.[887] Für ältere Personen gibt es einen spezifischen Tätigkeitsschutz ab dem 57. Lebensjahr sowie Härtefallregelungen.[888]

Hervorzuheben ist, dass jene Tätigkeit, für die eine Person im Rahmen von beruflichen Rehabilitationsmaßnahmen erfolgreich ausgebildet oder umgeschult wurde, jedenfalls einen zumutbaren Verweisungsberuf bildet.[889] Ein Antrag auf eine Pension wegen geminderter Arbeitsfähigkeit gilt vorrangig als Antrag auf (zumutbare) Leistungen der Rehabilitation, insofern gilt also im PV-Recht der Grundsatz: Rehabilitation vor Pension.[890]

884 Beachte und vgl dazu § 6 APG und § 261 ASVG. Vgl auch § 130 BSVG, § 139 GSVG.

885 Im Detail (zu Berechnung): §§ 254 Abs 6 bis 8 ASVG, § 123 Abs 5 BSVG, § 132 Abs 5 bis 7 GSVG,

886 *Resch*, Sozialrecht[6] 123.

887 Es soll nach der Rsp Tätigkeiten geben, bei denen es von vornherein keinen Berufsschutz geben kann, weil sie nur für kurze Zeit ausübbar seien und man mit einem späteren Berufswechsel von Anfang an rechnen müsse; dazu zählt die Tätigkeit des Berufsfußballers, nicht aber jene der Balletttänzer: RIS-Justiz: RS0111063.

888 Zur Dienstunfähigkeit im Beamtenpensionsrecht s § 8 Pensionsgesetz 1965. Zum Begriff der Dienstunfähigkeit für DN in Bergbaubetrieben s § 278 ASVG.

889 § 255 Abs 5 ASVG. Vgl auch § 273 Abs 3 ASVG.

890 § 361 Abs 1 ASVG. Beachte: Für die Dauer von Rehabilitationsmaßnahmen gebührt dem Vers ein Übergangsgeld gem § 306 ASVG. Zum Thema: *Karl*, RdA 2008, 103; *Jabornegg/Resch*, ZAS 1999, 65.

cb Invalidität bei Arbeitern

War ein Arbeiter überwiegend in erlernten Berufen tätig, hat er also eine Lehre abgeschlossen, gilt er als invalid, wenn seiner Arbeitsfähigkeit infolge seines körperlichen oder geistigen Zustandes auf weniger als die Hälfte derjenigen eines gesunden Vers von ähnlicher Ausbildung und gleichwertigen Kenntnissen und Fähigkeiten in jedem dieser (artverwandten) Berufe herabgesunken ist.[891] Den erlernten Berufen sind bei Fehlen eines Lehrabschlusses oder wenn es sich um einen Beruf handelt, für den keine Lehrausbildung vorgesehen ist, im Einzelfall durch praktische Arbeit angelernte Berufe gleichzuhalten, sofern dabei erworbenen Kenntnisse und Fähigkeiten jenen in einem erlernten Beruf entsprechen. Das ist zB bei den Zahnarzt- und Pflegehelfern nicht der Fall, deren Ausbildungsdauer im Vergleich zu jener von Lehrberufen zu kurz ist.[892]

Im Gegensatz zu den beiden zuvor genannten Gruppen genießen ungelernte Arbeiter, das sind solche, die nicht überwiegend in er- oder angelernten Berufen tätig waren, keinen Berufsschutz, denn sie dürfen auf alle Tätigkeiten verwiesen werden, für die es einen Arbeitsmarkt gibt. Auf die bisher ausgeübten Tätigkeiten ist aber zumindest billige Rücksicht zu nehmen. Als invalid gelten diese Vers nur dann, wenn sie nicht mehr im Stande sind, in ihrem Verweisungsfeld wenigstens die Hälfte des Entgelts zu erwerben, das ein gesunder Vers regelmäßig durch eine solche Tätigkeit zu erzielen pflegt.[893]

Der OGH fordert in stRsp zumindest 100 Arbeitsplätze im entsprechenden Verweisungsfeld, allerdings in ganz Österreich.[894] Auf eine Erhebung der Anzahlt vorhandener Arbeitsplätze wird bei allgemein gängigen Verweisungsberufen (zB Portier) wiederum verzichtet.[895] Ob der Vers tatsächlich einen Arbeitsplatz im Verweisungsfeld finden kann, spielt im PV-Recht keine Rolle; dieses Risiko fällt in den Bereich der AlV.[896] Ist dem Vers aus medizinischen Gründen weder eine

891 § 255 Abs 1 ASVG. Nach Abs 2 leg cit liegt überwiegende Tätigkeit vor, wenn diese (beachte: oder eine als Angestellter) innerhalb der letzten 15 Jahre vor dem Stichtag in zumindest 90 Pflichtversicherungsmonaten ausgeübt wurde. Liegen zwischen der Ausbildung und der Erwerbstätigkeit weniger Jahre, muss die genannte Tätigkeit in min der Hälfte der Kalendermonate (jedenfalls aber für 12 Monate) vorliegen.

892 OGH 27.8.2002, 10 ObS 260/02m; RIS-Justiz: RS0084778.

893 § 255 Abs 3 ASVG. Die Rsp dehnte das Lohnhälftekriterium auch auf §§ 255 Abs 1 und 273 Abs 1 ASVG aus (RIS-Justiz: RS0084408); krit *Tomandl*, Grundirss[6] 174 f Rz 256a f.

894 RIS-Justiz: RS0084568, OGH 8.10.1996, 10 ObS 2339/96k.

895 RIS-Justiz: RS0085078.

896 RIS-Justiz: RS0084833.

Wohnsitzverlagerung noch ein Wochenpendeln zumutbar, stellt die Rsp auf die Verhältnisse am regionalen Arbeitsmarkt des Vers ab;[897] jüngst befand der OGH dort 30 Arbeitsplätze (genauer: jeweils min 15 in zwei Verweisungstätigkeiten) für ausreichend, um die Invalidität auszuschließen.[898]

Sind aufgrund des Leidenszustandes des Vers Krankenstände in der Dauer von sieben Wochen oder länger pro Jahr zu erwarten, geht die Rsp davon aus, dass der Vers vom Arbeitsmarkt ausgeschlossen sei, weil damit gerechnet werden könne, dass die Abwesenheit in einem solchen Ausmaß von den in Betracht kommenden DG nicht akzeptiert würde.[899]

cc Berufsunfähigkeit bei Angestellten

Angestellte genießen Berufsschutz; ihnen wird weder ein völliger Berufswechsel, noch ein (spürbarer) sozialer Abstieg zugemutet.[900] Die Rsp stellt darauf ab, ob die bisherigen Tätigkeiten gegenüber der Verweisungstätigkeit in den Augen der Öffentlichkeit wesentlich höheres Ansehen genießen; so etwa dann, wenn ein früherer Filialleiter und Vorgesetzter zweier weiterer DN einfache kaufmännische Arbeiten ausüben müsste.[901] Die Einstufungskriterien der kollektivvertraglichen Beschäftigungs- oder Verwendungsgruppen bieten dabei Orientierungshilfe.[902] Die Verweisung auf eine Tätigkeit, die eine Stufe geringer eingestuft ist, wird idR für zumutbar befunden. Schon bei der (Vor-)Frage, welcher Berufsgruppe der Vers überhaupt angehört, kommt der Rsp mangels klarer Abgrenzungskriterien ein erheblicher Beurteilungsspielraum zu. Sie stellt dabei auf die Summe aller Berufe ab, die derselben Berufsgruppe zuzurechnen sind, wobei sie zu einer solchen nicht nur Berufe aus einer bestimmten Branche zählt, sondern auch solche aus anderen Branchen, sofern gleichwertige Kenntnisse vorausgesetzt werden.[903] Letztlich kommt es darauf an, ob der Angestellte noch in der Lage ist, eine andere Erwerbstätigkeit inner-

---

897 OGH 8.9.2009, 10 ObS 121/09f. Der OGH lehnt die Ansicht ab, dass eine Wohnsitzverlagerung bei bloß im Teilzeitbereich möglichen Verweisungen auf Arbeitsplätze, die niedrig entlohnt werden, von vornherein unzumutbar sei, schließt aber nicht aus, dass eine solche im Einzelfall aus wirtschaftlichen Gründen unzumutbar sein könnte: OGH 10.6.2008, 10 ObS 29/08z, ZAS-Judikatur 2008/157 (*Pacic*).

898 OGH 9.9.2008, 10 ObS 51/08k.

899 RIS-Justiz: RS0084898.

900 *Grillberger*, Sozialrecht[8] 97.

901 RIS-Justiz: RS0084915.

902 RIS-Justiz: RS0084890.

903 OGH 14.1.2003, 10 ObS 402/02v; OGH 9.8.2005, 10 ObS 56/05s.

halb der Berufsgruppe auszuüben, zu welcher seine zuletzt nicht nur vorübergehend ausgeübte Tätigkeit zu zählen ist.[904]

Nach § 273 Abs 1 ASVG gilt als berufsunfähig jene versicherte Person, deren Arbeitsfähigkeit infolge ihres körperlichen oder geistigen Zustandes auf weniger als die Hälfte derjenigen einer gesunden Person von ähnlicher Ausbildung und gleichwertigen Kenntnissen und Fähigkeiten herabgesunken ist, wenn innerhalb der letzten 15 Jahre vor dem Stichtag in min 90 Pflichtversicherungsmonaten eine Erwerbstätigkeit als Angestellte/r oder Arbeiter mit Berufsschutz ausgeübt wurde.[905] Der Gesetzgeber erwartet also – seit dem Budgetbegleitgesetz 2011 – eine Mindestzeit qualifizierter Berufstätigkeit. In den Gesetzesmaterialien heißt es, dass der Berufsschutz zB bei fünf Jahren Tätigkeit als Schlosser und drei als Einzelhandelskaufmann in jeder dieser Tätigkeiten erhalten bleibe. Allerdings könne infolgedessen auf das Verweisungsfeld für beide Tätigkeiten verwiesen werden. Davon unberührt soll aber die Verweisungsregel bleiben, dass bei der Prüfung der Verweisungsmöglichkeiten bei Angestellten von der zuletzt nicht nur vorübergehend ausgeübten Tätigkeit auszugehen ist.[906]

Liegen die Voraussetzungen des § 273 Abs 1 ASVG für den Berufsschutz nicht vor, gilt der Vers nach Abs 2 leg cit dann als berufsunfähig, wenn er nicht mehr imstande ist, eine Tätigkeit, die am Arbeitsmarkt noch bewertet wird und die ihm noch zugemutet werden kann, wenigstens die Hälfte des Entgelts zu erwerben, das ein gesunder Vers regelmäßig durch eine solche Tätigkeit erzielt; auf die von ihm bisher ausgeübten Tätigkeiten ist wie bei ungelernten Arbeitern zumindest billige Rücksicht zu nehmen.

cd Erwerbsunfähigkeit bei Selbstständigen

BSVG und GSVG sehen grds keinerlei Berufsschutz vor; Bauern und gewerblich Selbstständige sind dann erwerbsunfähig, wenn sie außerstande sind, einem regelmäßigen Erwerb nachzugehen.[907] Sie können sowohl auf selbstständige als auch auf unselbstständige (zumutbare) Tätigkeiten am gesamten Arbeitsmarkt verwiesen werden.[908]

Erleichterungen gibt es jedoch für Vers nach dem GSVG mit einer gewissen Mindestversicherungszeit, wenn sie das 50. Lebensjahr

904 OGH 14.2.1995, 10 ObS 11/95, SZ 68/30; RIS-Justiz: RS0084954.

905 Für den Fall einer kürzeren Erwerbstätigkeit gibt es Erleichterungen, s § 255 Abs 2 ASVG. Auf die Härtefallregelung wird weiter unten eingegangen.

906 ErlRV 981 BlgNR 24. GP 205.

907 § 133 Abs 1 GSVG, § 124 Abs 1 BSVG.

908 Vgl *Tomandl*, Grundriss^{6} 180 f Rz 262 f. Zum Thema: *Urbanek*, ZAS 2003/35.

vollendet haben: Sie gelten dann als erwerbsunfähig, wenn ihre persönliche Arbeitsleistung für die Aufrechterhaltung des Betriebes notwendig war und sie außerstande sind, einer selbstständigen Erwerbstätigkeit nachzugehen, die eine ähnliche Ausbildung und gleichwertige Kenntnisse und Fähigkeiten wie jene erfordert, die sie zuletzt durch min 60 Kalendermonate ausgeübt haben.[909]

ce Härtefallregelungen und Tätigkeitsschutz

Für am Arbeitsmarkt aufgrund ihrer eingeschränkten Leistungsfähigkeit praktisch nicht vermittelbare ungelernte Arbeiter und Selbstständige hat der Gesetzgeber einen speziellen Verweisungsschutz eingeführt,[910] den er allerdings nur restriktiv gehandhabt haben will:[911] Vers, die das 50. Lebensjahr vollendet haben, gelten auch dann als invalid bzw erwerbsunfähig, wenn sie min 12 Monate vor dem Stichtag als arbeitslos gemeldet waren, min 360 Versicherungsmonate, davon min 240 Beitragsmonate der Pflichtversicherung aufgrund einer Erwerbstätigkeit erworben haben und nur mehr Tätigkeiten mit geringstem Anforderungsprofil, die auf dem Arbeitsmarkt noch bewertet werden, ausüben können und zu erwarten ist, dass ein Arbeitsplatz in einer zumutbaren Entfernung innerhalb eines Jahres nicht erlangt werden kann.[912] Entsprechendes gilt nach § 273 Abs 3 ASVG auch für Angestellte, wobei der OGH das so versteht, dass die Härtefallregelung nicht für Angestellte gilt, die Berufsschutz genießen; sie ist also nur für Angestellte von Bedeutung, deren Berufsunfähigkeit nach § 273 Abs 2 ASVG zu beurteilen ist.[913]

Ab dem 60. Lebensjahr ist der Zugang zur Pension wegen MdA sowohl für Selbstständige als auch für DN erleichtert: Ein Pensionsanspruch besteht, wenn der Vers nicht im Stande ist, einer Tätigkeit (bei Selbstständigen: selbstständigen Erwerbstätigkeit) nachzugehen, die er in den letzten 15 Jahren min 10 Jahre hindurch ausgeübt hat; man spricht hier von Tätigkeitsschutz.[914]

---

909 § 133 Abs 2 GSVG.

910 *Resch*, Sozialrecht[6] 129; zum Thema: *ders*, zuvo 2008, 58.

911 ErlRV 981 BlgNR 24. GP 206.

912 § 255 Abs 3a ASVG, § 133 Abs 2a GSVG, § 124 Abs 1a BSVG. Es geht hier um Tätigkeiten, die bei durchschnittlichem Zeitdruck und vorwiegend im Sitzen ausgeübt werden und/oder mehrmals täglich einen Haltungswechsel ermöglichen.

913 OGH 14.2.2012, 10 ObS 173/11f. Zum Thema: *Ivansits/Weissensteiner*, RdA 2011, 175.

914 §§ 255 Abs 4, 273 Abs 3 ASVG, § 133 Abs 3 GSVG, § 124 Abs 2 BSVG. Das maßgebliche Alter wird (erst) bis 2017 von 57 auf 60 Jahre erhöht.

Zumutbare Änderungen dieser Tätigkeit (bei Selbstständigen: Möglichkeiten einer zumutbaren Änderung der sachlichen und personellen Ausstattung des Betriebes) sind zu berücksichtigen, doch ist bei der Annahme der Zumutbarkeit von Änderungen nach der Rsp Zurückhaltung geboten.[915] Die Rsp stellt jedoch nicht auf die konkret vom Vers am jeweiligen Arbeitsplatz ausgeübten Tätigkeit ab, sondern abstrakt auf den am Arbeitsmarkt typischerweise gefragten Inhalt der Tätigkeit; so sei zB die Tätigkeit als Apothekenzusteller im innerstädtischen Bereich eine zumutbare Änderung der Tätigkeit als Buschauffeur.[916]

d Tod

Hinterbliebenenpensionen sind abgeleitete Ansprüche bestimmter Angehöriger aus der Versicherung des Verstorbenen, weil darauf abgestellt wird, ob der Vers selbst Anspruch auf eine Pension gehabt hat oder zumindest hätte. Er muss die für den Anspruch auf Invaliditätspension erforderliche kurze Wartezeit erfüllen.[917]

Die Witwe(r)pension besteht bis zum Tod der/des Witwe/rs oder bis zu ihrer/ seiner Wiederverehelichung und beträgt bis zu 60 % der (fiktiven) Pension des Verstorbenen; die Berechnung ist kompliziert und eigenes Einkommen der/des Berechtigten ist anzurechnen.[918] Vorgesehen sind sowohl unbefristete wie auch befristete Leistungen; bei ersteren gebührt der/dem Witwe/r eine Abfindung bei Wiederverehelichung.[919] Frühere Ehegatten haben in Abhängigkeit von der Höhe ihres Unterhaltsanspruchs gegen den Verstorbenen ebenfalls Anspruch auf die Pension, wenn ein formaler Unterhaltstitel bestanden hat (zB ein Gerichtsurteil) oder in bestimmten Fällen faktischer Unterhaltsgewährung zumindest ein Jahr vor seinem Tod.[920]

Waisenpensionsberechtigt sind Kinder des Verstorbenen iHv 40 % (falls sie Doppelweisen sein sollten: 60 %) der Witwen-/Witwerpension, wobei von einer Witwen-/Witwerpension in 60 %-igem Ausmaß

915 OGH 8.9.2009, 10 ObS 111/09k.

916 OGH 27.1.2009, 10 ObS 113/08b.

917 § 236 Abs 1 Z 1 ASVG, § 111 Abs 2 BSVG, § 120 Abs 2 GSVG. Zur Verschollenheit s § 87 ASVG.

918 §§ 258, 264, 265, 282, 289 ASVG, §§ 127, 136, 137 BSVG, §§ 136, 145 und 146 GSVG. Die Bestimmungen für Witwe(r) gelten im Wesentlichen sinngemäß auch für hinterbliebene eingetragene Partner.

919 § 265 ASVG, § 137 BSVG, § 146 GSVG. Ein Wiederaufleben ist möglich, wenn die neue Ehe ohne Verschulden der/des Witwe/rs geschieden wurde.

920 Im Detail: § 258 Abs 4 ASVG.

auszugehen ist.[921] Bestimmten Angehörigen gebührt für den Fall, dass Ansprüche auf Hinterbliebenenpension wegen nicht erfüllter Wartezeit oder wegen des Fehlens von Berechtigten nicht anfallen, eine einmalige Abfindungszahlung.[922]

4 Arbeitslosenversicherung

a Allgemeines

Die AIV soll dem arbeitslos gewordenen, aber nach wie vor arbeitsfähigen und arbeitswilligen Vers bis zur Wiedererlangung einer zumutbaren Beschäftigung unter die Arme greifen und die finanziellen Folgen des Jobverlustes abfedern.[923] Ihre wohl bekannteste (Geld-)Leistung ist das Arbeitslosengeld, doch gewährt sie darüber hinaus auch Notstandshilfe, Umschulungsgeld, Weiterbildungsgeld in Höhe des Arbeitslosengeldes (min aber des Kinderbetreuungsgeldes nach § 3 Abs 1 KBGG) bei Inanspruchnahme einer Bildungskarenz (§ 11 AVRAG) oder einer Freistellung gegen Entfall des Entgelts nach § 12 AVRAG, Altersteilzeitgeld für DG, die gewissen älteren AN vor Erreichen des Regelpensionsalters einen min 50 %-igen Lohnausgleich für eine Reduktion ihrer Arbeitszeit auf 40 bis 60 % gewähren, sowie Sonderunterstützung für Bergleute nach dem SUG, bevorschusst Leistungen aus der PV und leistet Beiträge zur Teilversicherung.[924]

Näher eingegangen wird im Folgenden nur auf das Arbeitslosengeld und die Notstandshilfe. Vorher ist aber noch zu klären, wann denn der Versicherungsfall der Arbeitslosigkeit überhaupt als eingetreten gilt.

---

921 §§ 260, 266, 282, 289 ASVG, §§ 129, 138 BSVG, §§ 138, 147 GSVG. Zum Kindesbegriff: § 252 ASVG.

922 § 269 ASVG, § 139a BSVG, § 148a GSVG.

923 Vgl *Tomandl*, Grundriss[6] 239 Rz 338. Für (ehemalige) Beamte beachte in diesem Zusammenhang das Überbrückungshilfengesetz.

924 Beachte § 6 AIVG. Zur Bevorschussung von Leistungen aus der PV bis zur Entscheidung über den Antrag s § 23 AIVG; zur Versicherung: §§ 29 ff, 34, 40 ff AIVG; Weiterbildungsgeld: § 26 AIVG; Altersteilzeitgeld: §§ 27 f AIVG. Zum Übergangsgeld s §§ 39 39a AIVG. Zum Umschulungsgeld für gesundheitlich beeinträchtigte Personen s § 39b AIVG.

b Arbeitslosigkeit

Der Versicherungsfall der Arbeitslosigkeit liegt bei einem Vers dann vor, wenn er der Arbeitsvermittlung zur Verfügung steht.[925] Das ist nur dann der Fall, wenn:

- er eine Beschäftigung aufnehmen kann und darf, dh wenn sich der Vers zur Aufnahme und der Ausübung einer zumutbaren Beschäftigung bereithält und dem keine (zB fremden-)rechtlichen Hindernisse entgegen stehen;[926]
- er arbeitsfähig, dh nicht invalid bzw berufsunfähig ist;[927]
- er zudem arbeitswillig,[928] dh insb dazu bereit ist, eine zumutbare Beschäftigung tatsächlich anzunehmen oder sich zB nach- oder umschulen zu lassen, und sich auch von selbst darum zu bemühen, eine Beschäftigung zu erlangen (bei Verweigerung oder Vereitelung[929] verliert der Arbeitslose gem § 10 AlVG den Anspruch auf das Arbeitslosengeld für grds min sechs Wochen);[930]

---

925 § 7 AlVG; im Detail: §§ 8 (Arbeitsfähigkeit), 9 (Arbeitswilligkeit) und 12 (Arbeitslosigkeit) leg cit.

926 Während des Bezugs von Kinderbetreuungsgeld ist das nach § 7 Abs 5 AlVG zwar nur dann der Fall, wenn das Kind von einer anderen geeigneten Person oder in einer geeigneten Einrichtung betreut wird. Doch ist diese Bestimmung wohl teleologisch dahingehend zu reduzieren, dass es genügt, wenn die Kinderbetreuung für den Fall eines zumutbaren Jobangebots sichergestellt wäre.

927 Falls erforderlich, muss er sich ärztlich untersuchen lassen; weigert er sich, verliert er für die Dauer der Weigerung das Arbeitslosengeld. Bei bloß vorübergehender Unfähigkeit aufgrund von Krankheit steht ihm Krankengeld zu, s § 41 AlVG.

928 Zum Thema: *Gerhartl*, ZAS 2007/34; *Pfeil*, RdA 2006, 98; *Peyrl*, RdA 2005, 82.

929 Etwa dann, wenn jemand bei einem Vorstellungsgespräch als Telefonist erklärt, dass „das aktive Telefonieren nicht so sein Ding sei, er könne es ja mal versuchen, glaube aber nicht so recht daran, dass dies funktioniere“, s VwGH 16.11.2011, 2009/080258.

930 In den ersten 100 Tagen ist ihm nur eine Beschäftigung zumutbar, die seine künftige Verwendung im bisherigen Beruf nicht wesentlich erschwert, weswegen sich zB ein Facharbeiter nicht auf die Tätigkeit eines Hilfsarbeiters verweisen lassen muss. Für die ersten 120 Tage ist auch ein gewisser Entgeltschutz vorgesehen und § 9 AlVG enthält sogar eine Regelung über die zuzumutenden Wegzeiten (bei Vollzeit grds 2 Stunden). Übrigens: (Wieder-)Einstellungszusagen schließen nicht die Zumutbarkeit neuer Jobs aus, s im Detail: § 9 Abs 4, Abs 5 und Abs 6 AlVG. Zum Thema: *Brodil*, ZAS 1996, 37.

- und er schlussendlich wirklich arbeitslos ist, dh seine unselbstständige oder selbstständige Erwerbstätigkeit bzw Beschäftigung beendet hat, (grds) nicht mehr der Pflichtversicherung in der PV unterliegt und keine neue oder weitere Erwerbstätigkeit bzw Beschäftigung ausübt.[931] Entgelt aus einer oder mehreren anderen Beschäftigung/en, das die Geringfügigkeitsgrenze nicht überschreitet, ist jedoch unschädlich; wer aber eine geringfügige Beschäftigung beim selben DG aufnimmt, gilt nicht als arbeitslos, es sei denn, dass seit der vorhergehenden Beschäftigung bereits (zumindest) ein Monat vergangen ist.[932]

c Arbeitslosengeld

Anspruch auf Arbeitslosengeld hat, wer der Arbeitsvermittlung zur Verfügung steht, die Anwartschaft, dh die erforderliche Wartezeit innerhalb der gesetzlich geforderten Rahmenfrist, erfüllt und die Bezugsdauer noch nicht erschöpft hat.[933] Die Anwartschaft ist bei der erstmaligen Inanspruchnahme dann erfüllt, wenn der Arbeitslose in den letzten 24 Monaten insgesamt 52 Wochen im Inland arbeitslosenversicherungspflichtig beschäftigt war; beantragt er das Arbeitslosengeld vor Vollendung des 25. Lebensjahres, ist die Anwartschaft auch dann erfüllt, wenn er in den letzten 12 Monaten insgesamt 26 Wochen beschäftigt war.[934] Bei weiteren Inanspruchnahmen reichen 28 Wochen innerhalb von 12 Monaten.[935]

Das tägliche Arbeitslosengeld besteht aus einem Grundbetrag iHv 55 % des täglichen Nettoeinkommens, das bei einer Antragstellung in der zweiten Hälfte des Kalenderjahres auf Grundlage der Jahresbeitragsgrundlage des Vorjahres, bei früherer Antragstellung auf Grundlage jener des vorletzten Jahres berechnet wird.[936] Trägt der Arbeitslose zum Unterhalt bestimmter Angehöriger tatsächlich wesentlich

931 Falls ein DN Kündigungsschutz genießt, muss er empfangenes Arbeitslosengeld zurückzahlen, wenn das Weiterbestehen seines Beschäftigungsverhältnisses später festgestellt wird, s § 25 Abs 1 AlVG. Dies gilt nach der Jud nicht für den allgemeinen, sondern nur für den besonderen Kündigungs- und Entlassungsschutz. Zum Thema: *Rebhahn*, ZAS 1983, 93; *Marhold*, ZAS 1988, 116.

932 § 12 Abs 3 lit h und Abs 6 AlVG, beachte vor allem Abs 6 lit c leg cit.

933 § 7 Abs 1 AlVG.

934 Im Detail: § 14 AlVG. Zum Beginn des Bezugs: § 17 AlVG.

935 Ersatzzeiten, ohne sie als solche zu bezeichnen, sieht § 14 Abs 4 AlVG vor; in § 15 AlVG sind fristerstreckende (neutrale) Zeiten aufgezählt.

936 Im Detail: § 21 AlVG.

bei, sieht das Gesetz Familienzuschläge vor.[937] Bei Unterschreiten des Ausgleichszulagenrichtsatzes für Alleinstehende gebührt ein Ergänzungsbetrag; das Arbeitslosengeld darf jedoch 60 % des Nettoeinkommen, 80 % bei Anspruch auf Familienzuschläge, nicht überschreiten.[938]

Die Bezugsdauer beträgt 20 Wochen. Sie erhöht sich bei Vorliegen von 156 arbeitslosenversicherungspflichtiger Beschäftigungswochen in den letzten fünf Jahren auf 30 Wochen.[939] Außerdem verlängert sich die Bezugsdauer um die Dauer der Teilnahme an Maßnahmen der Nach- oder Umschulung, sowie zur Wiedereingliederung in den Arbeitsmarkt, die im Auftrag des AMS erfolgt.[940] Hat ein Arbeitsloser seinen Anspruch nicht ausgeschöpft und sind seit dem letzten Tag des Bezugs keine fünf Jahre vergangen, ist ihm ein Fortbezug zu gewähren, wenn er die Voraussetzungen für eine neue Anwartschaft nicht erfüllt.[941]

Zu beachten sind diverse Ruhensbestimmungen, zB während des Bezugs von Kranken- oder Wochengeld oder einer Kündigungsentschädigung.[942] Wird das Dienstverhältnis eines Arbeitslosen in Folge seines eigenen Verschuldens beendet oder hat er es freiwillig gelöst, ist er für die ersten vier Wochen vom Arbeitslosengeld gesperrt.[943] Zur Sicherung des Anspruchs auf Arbeitslosengeld sind persönliche Kontrollmeldungen erforderlich, die bei sonstigen Verlust des Arbeitslosengeldes vom Tag der versäumten Meldung bis zur Geltendmachung des Fortbezugs nicht ohne triftigen Grund unterlassen werden dürfen.[944]

937 § 20 AlVG.

938 § 21 Abs 4 und 5 AlVG.

939 Bei älteren Arbeitslosen mit längerer Beschäftigungsdauer erhöht sie sich bis zu 52 Wochen, bei Absolvierung beruflicher Rehabilitationsmaßnahmen aus der SV sogar auf 78 Wochen, s § 18 Abs 2 AlVG. Übrigens: Die Ruhenszeiträume verkürzen die Bezugsdauer nicht.

940 § 18 Abs 4 AlVG, beachte auch die nachfolgenden Absätze dieses Paragraphen.

941 § 19 AlVG.

942 § 16 AlVG. Einkommen aus vorübergehender Erwerbstätigkeit – das sind solche, die für weniger als vier Wochen vereinbart wurden – werden auf das Arbeitslosengeld angerechnet (§ 21a AlVG). Wird ein Bezieher bei einer nicht gemeldeten Erwerbstätigkeit erwischt, wird sein Arbeitslosengeld für zumindest vier Wochen zurückgefordert (§ 25 Abs 2 AlVG).

943 § 11 AlVG.

944 § 49 AlVG. Näher dazu *Gerhartl*, AlVG (2008) § 49 Rz 1 ff.

d Notstandshilfe

Ist der Anspruch auf Arbeitslosengeld ausgeschöpft und steht der Arbeitslose der Arbeitsvermittlung auch weiterhin zur Verfügung, kann ihm Notstandshilfe gewährt werden, wenn er diese innerhalb von fünf Jahren beantragt und sich in einer Notlage befindet; eine Notlage liegt vor, wenn ihm die Befriedigung der notwendigen Lebensbedürfnisse nicht möglich ist.[945] Näheres ist in einer (Notstandshilfe-) Verordnung zu regeln (und ist in einer solchen geregelt), wobei das Familieneinkommen maßgeblich ist, dabei aber eine Freigrenze zu beachten ist. Die Notstandshilfe ist um einige Prozentpunkte geringer als das Arbeitslosengeld.[946] Sie wird für die Dauer der Notlage, aber jeweils befristet bis höchstens 52 Wochen, gewährt.[947]

5 Einige andere Sozialleistungen

a Kinderbetreuungsgeld

Sieht man von seiner einkommensabhängigen Variante ab, handelt es sich beim Kinderbetreuungsgeld um eine primär familienpolitisch motivierte Sozialleistung, die vom zuständigen KV-Träger abgewickelt wird.[948] Hat ein Elternteil Anspruch auf Familienbeihilfe für ein Kind, mit dem er im gemeinsamen Haushalt lebt, und übersteigen seine Einkünfte nicht den jährlichen Grenzbetrag von 16.200,- € (oder uU einen höheren individuellen Grenzbetrag), steht ihm für das Kind grds auch Kinderbetreuungsgeld nach dem KBGG zu.[949] Unterschreitet der

---

945 § 33 AlVG. Ob der (Berufs- und) Entgeltschutz nach § 9 Abs 3 AlVG zu beachten ist, ist in der L strittig (befürwortend zB *Resch*, Sozialrecht[6] 175, abl dagegen zB *Grillberger*, Sozialrecht[8] 139), doch ist eher davon auszugehen, dass der Gesetzgeber keinen Entgeltschutz wie bei Bezug von Arbeitslosengeld gewähren wollte.

946 Im Detail: § 36 AlVG.

947 § 35 AlVG.

948 § 25 KBGG. Zum Thema: *Stadler*, Ausgewählte Judikatur des Jahres 2012 zum Kinderbetreuungsgeldgesetz, in Aschauer/Kohlbacher, Sozialversicherungsrecht, Jahrbuch 2013, 51 ff; *Pacic*, Problembereiche des Kinderbetreuungsgeldes, in Mazal, Die Familie im Sozialrecht (2009), 157 ff.

949 Im Detail: § 2 KBGG. Zu den maßgeblichen Einkünften s §§ 8 ff KBGG. § 31 KBGG regelt die etwaige Rückforderung unberechtigt empfangener Leistungen. Es sei darauf hingewiesen, dass auf Leistungen auch

Gesamtbetrag der maßgeblichen Einkünfte 6.400,- €, haben insb alleinstehende Elternteile auch Anspruch auf eine Beihilfe iHv 6,06 € täglich für längstens 12 Monate.[950] Beide Leistungen gelten weder als Einkommen des Kindes noch als Einkommen des beziehenden Elternteils und mindern nicht deren Unterhaltsansprüche.[951]

Das Kinderbetreuungsgeld kann man zum einen als pauschale Geldleistung beziehen, deren Höhe und Bezugsdauer abhängig von der gewählten Variante und vom Umstand, ob es auch der andere Elternteil für eine gewisse Mindestzeit in Anspruch nimmt, unterschiedlich sind.[952] Zum anderen ist es seit kurzem auch möglich, das Kinderbetreuungsgeld bis zum 12. Lebensjahr des Kindes (bis zum 14. Lebensjahr verlängert sich die Bezugsdauer, wenn auch der andere Elternteil diese Leistung in Anspruch nimmt) iHv 80 % des (bei Vätern fiktiv errechneten) Wochengeldes (max jedoch 66 € täglich, ca 2.000 €/Monat) zu beziehen, sofern der diese Leistung begehrende Elternteil unmittelbar vor der Geburt des Kindes sechs Monate lang erwerbstätig war und während des Leistungsbezuges weder Erwerbseinkünfte erzielt – bis 6.400,- € pro Kalenderjahr sind jedoch unschädlich – noch Leistungen aus der AlV erhält.[953]

b Pflegegeld

Das Pflegegeld hat nach § 1 BPGG den Zweck, in Form eines (Geld-) Beitrags pflegebedingte Mehraufwendungen pauschaliert abzugelten, um den Betroffenen soweit wie möglich die notwendige Betreuung und Hilfe zu sichern sowie die Möglichkeit zu verbessern, ein selbstbestimmtes, bedürfnisorientiertes Leben zu führen. Das BPGG sieht aus dem Budget des Bundes finanzierte, nach dem Ausmaß der Pflegebedürftigkeit in sieben Stufen gestaffelte Geldleistungen im Wesentlichen an Pensions- bzw (Voll-)Rentenbezieher nach den SV-Gesetzen vor, wenn aufgrund einer körperlichen, geistigen oder psychischen Behinderung oder einer Sinnesbehinderung ständiger (dh mehrmals pro Woche, regelmäßig notwendiger Betreuungs- und Hilfsbedarf,

---

verzichtet werden kann, wodurch die Einkünfte im Verzichtszeitraum außer Betracht bleiben; §§ 2 Abs 5 iVm 5 Abs 6 KBGG.

950 Im Detail: § 9 ff KBGG.

951 § 42 KBGG.

952 §§ 3, 5 ff KBGG. Zum Ruhen (insb bei Wochengeldbezug): § 6 KBGG. Zum Ende des Bezugsrechts bei Geburt eines neuen Kindes: § 5 Abs 6 KBGG. Bei Mehrlingsgeburten gibt es einen 50 %-igen Zuschlag nach § 3a KBGG.

953 Im Detail: § 24 ff KBGG.

somit ein) Pflegebedarf besteht, der voraussichtlich min sechs Monate andern wird (oder würde).[954] Näheres regelt eine (Einstufungs-)Verordnung.

Anspruch auf Pflegegeld der Stufe eins besteht ab einem Pflegebedarf von im Durchschnitt 60 Stunden monatlich; es beträgt monatlich 154,20 € und gebührt 12 Mal jährlich. Pflegegeld der Stufe sieben 1.655,80 € monatlich und gebührt nur Personen, deren Pflegebedarf mehr als 180 Stunden pro Monat beträgt, aber auch diesen Personen nur dann, wenn keine zielgerichteten Bewegungen der vier Extremitäten mit funktioneller Umsetzung möglich sind oder ein diesem Zustand gleichzuhaltender Zustand vorliegt.[955] Zum Ruhen des Anspruchs kann es insb bei Anstaltspflege kommen.[956] Wird der Bezugsberechtigte auf Kosten oder auch nur unter Kostenbeteiligung eines Landes, einer Gemeinde oder eines Sozialhilfeträgers zB in einem Pflege-, oder Altenheim untergebracht, geht der Pflegegeldanspruch bis zu 80 % auf den Kostenträger über; ein Taschengeld iHv 10 % des Pflegegeldes der Stufe drei (44,29 €) muss dem Betroffenen aber zumindest bleiben.[957]

c Sozialhilfe und bedarfsorientierte Mindestsicherung

Sozialhilfeleistungen werden individuell, dh nach konkreter Bedürftigkeit, und nur subsidiär gewährt, wenn der Bedürftige aus eigener Kraft (aber auch: durch die Verwertung eigenen Vermögens) nicht in zumutbarer Weise für die Deckung des Lebensbedarfs für sich und seine Angehörigen aufkommen kann und auch von Dritten keine hinreichenden Leistungen erhält. Das Sozialhilferecht ist Sache der Länder. Da die jeweiligen Sozialhilferichtsätze nicht einheitlich waren und in den Details nicht unbedeutende Abweichungen bestanden, haben sich Bund und Länder auf Grundlage einer Vereinbarung nach § 15a B-VG darauf geeinigt, eine einheitliche bedarfsorientierte Mindestsicherung einzuführen.[958] Dadurch wurden tatsächlich gewisse begrüßenswerte Mindeststandards unter Anknüpfung an den Ausgleichszu-

954 § 4 Abs 1 BPGG. Zum anspruchsberechtigten Personenkreis s §§ 3 ff leg cit. Zum Thema s zB *Greifeneder/Liebhart*, Handbuch Pflegegeld[3] (2013). Zu etwaigen Zuwendungen aus dem Unterstützungsfond für Menschen mit Behinderung s §§ 21a ff BPGG. Zum Pflegekarenzgeld bei Pflegekarenz gem § 14c AVRAG s §§ 21c ff BPGG.

955 §§ 4 Abs 2, 5 BPGG.

956 Im Detail: § 12 BPGG.

957 Im Detail: § 13 BPGG.

958 BGBl I 2010/96.

lagenrichtsatz für Alleinstehende in der PV geschaffen, doch bleibt die Rechtslage aufgrund der unterschiedlichen Umsetzungswege in den Ländern nach wie vor (etwas) unübersichtlich.[959]

959 Zum Thema: *Gerhartl*, ASoK 2010, 270; *Wagner*, RdA 2010, 524; *Pfeil*, ÖZPR, 2010/92; *Stanzl*, SozSi 2013, 245. Zur rechtlichen Konstruktion der Mindestsicherung in Wien s das Wiener Mindestsicherungsgesetz – WMG LGBl 2010/38 idF LGBl 2013/29 und die WMG-VO, LGBl 2011/03 idF 2015/04. Für Alleinstehende beträgt sie im Jahr 2015 827,82 €, für Paare 1.241,74 €.

IV Arbeits- und sozialgerichtliches Verfahren

Das Verfahren vor den Gerichten in Arbeits- und Sozialrechtssachen weist einige Besonderheiten auf, die in der Folge gestreift werden sollen.[960] Es ist maßgeblich im ASGG geregelt; subsidiär gelten aber auch hier die für die Gerichtsbarkeit in bürgerlichen Rechtssachen geltenden Vorschriften.

A Arbeits- und Sozialrechtssachen

Arbeitsrechtssachen iSd § 50 ASGG sind zum einen ganz bestimmte bürgerliche Rechtsstreitigkeiten,[961] insb jene zwischen AG und AN im (unmittelbaren oder mittelbaren, rechtlichen oder tatsächlichen, stets aber inneren) Zusammenhang mit dem Arbeitsverhältnis oder mit dessen Anbahnung sowie jene zwischen AN im Zusammenhang mit der gemeinsamen Arbeit, und zum anderen Streitigkeiten aus der Betriebsverfassung.[962]

Sozialrechtssachen iSd § 65 ASGG sind insb Rechtsstreitigkeiten über den Bestand, den Umfang oder das Ruhen eines Anspruchs auf Versicherungs- oder Pflegegeldleistungen, soweit hierbei nicht die Versicherungszugehörigkeit, die Versicherungszuständigkeit, die Leistungszugehörigkeit oder die Leistungszuständigkeit in Frage stehen.[963]

---

960 Zum Thema: *Pacic*, ASoK 2009, 99; *Fellinger*, ZAS 2012/57, 309; *Fink*, ÖJZ 1988, 97. Beachte nur die §§ 39, 59, 75 ASGG.

961 Es geht also um Streitigkeiten des Privatrechts, s RIS-Justiz: RS0086019. Für die Zulässigkeit des Rechtswegs ist auf das Klagebegehren und die Klagebehauptung abzustellen, s RIS-Justiz: RS0045584.

962 Beachte § 50 ASGG und in diesem Zusammenhang auch § 100 ASGG. Zu den Begriffen AG und AN iSd ASGG s § 51 leg cit. Die Rsp tendiert offenbar dazu, die in Abs 1 aufgezählten Tatbestände weit auszulegen, s *Neumayr* in ZellKomm II^2 § 50 ASGG Rz 8. § 50 ASGG gilt nach § 52 leg cit übrigens insb auch für Fälle, in denen Rechtsstreitigkeiten durch einen Rechtsnachfolger oder in bestimmten Fällen auch durch Hinterbliebene geführt werden.

963 Zu den genannten Sozialrechtssachen zählen auch Klagen auf Feststellung, wobei als Feststellung eines Rechts oder Rechtsverhältnisses

Hier klingt die im ASVG getroffene Unterscheidung zwischen den sog Leistungssachen iSd 354 ASVG einerseits und Verwaltungssachen iSd § 355 ASVG andererseits an. Während nach § 414 Abs 1 ASVG gegen Bescheide in Verwaltungssachen Beschwerde an das Bundesverwaltungsgericht erhoben werden kann,[964] dessen Entscheidung mit Revision an den VwGH und uU mit Beschwerde an den VfGH bekämpft werden kann, besteht bei Leistungssachen grds sukzessive Kompetenz der Gerichte, dh der Rechtsweg geht diesfalls von einer Verwaltungsbehörde (zumeist vom zuständigen SV-Träger) zu den ordentlichen (Arbeits- und Sozial-)Gerichten, wobei der bekämpfte Bescheid im Umfang des Klagebegehrens außer Kraft tritt.[965]

---

nach § 65 Abs 2 ASGG auch diejenige gilt, dass eine Gesundheitsstörung Folge eines Arbeitsunfalls ist.

964 Im Detail: §§ 414 f ASVG. Zum Verfahren s *Pabel*, RdA 2014. 386.

965 Zu den Wirkungen der Klage: § 71 ASGG. Beachte: Bescheide, die durch den außer Kraft getretenen Bescheid abgeändert worden sind, werden insoweit nicht wieder wirksam.

B Zuständigkeit, Schieds- und Schlichtungsklauseln

Sachlich Zuständig sind in Arbeits- und Sozialrechtssachen in erster Instanz die Landesgerichte „als“ Arbeits- und Sozialgerichte; in Wien ist ein eigenes Arbeits- und Sozialgericht eingerichtet. In zweiter Instanz entscheidet das OLG, in dritter der OGH „in“ Arbeits- und Sozialrechtssachen.[966] Was die örtliche Zuständigkeit betrifft, sieht § 4 ASGG für individualarbeitsrechtliche Streitigkeiten verschiedene Gerichtsstände nach Wahl des Kl vor, wohingegen § 5 ASGG Zwangsgerichtsstände für betriebsverfassungsrechtliche Streitigkeiten vorsieht; in Sozialrechtssachen richtet sich die örtliche Zuständigkeit nach § 7 ASGG.[967] Sollte ein Gericht unzuständig sein, hat es seine Unzuständigkeit in jeder Lage des Verfahrens von Amts wegen wahrzunehmen; das Fehlen der Zuständigkeit kann allerdings nach § 104 Abs 3 JN heilen.[968]

Im Rechtsmittelverfahren sind die §§ 501 und 517 ZPO nicht anzuwenden, sodass die dort genannten Einschränkungen auf bestimmte Anfechtungsgründe auch bei geringem Streitwert unbeachtlich sind.[969] Hat das Erstgericht über einen Streitgegenstand entschieden, der an Geld oder Geldeswert 2.000 Euro nicht übersteigt, ist eine mündliche Verhandlung über die Berufung jedoch nur dann anzuberaumen, wenn das Gericht dies im einzelnen Fall für erforderlich hält.[970] Im Zusammenhang mit der Revision gelten für Streitigkeiten in Arbeits- und Sozialrechtssachen nicht die allg Streitwert-Wertgrenzen der ZPO, sodass bei erheblichen Rechtsfragen stets zumindest im Wege einer außerordentlichen Revision der OGH angerufen werden kann.[971]

Eine Vereinbarung der Parteien, wonach ein Rechtsstreit durch einen oder mehrere Schiedsrichter entschieden werden soll, ist in Sozial-

966 §§ 2, 36 ASGG.

967 Beachte auch die §§ 5a bis 5e ASGG. Ist im Inland keiner der in den §§ 4, 5 ASGG genannten Gerichtsstände gegeben, so ist nach § 6 leg cit auch das Gericht örtlich zuständig, in dessen Sprengel sich eine Zweigniederlassung des Unternehmens befindet. Zur internationalen Zuständigkeit: *Neumayr* in ZellKomm II[2] § 4 ASGG Rz 2 ff; *Graf-Schimek*, ÖJZ 2010/29.

968 § 38 Abs 1 ASGG. Zum Thema: *Fink*, RdW 1987, 261 und RdW 1989, 305.

969 § 44 Abs 1 ASGG.

970 § 44 Abs 2 ASGG.

971 § 502 Abs 5 Z 4 ZPO. Vgl *Löschnigg*, Arbeitsrecht[11] 956 f.

rechtssachen und für betriebsverfassungsrechtliche Rechtsstreitigkeiten (nach § 50 Abs 2 ASGG) unwirksam, bei individualarbeitsrechtlichen Rechtsstreitigkeiten (nach § 50 Abs 1 ASGG) ist eine solche Vereinbarung hingegen zwar wirksam, allerdings – außer für Geschäftsführer und Vorstandsmitglieder einer Kapitalgesellschaft – nur für bereits entstandene Streitigkeiten.[972] Schlichtungsklauseln sind hingegen auch dann wirksam, wenn sie Streitigkeiten aus Arbeitsverhältnissen betreffen, sofern ein Mindestmaß an Bestimmtheit und Objektivität gewährleistet ist.[973]

---

972 § 9 Abs 2 ASGG.

973 Zum Thema: *Pacic*, taxlex 2008, 469; *Gatternig/Gatternig*, RdW 2009, 232; *Nunner-Krautgasser* in ZellHB Rz 75.01 ff, 76.01 ff.

C Gerichtsbesetzung, Vertretung und Kostenersatz

Entschieden wird in Senaten, die sich in erster Instanz aus einem Richter und zwei fachkundigen Laienrichtern zusammensetzen, wobei der Berufsrichter den Vorsitz führt.[974] Die Senate des OLG und die einfachen Senate des OGH setzen sich aus drei Richtern und zwei fachkundigen Laienrichtern zusammen.[975] Die für die jeweilige Rechtsstreitigkeit zuzuziehenden fachkundigen Laienrichter werden durch ihre Ladung vom Vorsitzenden bestimmt; in Arbeitsrechtssachen gehören sie generell, in Sozialrechtssachen idR, je zur Hälfte dem Kreis der AG und dem der AN an.[976] Das Amt des fachkundigen Laienrichters ist ein Ehrenamt.[977] Seine Sinnhaftigkeit ist nicht erst seit neuerem umstritten; Bedeutung und Einfluss der Laienrichter/innen bei der Entscheidungsfindung in Sozialrechtssachen scheinen praktisch gering zu sein, wohingegen sie in Arbeitsrechtssachen, zumindest bei der Sachverhaltsfindung, einen spürbaren Beitrag zu leisten scheinen.[978] Bei der Konkretisierung von Rechtsvorschriften liegt der Mehrwert der Laienbeteiligung aus dem Kreis der AG einerseits und der AN andererseits wohl am ehesten noch darin, dass sie ihre Wertvorstellungen einbringen (können), wenn es darum geht, Entscheidungen bei Vorliegen eines rechtspolitischen Spielraums dort zu treffen, wo die Rechtsanwendung nicht allein durch wissenschaftliche Rechtserkenntnis begründet werden kann, insb bei der Konkretisierung von Generalklauseln.

Die Parteien müssen sich in erster Instanz nicht vertreten lassen, können sich jedoch durch jede geeignete Person vertreten lassen.[979] Zur Vertretung in zweiter Instanz sind neben Rechtsanwälten bestimmte andere Personen qualifiziert (zB Funktionäre und AN einer gesetzlichen Interessenvertretung).[980] Vor dem OGH besteht dagegen Anwaltszwang.

974 §§ 10 f ASGG.

975 Zu den Ausnahmen von der Laienbeteiligung, dh zur alleinigen Erledigung durch den Vorsitzenden oder den Dreiersenat, s §§ 11 Abs 4, 11a, 11b ASGG.

976 Im Detail: § 12 ASGG. Zur Stellung, zu Wahl (Entsendung) und zu den Pflichten der fachkundigen Laienrichter: §§ 15 ff ASGG.

977 Im Detail: § 12 ASGG. Zur Entschädigung: § 32 ASGG.

978 *Greifeneder*, ZAS 2012/58, 316 (323).

979 §§ 39 Abs 3, 40 Abs 2 Z 4 ASGG.

980 § 40 Abs 1 ASGG.

In Verfahren über Streitigkeiten aus der Betriebsverfassung steht einer Partei nur im Verfahren vor dem OGH Kostenersatzanspruch zu; in Individualarbeitsrechtssachen gelten hingegen die allg Bestimmungen über den Kostenersatz.[981] In Sozialrechtssachen hat der Versicherungsträger die Prozesskosten, die ihm durch das Verfahren erwachsen sind, unabhängig von dessen Ausgang selbst zu zahlen; dem Versicherten hat der Versicherungsträger uU selbst dann Ersatz der Prozesskosten zu leisten, wenn dieser vollständig unterliegt, nämlich nach Billigkeit.[982] Das Kostenrisiko für den klagenden Versicherten ist somit gering.

981 § 58 Abs 1 ASGG. In besonderen Feststellungsverfahren nach § 54 Abs 2 ASGG steht keiner Partei ein Kostenersatzanspruch zu.

982 § 77 Abs 1 ASGG.

D Einige Besonderheiten in Arbeitsrechtssachen

Organe der Arbeitnehmerschaft (insb Betriebsräte) sind grds (mit verschiedenen Ausnahmen) parteifähig; sie können im eigenen Namen klagen und geklagt werden.[983] Kommt nach dem streitigen Recht oder Rechtsverhältnis keine Person (kein parteifähiges Gebilde) in Betracht, gegen die (das) eine betriebsverfassungsrechtliche Feststellungs- oder Rechtsgestaltungsklage gerichtet werden kann (zB bei einer Klage des Betriebsinhabers auf Feststellung der Betriebseigenschaft, wenn im Betrieb kein Organ der Arbeitnehmerschaft besteht) kann sie – je nach dem, ob der Kl AN oder AG ist – gegen die zuständige kollektivvertragsfähige Körperschaft der AG bzw der AN gerichtet werden.

Nach § 54 Abs 1 ASGG können in Individualarbeitsrechtssachen parteifähige Organe der Arbeitnehmerschaft im Rahmen ihres Wirkungsbereiches sowie der jeweilige AG auf Feststellung des Bestehens oder Nichtbestehens von Rechten oder Rechtsverhältnissen, die min drei AN ihres Betriebes oder Unternehmens betreffen, klagen und geklagt werden.[984] Nach Abs 2 leg cit können überdies kollektivvertragsfähige Körperschaften der AG und der AN im Rahmen ihres Wirkungsbereiches gegen eine kollektivvertragsfähige Körperschaft der AG bzw der AN – direkt beim OGH – einen Antrag auf Feststellung des Bestehens oder Nichtbestehens von Rechten oder Rechtsverhältnissen anbringen, die einen von namentlich bestimmten Personen unabhängigen Sachverhalt betreffen;[985] der Antrag muss – ausgehend vom behaupteten Sachverhalt aus dem sich schlüssig die festzustellende Rechtsfolge zu ergeben hat – eine Rechtsfrage des materiellen Rechts auf dem Gebiet der Arbeitsrechtssachen zum Gegenstand haben, die für min drei AG oder AN von Bedeutung ist. Für die Dauer des Verfahrens über diese besonderen Feststellungsverfahren

983 § 53 Abs 1 ASGG. Den dort genannten Ausnahmen ist auch die Jugendvertrauensräteversammlung beizufügen, vgl *Löschnigg*, Arbeitsrecht[11] 964.

984 Solche Feststellungsklagen können zwar auch dann erhoben werden, wenn der Berechtigte eine Leistungsklage erheben könnte. Erforderlich ist aber das Bestehen eines rechtlichen Interesses an der alsbaldigen Feststellung. Vgl RV 7 BlgBR 16. GP 48, RIS-Justiz: RS0085548, RS0085572.

985 Es ist dabei nicht vorauszusetzen, dass Antragsteller und Antragsgegner einen KollV miteinander abschließen können müss(t)en, s *Neumayr* in ZellKomm II[2] § 54 ASGG Rz 22.

sind alle Fristen zur Geltendmachung des Anspruchs der Berechtigten gehemmt.[986]

Eine weitere Besonderheit liegt etwa in den Wirkungen der Entscheidungen. Die rechtzeitige Erhebung einer Berufung gegen das erste Urteil des Gerichts erster Instanz hemmt nur den Eintritt der Rechtskraft, nicht jedoch den Eintritt der Verbindlichkeit der Feststellung, den der Rechtsgestaltungswirkung oder den der Vollstreckbarkeit in bestimmten Rechtsstreitigkeiten, zB über den Fortbestand des Arbeitsverhältnisses und daraus abgeleitete Ansprüche auf das rückständige laufende Arbeitsentgelt.[987] Bei Rechtsstreitigkeiten über Ansprüche auf das bei Beendigung des Arbeitsverhältnisses rückständige laufende Arbeitsentgelt ist die Hemmung der Vollstreckbarkeit zur Gänze oder zum Teil insb dann zu verfügen, wenn dies beantragt wird und es die soziale Lage des AN zulässt.[988] Zu beachten ist, dass § 61 Abs 2 Satz 2 ASGG im Falle des Verbrauchs des aufgrund eines vorläufig vollstreckbaren Urteils enthaltenen Entgelts die Gutgläubigkeit des AN ausschließt, sodass er sich bewusst bleiben muss, dass er das erhaltene Geld uU später zurückzahlen muss.

Hinzuweisen ist noch darauf, dass nach § 63 ASGG die Bestimmungen über das Neuerungsverbot nach § 482 ZPO in Rechtsstreitigkeiten nach § 50 Abs 1 ASGG und über den Fortbestand des Arbeitsverhältnisses nicht anzuwenden ist, sofern es sich um ein Vorbringen einer Partei handelt, die bisher in keiner Lage des Verfahrens durch eine qualifizierte Person vertreten war, dh es besteht in solchen Fällen Neuerungszulässigkeit im Berufungsverfahren.[989]

986 § 54 Abs 5 ASGG. Es handelt sich um eine Fortlaufshemmung, was die einfache Gesetzestextanalyse ergibt.

987 § 61 Abs 1 ASGG. Zum Thema: *Rebhahn*, RdA 1988, 16; *Rechberger*, ecolex 1991, 189; *Konecny*, ZAS 1986, 155; *ders*, ÖJZ 1991, 724.

988 § 61 Abs 4 ASGG.

989 Zum Thema: *Konecny*, wbl 1987, 28.

E Einige Besonderheiten in Sozialrechtssachen

In Sozialrechtssachen kann das Gericht grds erst angerufen werden, wenn der Versicherungsträger einen Bescheid erlassen und darin eine Sachentscheidung getroffen hat oder mit der Bescheiderlassung säumig war, ihn also nicht binnen sechs Monaten – handelt es sich um Leistungen aus der KV, dann innerhalb von drei Monaten – erlassen hat.[990] Wird rechtzeitig Klage erhoben, tritt der Bescheid im Umfang des Klagebegehrens außer Kraft.[991] Nach Einbringung der Klage in einer Sozialrechtssache nach § 65 Abs 1 Z 1, 6 oder 8 ASGG ist die Leistungsverpflichtung, die dem außer Kraft getretenen Bescheid entspricht, als vom Versicherungsträger unwiderruflich anerkannt anzusehen; er hat sie gegenüber dem Kl bis zur rechtskräftigen Beendigung des Verfahrens vorläufig weiter zu erfüllen. In den genannten Sozialrechtssachen kann das Gericht bei einem auf eine Geldleistung gerichteten Klagebegehren, die dem Grunde und der Höhe nach str ist, dadurch erledigen, dass es das Klagebegehren als dem Grunde nach zu Recht bestehend erkennt und dem bekl Versicherungsträger eine vorläufige Zahlung aufträgt.[992] Wird die dem Versicherten zustehende Leistung rechtskräftig in einer geringeren Höhe festgesetzt als die dem Versicherungsträge vorläufig auferlegte Zahlung, muss er diese zurückzahlen, wenn er die Leistung erschlichen hat.[993]

Die Klage hat nach § 82 Abs 1 und 2 ASGG unter Bedachtnahme auf die Art des erhobenen Anspruchs ein hinreichend bestimmtes Begehren zu enthalten, wobei es auch dann hinreichend bestimmt ist, wenn es auf Leistungen bzw die Feststellung von Versicherungszeiten der PV „im gesetzlichen Ausmaß“ gerichtet ist und in den angegebenen Tatsachen, auf die es sich stützt, die für die Bestimmung der Leistung dem Grunde und der Höhe nach bzw die für die Feststellung von Versicherungszeiten der PV dem Grunde nach erforderlichen Angaben enthält. Das Gericht hat sämtliche notwendig erscheinenden Beweise grds von Amts wegen aufzunehmen; dazu ist es

990 § 67 ASGG. Zum Thema: *Fellinger*, ZAS 2012/57, 309 (310).

991 § 71 Abs 1 ASGG. Zur Zurücknahme der Klage s § 72 ASGG; diesfalls hat der Versicherungsträger binnen vier Wochen ab Kenntnis davon mit Bescheid jene Leistung festzustellen, die er im Verfahren (ansonsten) weiter zu gewähren hätte. Beachte idZ § 362 ASVG (uU Sperrfristen für Anträge in der UV und PV).

992 § 89 Abs 2 ASGG.

993 § 91 Abs 2 bis 5 gilt nach § 89 Abs 2 letzter Satz ASGG sinngemäß.

aber nur im Hinblick auf jene Umstände verpflichtet, für deren Vorliegen es nach der Aktenlage entsprechende Anhaltspunkte gibt.[994]

Nochmals hingewiesen sei darauf, dass der Versicherungsträger die Kosten, die ihm durch das Verfahren erwachsen sind, ohne Rücksicht auf den Ausgang des Verfahrens selbst zu tragen hat; das gilt auch für den Ersatz der Gebühren der Zeugen und Sachverständigen sowie den mit Augenscheinen verbundenen Aufwand.[995] Unterliegt der Versicherte im Verfahren zur Gänze, hat er dennoch dem Grunde und der Höhe nach einen Kostenersatzanspruch nach Billigkeit.[996]

994 § 87 Abs 1 ASGG, RIS-Justiz: RS0042477 [T6], RS0086455.
995 § 77 Abs 1 Z 1 ASGG.
996 § 77 Abs 1 Z 2 lit b ASGG.

Literaturhinweise

Ein- und weiterführende Literatur

Adamovic, Handbuch zum ASG-Verfahren (2010).
Binder, Österreichisches Sozialrecht[4] (2006).
Brodil, Datenschutz im Arbeitsrecht (2010).
Brodil/Risak/Wolf, Arbeitsrecht in Grundzügen[8] (2013).
Brodil/Windisch-Graetz, Sozialrecht in Grundzügen[7] (2013).
Burger/Mair/Wachter, Sozialrecht Basics[2] (2014).
Dittrich/Tades, Arbeitsrecht – ArbR (Loseblattausgabe).
Drs (Hrsg), Handbuch Betriebspensionsrecht (2013).
Drs, Arbeits- und Sozialrecht[3] (2015).
Eichinger/Kreil/Sacherer, Basiswissen Arbeits- und Sozialrecht[9] (2014).
Floretta/Spielbüchler/Strasser, Arbeitsrecht I[4] (1998) und II[4] (2001).
Geppert (Hrsg), Sozialversicherung in der Praxis (Loseblattausgabe).
Grillberger (Hrsg), Arbeitszeitgesetz – AZG[3] Kommentar (2011).
Grillberger, Österreichisches Sozialrecht[8] (2010).
Ivansits/Pfeil, Sozialrecht für Studium und Praxis[4] (2014).
Jabornegg/Resch, Arbeitsrecht[5] (2014).
Krapf/Keul, Arbeitslosenversicherungsgesetz – Praxiskommentar (Loseblattausgabe).
Laimer, Employment Law[2] (2012).
Löschnigg (Hrsg), Angestelltengesetz[8] (2007).
Löschnigg, Arbeitsrecht[11] (2011).
Lutz/Orth/Moser, Praxishandbuch Betriebliche Altersvorsorge (2012).
Marhold/Burgstaller/Preyer, Kommentar zum Angestelltengesetz (Loseblattsammlung; auch als Onlineversion, rdb.at).
Marhold/Friedrich, Österreichisches Arbeitsrecht[2] (2012).
Mazal (Hrsg), Casebook Arbeits- und Sozialrecht[10] (2014).
Mazal/Hutter (Hrsg), Fachlexikon Arbeitsrecht (2012).
Mosler/Müller/Pfeil, Der SV-Komm (Loseblattausgabe seit 2013).
Neumann/Seidl, Sozialversicherungsrecht[8] (2013).
Neumayr/Reissner (Hrsg), Zeller Kommentar zum Arbeitsrecht[2] (2 Bände, 2011) [zitiert: Autor in ZellKomm I/II[2] § ... Rz ...].
Nöstlinger, Arbeitnehmerschutz[2] (2013).
Pacic, Methoden der Rechtsfindung im Arbeitsrecht [Methoden] (2012).

Pfeil, Arbeitslosenversicherungsrecht[3] (2014, Loseblattausgabe).

Rauch, Arbeitsrecht für Arbeitgeber[13] (2014).

Rebhahn (Hrsg), Gleichbehandlungsgesetz – Kommentar[2] (2014).

Rebhahn, Mitarbeiterkontrolle am Arbeitsplatz (2009).

Reissner (Hrsg), Angestelltengesetz – Kommentar (2012).

Reissner, Lern- und Übungsbuch Arbeitsrecht[4] (2011).

Reissner/Neumayr (Hrsg), Zeller Handbuch Arbeitsvertrags-Klauseln (2010) [zitiert: Autor in ZellHB Rz ...].

Resch, Sozialrecht[6] (2014).

Schrank, Arbeitszeitgesetze – Kommentar[2] (2012).

Schrank/Mazal, Arbeitsrecht – Ein systematischer Grundriss (2008).

Sonntag (Hrsg), Allgemeines Sozialversicherungsgesetz – Kommentar[3] (2012).

Sonntag (Hrsg), Gewerbliches Sozialversicherungsgesetz – Kommentar (2012).

Spiegel (Hrsg), Zwischenstaatliches Sozialversicherungsrecht (Kommentar in Faszikeln).

Standeker/Fischl, Krankenanstalten-Arbeitszeit (2008).

Strasser/Jabornegg/Resch, Kommentar zum Arbeitsverfassungsgesetz (Loseblattausgabe, auch als Onlineversion, rdb.at).

Szücs, Grundzüge des Sozialrechts[2] (2014).

Tomandl (Hrsg), Arbeitsverfassungsgesetz (Loseblattausgabe).

Tomandl, Arbeitskräfteüberlassung[12] (2010).

Tomandl, Grundriss des österreichischen Sozialrechts[6] (2009).

Tomandl, System des österreichischen Sozialversicherungsrechts (Loseblattausgabe).

Tomandl/Schrammel, Arbeitsrecht[7] (2011) [Autoren: Bd I Tomandl; Bd II Schrammel].

Tomandl/Schrammel, Arbeitsrecht[8] (2013), neu bearbeitete Auflage, Bd I von Kietaibl, Bd II von Windisch-Graetz.

Verzeichnis abgekürzt zitierter Fachbeiträge

Adametz, Kollektivvertrag für das Gewerbe der Arbeitskräfteüberlassung, ASoK 2002, 66.

Aigner, Das VfGH-Erkenntnis zur sog „Werkvertragsregelung", ZAS 1997, 129.

Band, Befristeter Arbeitsvertrag mit Kündigungsmöglichkeit, ZAS 2004/6.

Beck, Ausgleichszulage – im Spannungsverhältnis zwischen Sozialhilfe- und Versichertenleistung, SozSi 2010, 546.

Beck, Unionsbürgerschaft und Ausgleichszulage, SozSi 2010, 262.

Beck-Mannagetta, Probleme der Konventionalstrafe, ÖJZ 1991, 185.

Binder, Der arbeitsrechtliche Gleichbehandlungsgrundsatz, RdA 1983, 156.

Binder, Die Grauzone zwischen Krankheit und Gebrechen unter dem Blickwinkel der Kostentragung, RdA 2008, 218.

Binder, Eine fehlerhafte Kündigung, RdA 1980, 231.

Binder, Krankenbehandlung im Ausland, RdA 2001, 383 und 2001, 518.

Binder, Probleme der pensionsversicherungsrechtlichen Ausgleichszulage, ZAS 1981, 89.

Binder, Zahnbehandlung und Zahnersatz aus sozialrechtlicher Sicht, RdA 1993, 337 und 1993, 453.

Binder, Zur Kostendeckung alternativmedizinischer Behandlungsmethoden durch die Krankenversicherung, RdM 1997, 39.

Bodendorfer, Probleme des Dienstgeberhaftungsprivilegs, ZAS 1985/43.

Brodil, Aussetzungsvereinbarungen aus arbeits- und sozialrechtlicher Sicht, Betrachtungen zur Unterbrechung des Arbeitsverhältnisses und § 9 AlVG, ZAS 1996, 37.

Brodil, Die Kontrolle der Nutzung neuer Medien im Arbeitsverhältnis, ZAS 2004/4, 17.

Brodil, Kontrolle und Datenschutz im Arbeitsrecht, ZAS 2009/21, 121.

Brodil, Nutzung und Kontrolle von neuen Medien im Arbeitsrecht, ecolex 2001, 853.

Brodil, Sozialbetrug aus dem Blickwinkel des Verwaltungsstrafrechts, RdA 2008, 383.

Burger, Arbeitszeit- und Entgeltrecht bei kurzzeitigen Auslandsdienstreisen, ZAS 2012/2.

Bydlinski F., Willens- und Wissenserklärungen im Arbeitsrecht, ZAS 1976, 83.

Celar, Das Arbeitszeugnis als Ausdruck der arbeitsrechtlichen Fürsorgepflicht, ASoK 2006, 7.

Dellisch, Private E-Mail- und Internet-Nutzung am Arbeitsplatz, ASoK 2001, 316.

Drs, Ausgestaltung und Abänderung von betrieblicher Pensionszusagen, RdA 2007, 242.

Drs, Rechtsprobleme einer Mehrfachversicherung, RdA 2003, 461.

Dusak, Zur Wechselbeziehung von Schutzbereich und wesentlicher Bedingung in der Unfallversicherung, ZAS 1990, 45.

Egermann, Das Zusammenspiel von MSchG und KBGG – Probleme der Beschäftigung während und nach der Karenz, ZAS 2004/37.

Egger, Rechtsprobleme bei der Anbahnung von Arbeitsverhältnissen, RdA 1982, 89.

Eichenhofer, Europarechtliche Vorgaben für die österreichische Arbeitsmarktpolitik, RdA 1998, 227.

Eichinger, Zum Gleichbehandlungsgebot gem § 18 BPG, ZAS 1991, 119.

Engljähringer, Ärztlicher Behandlungsvertrag, ÖJZ 1993, 488.

Ettmayer/Posch, Gedanken zum Krankheitsbegriff – Erkenntnisse zur Potenz, RdA 2006, 199.

Eypeltauer, Die Mitwirkung des Betriebsrates an betrieblichen Wohlfahrtseinrichtungen, RdA 1986, 102.

Eypeltauer, Wider den vereinbarten Verfall zwingender Arbeitnehmeransprüche bei aufrechtem Arbeitsverhältnis, RdA 2001, 23.

Fellinger, Aktuelle Verfahrensrechtliche Probleme im ASG-Verfahren, ZAS 2012/57, 309.

Felten, Anwendungsbereich und Grundsätze der neuen Sozialrechtskoordinierung in Europa, wbl 2010, 445.

Felten, Arbeitsrechtliche Grenzen ausschließlich erfolgsabhängigen Entgelts, ecolex 2009, 510.

Fink, Arbeits- und sozialgerichtliche Miszellen, ÖJZ 1988, 97.

Fink, Die Heilung von Unzuständigkeiten nach dem ASGG, RdW 1987, 261.

Fink, Nochmals: Die Heilung von Unzuständigkeiten nach dem ASGG, RdW 1989, 305.

Fischer, Das Zurückbehaltungsrecht im Arbeitsrecht, ZAS 1987, 109.

Flemmich, Berechnung des Kostenersatzes für außervertragliche Leistung nach Tarifen für vergleichbare Pflichtleistungen der sozialen Krankenversicherung, RdA 2001, 192.

Flemmich, Die satzungsmäßigen Mehrleistungen im Bereich der gesetzlichen Krankenversicherung, SozSi 1991, 119.

Flemmich, OGH: Erstattung von Wahlarztkosten für außervertragliche Leistungen durch einen Vertragsarzt, RdA 1995, 184.

Frank, Geringfügige Beschäftigung, Dienstgeberabgabe und Finanzverfassung – Zugleich ein Beitrag zum Verständnis des Abgabenbegriffs des F-VG1948, ÖJZ 2004/20.

Freudhofmeier, Beitragsfreie Entgeltbestandteile gemäß § 49 Abs 3 ASVG, FJ 2004, 246.

Friedrich, Flexibilisierung durch Befristungen und Bedingungen in Vertragsklauseln und Betriebsvereinbarungen, ZAS 2011/20.

Friedrich, Kollektivvertragsfreier Raum und Mischbetrieb, ZAS 2007/5.

Funk, Sozialstaat und Bundesverfassung, ZAS 1988, 92.

Gahleitner, Generelles Widerspruchsrecht der Arbeitnehmer bei Betriebsübergang?, ASoK 1997, 343.

Gartner, Die Haftung des Baustellenkoordinators, bbl 2004, 143.

Gatternig/Gatternig, Zulässigkeit und Wirkung von Schlichtungsvereinbarungen in Arbeitsverträgen, RdW 2009, 232.

Geist, Kündigungsklauseln bei befristeten Arbeitsverhältnissen, ÖJZ 2002, 405.

Gerhartl, Arbeitswilligkeit in der Arbeitslosenversicherung, ZAS 2007/34.

Gerhartl, Diskriminierung durch Belästigung und „Rauswurf“, ecolex 2011, 939.

Gerhartl, Eckpunkte der Mindestsicherung, ASoK 2010, 270.

Gerhartl, Einschränkung der Schadenersatzpflicht des Arbeitgebers bei Arbeitsunfällen, ZAS 2009/41.

Gerhartl, Geringfügige Beschäftigung im Arbeitslosenversicherungsrecht, ZAS 2012/30.

Gerhartl, Probleme des Dienstzeugnisses, ASoK 2008, 413.

Gerlach, Konventionalstrafe und Beschäftigungsverbot, ecolex 1998, 235.

Gitter, Sport und gesetzliche Unfallversicherung RdA 1991, 17.

Gleißner, Das Arbeitsrecht: Ein Blick in die Zukunft, ZAS 2009/24.

Goricnik, Weisungsrecht bei unkündbaren Arbeitsverhältnissen, RdA 2011/39, 384.

Graf-Schimek, Arbeitsgerichtliches Verfahren I – Zuständigkeiten, ÖJZ 2010/29.

Grillberger, Die Aushöhlung des Sachleistungsprinzips, RdA 1995, 101.

Grillberger, Ein umstrittener Personalfragebogen, RdA 1979, 148.

Grillberger, Privathonorierung von Privatärzten? Dargestellt am Beispiel des oö Gesamtvertrages, SozSi 1991, 526 ff.

Grillberger, Voraussetzungen der Kollektivvertragsfähigkeit freier Berufsvereinigungen, ZAS 1984, 92.

Griller, Der Anwendungsvorrang des EG-Rechts, ecolex 1996, 639.

Gruber, Freier Dienstvertrag und Arbeitsrecht, ASoK 2000, 306 und 2000, 344.

Gründler, Verfahrensrechtliche Voraussetzungen der Rückforderung zu Unrecht erbrachter Leistungen der Sozialversicherung, ZAS 1980/123.

Hackl, Tendenzen im allgemeinen Vertragsrecht, ÖJZ 1980, 645.

Haider, Zur Selbstverwaltung der österreichischen Sozialversicherung, SozSi 1988, 473.

Hainz, Der Detektiv als Retter in der (Beweis-)Not, ZAS 2012/24.

Höfle, Zum Dienstnehmerbegriff des ASVG - Ungewollte Sozialversicherung durch Lohnsteuer-Anknüpfung? ZAS 2006/39.

Holoubek, Der verfassungsrechtliche Schutz von Aktiv- und Ruhebezügen von Beamten vor Kürzungen durch den Gesetzgeber, ZAS 1994, 5.

Holzer, Dienstgeberhaftungsprivileg (§ 333 ASVG) und den Arbeitsunfällen gleichgestellte Unfälle (§ 176 ASVG), JBl 1982, 348.

Ivansits/Weissensteiner, Die Härtefallregelung – Zugangserleichterung in die Invaliditätspension ab 50, RdA 2011, 175.

Jabornegg, Der Versicherungsfall in der Sozialversicherung, RdA 1982, 11.

Jabornegg, Die Entziehung von Leistungsansprüchen nach § 99 ASVG, RdA 1983, 1.

Jabornegg, Die Haftung des Betriebsnachfolgers nach § 67 Abs 4 ASVG, RdA 1982, 165.

Jabornegg, Grenzen kollektivvertraglicher Rechtsetzung und richterliche Kontrolle, JBl 1990, 205.

Jabornegg/Resch, Rehabilitation vor Rente, ZAS 1999, 65.

Kandlhofer, Der Pflegefall aus der Sicht des Sozialversicherungsrechtes, SozSi 1990, 71.

Karl, Beitragshaftung in der Sozialversicherung, ZAS 2009/2.

Karl, Die Sozialversicherungspflicht geringfügig Beschäftigter nach der 55. ASVG-Novelle, ASoK 1998, 357.

Karl, Rehabilitation in der Pensionsversicherung, RdA 2008, 103.

Kietaibl, Darf der Kollektivvertrag in bestehende Arbeitsverträge verschlechternd eingreifen? wbl 2007, 311.

Kietaibl, Das Einzelvertragsverbot bei Fehlen eines Gesamtvertrages im Lichte eines geänderten rechtlichen Umfeldes, ZAS 2007/9.

Kietaibl, Das Einzelvertragsverbot im vertragslosen Zustand der gesetzlichen Krankenversicherung de lege lata, SozSi 2008, 68.

Kietaibl, Die Versetzung aus arbeitsvertraglicher Sicht, ZAS 2005/11.

Kietaibl, Flexibilisierungsmöglichkeiten im Arbeitsverhältnis - Arbeit auf Abruf - Widerrufs- und Änderungsvorbehalte - Befristung von Arbeitsbedingungen, ASoK 2008, 370.

Kietaibl, Geltungskontrolle und Transparenzgebot im Arbeitsvertragsrecht, RdA 2006, 12.

Kietaibl, Leistungspflicht der Krankenversicherung bei bestrahlungsbedingtem Haarausfall, ZAS 2008/5.

Kietaibl, Sozialversicherungsrechtliche Beschränkung für wahlärztliche Honorarbemessung? wbl 2006, 502.

Kietaibl, Sozialversicherungsrechtliche Rückabwicklung bei aufgedeckter Scheinselbstständigkeit, ZAS 2006/26.

Kietaibl, Vertragsarztauswahl nach Abschluss eines neuen Gesamtvertrages, RdA 2007, 449.

Kietaibl/Reiner, Kein Arbeitsrecht am zweiten oder dritten Arbeitsmarkt? RdA 2011, 526.

Kletter, Der Leistungsanspruch im vertragsfreien Raum - eine Bilanz, ZAS 2001, 33.

Kletter, Kostenerstattung und Sachleistungsvorsorge, SozSi 1994, 27.

Kletter, Sachleistungsvorsorge und Leistungsanspruch angesichts leerer Kassen, ZAS 2010/42.

Kneihs, Betriebliches Disziplinarrecht und Verfassung, RdA 2005, 136.

Köck, Grenzen der Zulässigkeit des Verzichts auf schon entstandene Arbeitnehmeransprüche, ZAS 1986, 73.

Konecny, Gedanken zur Neuregelung der vorläufigen Vollstreckbarkeit in Arbeitsrechtssachen, ÖJZ 1991, 724.

Konecny, Wirkungen erstinstanzlicher Urteile in arbeitsrechtlichen Streitigkeiten gemäß § 61 ASGG, ZAS 1986, 155.

Konecny, Zur Neuerungserlaubnis in arbeitsrechtlichen Streitigkeiten, wbl 1987, 28.

Köpke, Errichtung einer Konzernvertretung, RdA 2002, 534.

Koziol, Probleme aus dem Grenzbereich von Schadenersatz und Sozialversicherungsrecht, RdA 1980, 371.

Krejci, Erstattung von Wahlarztkosten, SozSi 1988, 302.

Krejci, Neue Wege in der Rechtsprechung des VwGH zur Betriebsnachfolgerhaftung gem § 67 Abs 4 ASVG, ZAS 1985, 211.

Krejci, Probleme des individuellen Kassenarztvertrages, ZAS 1989, 109.

Kunst/Espig, Ist das Quotenvorrecht der Sozialversicherer im Rückgriffsverfahren gemäß § 332 ASVG ein Privileg? ZAS 1979, 1.

Kuras, Möglichkeiten und Grenzen einzelvertraglicher Gestaltungen im Arbeitsverhältnis, ZAS 2003/19, 100.

Laimer, Beschäftigungspflicht von Berufsfußballern, ecolex 2007, 418.

Lind-Leitner, Urlaubsanspruch trotz Karenzierung? ecolex 1997, 953.

Mair/Rainer, Die rechtlichen Grenzen von Zielvereinbarungen, ecolex 2007, 876.

Marhold, Die Wirkung ungerechtfertigter Entlassungen, ZAS 1978, 6.

Marhold, SV-rechtliche Dienstgebereigenschaft von OHG und KG, RdW 1987, 167.

Martinek/Schwarz, Das Koalitionsrecht, RdA 1963, 275.

Masilko/Rath, Sozialrechts-Änderungsgesetz, ASoK 2013, 33.

Mayer, Videoüberwachung auch ohne Zustimmung des Betriebsrates? wbl 2009, 217.

Mayer-Maly, Gleichbehandlung der Arbeitnehmer, RdA 1980, 261.

Mikats, Der Dienstgeber im Sinne des ASVG, SozSi 1984, 384.

Mosler, Entwicklungstendenzen im Kollektivvertragsrecht, RdA 2012, 283.

Muhr, Bundesbudget und gesetzliche Pensionsversicherung, SozSi 1979, 204.

Müller, Anlageschäden und gesetzliche Unfallversicherung, RdA 2007, 499.

Müller, Dienstvertrag oder Werkvertrag? – Überblick über die Rechtsprechung des VwGH zu § 4 ASVG, RdA 2010, 367.

Naderhirn, Zum Verhältnis ausgewählter Entgeltfortzahlungstatbestände zueinander, ZAS 2007/18.

Neumayr, Rechtsfragen an der Schnittstelle von Sozialversicherungs- und Schadenersatzrecht, RZ 2010, 161.

Novak, Evaluierung nach dem ArbeitnehmerInnenschutzgesetz, ASoK 1997, 306.

Öhlinger, Die Verankerung von Selbstverwaltung und Sozialpartnerschaft in der Bundesverfassung, JRP 2008, 186.

Öhlinger, Rechtsetzung in der Sozialversicherung, RdA 1982, 281.

Pabel, Die neue Verwaltungsgerichtsbarkeit im Sozialversicherungsrecht, RdA 2014, 386.

Pacic, „Recht auf Beschäftigung" einer überlassenen Arbeitskraft? ecolex 2009, 1075.

Pacic, Arbeitslosenversicherung für Selbstständige, ZAS 2008/23, 156.

Pacic, Arbeitsverhältnisbezogene Schlichtungsklauseln, taxlex 2008, 469.

Pacic, Die arbeits- und sozialrechtliche Stellung des Subüberlassers, ecolex 2008, 555.

Pacic, Die Fürsorgepflicht des Arbeitgebers im Lichte der Rechtsprechung, ZAS 2010/26.

Pacic, Die Gestaltung von Karenzierungs- und Unterbrechungsvereinbarungen, ASoK 2007, 227.

Pacic, Die Kundmachung von Betriebsvereinbarungen, taxlex 2008, 32.

Pacic, Kollision von Kollektivverträgen, taxlex 2008, 301.

Pacic, Östereichs Flexicurity-Paket, RIW 8/2008, 503.

Pacic, Problembereiche bei der Freizeit während der Kündigungsfrist, ASoK 2007, 458.

Pacic, Transportleistungen in der Sozialversicherung, RdA 2013, 217.

Pacic, Verzicht im Arbeitsrecht, JAP 2009/2010, 17.

Pacic, Wenn es ernst wird: Das Verfahren vor dem Arbeits- und Sozialgericht, ASoK 2009, 99.

Pernthaler, Möglichkeiten und Grenzen der Selbstverwaltung in der Sozialversicherung, SozSi 2001, 129.

Peyrl, Zur Abgrenzung von genereller Arbeitsunwilligkeit und vorübergehendem Anspruchsverlust – das Spannungsverhältnis der §§ 9 und 10 AlVG, RdA 2005, 82.

Pfeil, Aktuelle Rechtsfragen der medizinischen Hauskrankenpflege, SozSi 2005, 89 und 2005, 136.

Pfeil, Die Regelung der Zumutbarkeit einer Beschäftigung seit der Arbeitsmarktreform 2004, RdA 2006, 98.

Pfeil, Keine Exportpflicht für Ausgleichszulage, RdA 2005, 204.

Pfeil, Systemfragen der geminderten Arbeitsfähigkeit, RdA 2013, 363.

Pfeil, Was bringt die Bedarfsorientierte Mindestsicherung? ÖZPR, 2010/92.

Pichler, Die österreichischen Sozialversicherungsträger und der Hauptverband, JAP 1999/2000, 116.

Pöltner, Ausgewählte Rechtsfragen zum Pensionskonto, RdA 2006, 437.

Pöltner, Das Sozialrechtsänderungsgesetz 2012 (SRÄG 2012), ZAS 2013, 13.

Pöltner, Die Einbeziehung aller Erwerbseinkommen in die Sozialversicherung, RdA 1998, 316.

Pöltner, Weiter- und Höherversicherung in der Pensionsversicherung, zuvo 2007, 34.

Radner, Verwirkung und Eigenverantwortung des Leistungsberechtigten in der Krankenversicherung, SozSi 2001, 739.

Rauch, Nichtigkeit unzulässiger Resolutivbedingungen, ASoK 2008, 56.

Rauch, Verpflichtungen des Überlassers gegenüber dem Beschäftiger, ASoK 2005, 103.

Rebhahn, Amtshaftung wegen falscher Kollektivvertragsangehörigkeit? RdA 1994, 124.

Rebhahn, Der Arbeitnehmerbegriff in vergleichender Perspektive, RdA 2009, 154.

Rebhahn, Die Auswirkungen des arbeitsrechtlichen Bestandschutzes auf das Arbeitslosengeld, ZAS 1983, 93.

Rebhahn, Die Rechtslage während eines arbeitsrechtlichen Kündigungsschutzprozesses, RdA 1988, 16.

Rebhahn, Dienstnehmerbegriff und persönliche Abhängigkeit bei Vertretungsbefugnis, wbl 1998, 277.

Rebhahn, Erweiterte Bau-Auftraggeberhaftung in Umgehungsfällen, ecolex 2008, 503.

Rebhahn, Gleichbehandlung, Qualifikation und Leistung – Zur Gleichbehandlung von Frau und Mann bei Einstellung, Entgelt und Beförderung, JBl 1993, 681.

Rebhahn, Gleichheitssatz und Witwerpension, RdA 1981, 111.

Rebhahn, Grundfragen einer Auftraggeberhaftung für Sozialversicherungsbeiträge, RdA 2008, 207.

Rebhahn, Mitverantwortung der Leistungsempfänger im Sozialrecht, RdA 1997, 352.

Rechberger, Die vorläufige Vollstreckbarkeit in Arbeitsrechtssachen, ecolex 1991, 189.

Reindl-Krauskopf, Sozialbetrug aus strafrechtlicher Sicht, RdA 2008, 389.

Reiner, Der OGH, das Arbeitsrecht und das Unternehmerrisiko: ein erster Befund, ZAS 2008/30.

Reiner, Vereinbarung einer Resolutivbedingung im aufrechten Arbeitsverhältnis, ZAS 2007, 257.

Reiner, Zur Konstruktion des Arbeitnehmerbegriffs durch Referenzrahmen am Beispiel der Natur der Tätigkeit: Eine Gefahr für das dogmatische Erbe von Hugo Sinzheimer, JBl 132, 549.

Reischauer, Neuerungen im Bereich des Arbeitgeber-Haftungsprivilegs im Zusammenhang mit KfZ-Verkehr und Integritätsabgeltung, RdA 1992, 317.

Resch, Abschluss der Expertengespräche über eine Neuregelung der Pension wegen geminderter Arbeitsfähigkeit, zuvo 2008, 58.

Resch, Anmerkungen zur arbeitsrechtlichen Beschäftigungspflicht, RdA 1991, 424.

Resch, Der Härtefall in der Unfallversicherung, RdA 2010, 218.

Resch, Der Zeitpunkt des Forderungsübergangs bei einer Legalzession gemäß § 332 ASVG, JBl 2002, 341.

Resch, Die Interessenvertretung der angestellten Ärzte durch die Ärztekammer, RdM 2009/39.

Resch, Grenzen der Tarifeinheit nach § 10 ArbVG, RdA 1992, 114.

Resch, Rechtsfragen der Ausgleichszulage, RdA 2000, 370.

Resch, Sozialversicherungspflicht für freie Dienstverträge, RdA 2000, 15.

Resch, Verbot von Behandlungen im Gesamtvertrag, SozSi 2002, 515.

Resch, Wirtschaftliches Eigeninteresse und Arbeitnehmerbegriff, ZAS 2011/4

Resch, Zum erweiterten Anspruch auf Wochengeld gem § 122 Abs 3 ASVG, ZAS 1995, 73.

Rill, Wie können wirtschaftliche und soziale Selbstverwaltung sowie die Sozialpartnerschaft in der Bundesverfassung verankert werden? JRP 2005, 107.

Risak, Ausgewählte Rechtsprobleme von Zielbonusvereinbarungen, ZAS 2008/29, 196.

Risak, Das „Opting in" in der Sozialversicherung, ecolex 1998, 336.

Risak, Der Unverbindlichkeitsvorbehalt, ZAS 2006/25.

Risak, Die Suspendierung von Ärzten, RdM 2006/117.

Risak, Ist eine Mehrzahl von Betriebsräten im Unternehmen Voraussetzung für eine Zentralbetriebsratswahl? ZAS 2000, 170.

Risak, Vertrauensarbeitszeit – ein nach dem AZG gangbares Arbeitszeitmodell? ecolex 2005, 888.

Risak, 3,65 oder 5,5 %, das ist hier die Frage – Grundsätzliches zum „Metaller_innen Oktoberstreik" 2011, juridikum 2012, 23.

Rudolf, Europäisches Kollisionsrecht für vertragliche Schuldverhältnisse – ROM I-VO, ÖJZ 2011/17.

Runggaldier, Grenzen der Regelungsbefugnis der Kollektivvertragsparteien, RdA 2008, 479.

Salamun, Der Begriff der Sozialpartnerschaft nach der verfassungsrechtlichen Verankerung in Art 120a Abs 2 B-VG, JRP 2010, 33.

Schima, Der OGH und der Ersatz von „Vorstellungskosten", RdW 1990, 345.

Schmähl, Beitrags- versus Steuerfinanzierung in Bismarck'schen Sozialsystemen, SozSi 2009, 128.

Scholz, Das Entgelt als beitragspflichtiger Arbeitsverdienst bei Dienstnehmern, SozSi 1987, 511.

Schörghofer, Zur Umsetzung der Leiharbeits-RL im AÜG, ZAS 2012, 336.

Schrammel, Die Kollektivvertragsangehörigkeit gemäß § 8 Z 1 ArbVG, ZAS 1993, 5.

Schrammel, Die Pflicht zur Duldung von Heilverfahren in der Sozialversicherung, ZAS 1972, 48.

Schrammel, Entgelt von Dritten, ZAS 2003/10.

Schrammel, Kostenersatz im Recht der gesetzlichen Krankenversicherung, ZAS 1994, 73.

Schrammel, Probleme der Ausgleichszulage, ZAS 1992, 9.

Schrammel, Rechtsfragen des Mindestlohntarifs, ZAS 2005/34.

Schrammel, Resolutivbedingungen im Arbeitsverhältnis, ZAS 1984, 221.

Schrammel, Rückforderung und Entziehung von zu Unrecht erbrachten Sozialversicherungsleistungen, ZAS 1990, 73.

Schrammel, Veränderungen des Krankenbehandlungsanspruches durch Vertragspartnerrecht? ZAS 1986, 145.

Schrammel, Vertragsloser Zustand im Vertragspartnerrecht der Krankenversicherung, RdA 2007, 347.

Schrammel, Zur Anwendung des Betriebspensionsgesetzes, ZAS 1991, 73.

Schrank, Ausgewählte Rechts- und Praxisfragen zur neuen GSVG-„Werkvertragsregelung", ASoK 1997, 374.

Schrank, Heikle Rechtsfragen des Beitragssystems der „Abfertigung Neu", ZAS 2003/3.

Schrank, Kollektivvertragsangehörigkeit und Handelskammermitgliedschaft, ZAS 1978, 129.

Schrank, Neue Dienstzeugnis-Risiken? ZAS 2009/25.

Schrank, Neue Melde- und Sanktionsprobleme im ASVG, ZAS 2008/2.

Schwarz/Löschnigg, Arbeitsrecht aus trüber Quelle, ÖJZ 1994, 217.

Sedlacek, Die Verknüpfung des SV-rechtlichen Dienstnehmer-Begriffes mit dem des (lohn)steuerlichen Dienstverhältnisses, AsoK 1998, 114.

Selb, Quotenvorrecht und Vollstreckungsvorrecht in der Haftpflicht, ZAS 1987, 145.

Shubshizky, Beitragsfreie Entgelte im ASVG, ZAS 2003/9.

Shubshizky, Die Regelung des Entgelts im ASVG, ASoK 2009, 278.

Smejkal, Mitwirkungspflichten in der Pensionsversicherung, zuvo 2008/1, 1.

Stadler, Änderungen beim Künstler-Sozialversicherungsfondgesetz, zuvo 2008/46.

Stanzl, Die bedarfsorientierte Mindestsicherung, SozSi 2013, 245.

Stärker, Auskunftserteilung über ehemalige Mitarbeiter, ASoK 2008, 406.

Stärker, Dermatologe haftet nicht für falschen Laborbefund, ASoK 2007, 183.

Stärker, Methoden der Gefahrenermittlung am Arbeitsplatz, ecolex 1996, 690.

Stärker, Zur Kollektivvertragsfähigkeit der Ärztekammern nach dem Ärztegesetz 1998, ZAS 2001, 97.

Steiger, Die Ausgleichszulage, taxlex, 2006, 333.

Steinbauer, Übermäßigkeit einer Vertragsstrafe, RdA 1984/8, 150.

Steinlechner, Gleichbehandlung - Folgen der Verletzung bei Beginn und Ende des Arbeitsverhältnisses, taxlex 2008, 437.

Stelzer, Verfassungsrechtliche Grenzen des Eingriffs in Rechte oder Vertragsverhältnisse, RdA 2001, 508.

Stolzlechner, Probleme des Irrtums im Leistungsrecht der Sozialversicherung, RdA 1986, 288.

Strasser, Das Recht des Dienstnehmers auf Beschäftigung, ÖJZ 1954, 60.

Thomas, Auftraggeberhaftung in der Bauwirtschaft für Sozialversicherungsbeiträge, ecolex 2008, 506.

Tomandl, Gedanken zum Vertrauensschutz im Sozialrecht, ZAS 2000, 129.

Tomandl, Gedanken zur Reform des Hauptverbandes der Sozialversicherungsträger Österreichs, SozSi 2005, 150.

Tomandl, Grundlagen und Grenzen der verschuldensunabhängigen Arbeitgeberhaftung, ZAS 1991, 37.

Tomandl, Höchstbefristung: eine andere Sichtweise, ZAS 2004/48.

Tomandl, Paradigmenwechsel in der Pensionsversicherung, ZAS 2006/17.

Tomandl, Rechtspolitische Gestaltungsmöglichkeiten bei der Pensionsreform, ZAS 1996, 73.

Tomandl, Rechtsprobleme der Einführung und Anwendung von Kontrollmaßnahmen, ZAS 1982, 163.

Tomandl, Rechtsprobleme einer umfassenden Sozialversicherung, ZAS 1998, 9.

Tomandl, Ungereimtheiten und Unzulänglichkeiten im neuen Betriebspensionsrecht, ZAS 1991, 80.

Tomandl, Welchen Nutzen bringt ein neuer Dienstnehmerbegriff?, Zugleich eine Kritik an bisherigen Abgrenzungen in der Rechtsprechung, ZAS 2008/16, 102.

Tomandl, Zur Problematik des kollektivvertragsfreien Raums, ZAS 1995, 152.

Tomandl, Zurechnungsfragen in der gesetzlichen Unfallversicherung, ZAS 2007/26.

Trattner, Rückerstattung von Ausbildungskosten, ASoK 1999, 351.

Triendl, Rechtsschutz bei der Verhängung von Disziplinarmaßnahmen in betriebsratspflichtigen Betrieben, RdA 2010, 263.

Urbanek, Die Erwerbsunfähigkeit bei Selbstständigen, ZAS 2003/35.

Völkl-Torggler, Die Rechtsnatur des ärztlichen Behandlungsvertrages in Österreich, JBl 1984, 72.

Voppichler, Die Rechtsgrundlagen zur Durchsetzung schadenersatzrechtlicher Ansprüche der Patienten auf Grund ärztlicher Fehlbehandlung, ÖJZ 1997, 93.

Wachter, Die Berücksichtigung von Vorschädigungen bei der Bemessung von Versehrtenrenten, RdA 1992, 8.

Wachter, Die Herausnahme von Dienst-, Natural- und Werkswohnungen aus dem Mietrechtsgesetz, RdW 1983, 76.

Wachter, Grenzen des Weisungsrechtes in Bezug auf Art und Ort der Tätigkeit, RdA 2001, 495.

Wagner, Die Bedarfsorientierte Mindestsicherung, RdA 2010, 524.

Weinmeier, Zur Rückerstattung von Ausbildungskosten, RdW 1993, 13.

Weiß, Tarifeinheit oder Tarifvielfalt im ungegliederten Mischbetrieb? JBl 1999, 781.

Welser, Widerrufsvorbehalt und Teilkündigungsvereinbarung bei entgeltwerten Leistungen des Arbeitgebers, RdA 1991, 1.

Wieninger, Bilaterale Abkommen im Bereich der sozialen Sicherheit, SozSi 2011, 296.

Windisch-Graetz, Arbeitskollegenhaftung bei Personenschäden, ZAS 2009/42.

Windisch-Graetz, Das neue Pensionsrecht zum 1.1.2014, ZAS 2014/17, 99.

Windisch-Graetz, Kassenfreier Raum und Anstaltspflege? ZAS 1994, 37.

Windisch-Graetz, Neuerungen im Europäischen koordinierten Sozialrecht, RdA 2011, 219.

Windisch-Graetz, Probleme der Mehrfachdiskriminierung, RdA 2005, 238.

Windisch-Graetz, Probleme der Mehrfachversicherung, RdA 2004, 523.

Windisch-Graetz, Zulässige Differenzierungen bei der Gewährung von Sozialleistungen, ZAS 2014/33, 304.

Wolf, Rückersatz von Ausbildungskosten, ZAS 2004, 200.

Wolf, Zur Kündigung von Dienstwohnungen, ecolex 1997, 790.

Wolfsgruber, Beschäftigung während der Karenz – ein Paradoxon, ecolex 2007, 621.

Wonisch, Die gerichtlichen Straftatbestände des Sozialbetrugsgesetzes, ZAS 2008/3.

Wöss, Verjährung und Verfall im Arbeitsrecht, RdA 1988, 216.

Wuketich, Zur sozialversicherungsrechtlichen Situation der Bäuerin, SozSi 1989, 253.

Sachregister

D

E

F

G